回归素朴本真的
语文教学

王培坤 著

燕山大学出版社
秦皇岛

图书在版编目（CIP）数据

回归素朴本真的语文教学 / 王培坤著. —秦皇岛：燕山大学出版社，2022.10
ISBN 978-7-5761-0410-3

Ⅰ.①回… Ⅱ.①王… Ⅲ.①中学语文课－教学研究－高中 Ⅳ.① G633.302

中国版本图书馆 CIP 数据核字（2022）第 210941 号

回归素朴本真的语文教学
HUIGUI SUPU BENZHEN DE YUWEN JIAOXUE

王培坤 著

出 版 人：陈　玉				
责任编辑：王　宁		策划编辑：王　宁		
责任印制：吴　波		封面设计：方志强		
出版发行：燕山大学出版社		电　　话：0335-8387555		
地　　址：河北省秦皇岛市河北大街西段 438 号		邮政编码：066004		
印　　刷：涿州市般润文化传播有限公司		经　　销：全国新华书店		

开　本：710 mm×1000 mm　1/16　　　　印　张：18.5
版　次：2022 年 10 月第 1 版　　　　　　印　次：2022 年 10 月第 1 次印刷
书　号：ISBN 978-7-5761-0410-3　　　　字　数：260 千字
定　价：68.00 元

版权所有　侵权必究
如发生印刷、装订质量问题，读者可与出版社联系调换
联系电话：0335-8387718

自序

我是2000年参加工作的,那年暑假到济南市卧虎山水库旁边的水上酒家参加新教材培训的情形至今记忆犹新,那是我入职后参加的第一个会议。如今水上酒家早已拆除,教材也变换了多本,新理念更是听说了不少。

有人说,教育从来不缺少新理念,缺少的是踏踏实实的思考和实践,这话放到语文教学上似乎也讲得通。前两年,将知识与技能、过程与方法、情感态度与价值观的三维目标简单地嫁接到课堂教学目标上的做法屡禁不止,如今,要求课堂教学目标对应语言建构与运用、思维发展与提升、审美鉴赏与创造、文化传承与理解语文学科核心素养的做法又大行其道。虽然新课程、新课标、新理念不断出现,但"旧瓶装新酒"等问题依然存在。

原本就属于传统阅读方法的"整本书阅读"作为新概念一出现,反倒被肢解得破碎不堪。群文阅读脱离单篇教学反而导致基础知识落实不牢。自主合作探究再次为新课标所倡导,但这种延续多年的学法在有些课堂上反倒变成了"只见主体不见主导"。以上种种都是对新课标理念的误读。

其实,语文课程工具性与人文性的统一这一基本特点一直没有改变,综合性、实践性也从来不应该缺席,这就是语文教学要恪守的"本真"。"回归素朴本真的语文教学"就是倡导老老实实、认认真真的教育态度,不搞花架子,不喊空口号,不造新概念。从学生学习规律和发展需求考虑教学,就是对学生主体性的最大尊重;注重听说读写,作好基础知识落实,提升学生语文素养,就是落实语文的工具性;不忘熏陶渐染,引领学生体悟文字之美、传统之美,就是落实语文的人文性。如此,立言立德立人,语言建构与运用、思维发展与提升、审美鉴赏与创造、文化传承与理解的核心素养也就能自然形成了。

　　本书的 50 多篇文章是笔者在近几年教育教学实践中的思考总结，基本反映了以上对教育的理解。全书共分为"课堂漫步""文本细读""阅读教学""作文教学""古诗文教学"和"课例评析"六辑。其中"古诗文教学"素材主要源于笔者主持的济南市教育科学"十三五"规划课题"新课标指导下高中古诗文有效教学的实践研究"成果。"课例评析"分为教学实录评析和教学设计评析。教学实录主要由近年山东省"互联网＋教师专业发展"工程提供的观评课例整理而来，教学设计则由笔者自行整理而来。

　　作为一名一线语文教师，如果说还有点资本，那就是 20 多年的语文教学和班主任实践经验，以及未曾改变的教育初心。受教育视野和理论水准所限，有些认识必有偏颇之处，期待方家指正。

　　是为序。

◎ **第一辑　课堂漫步**

　　语文课堂的"有所为有所不为" /003
　　课堂教学的魅力在于激发与唤醒 /007
　　学习名师课例，也要坚持"拿来主义" /010
　　追求教学个性不能标新立异 /013
　　语文课型一定要"纯化"吗 /016
　　语文教学要处理好几个平衡关系 /019
　　落实新课标，更需要务实精神 /023
　　语文学习更需要培养学生的主动性 /027
　　信息技术需要回归工具属性 /030
　　语文需要怎样的课外作业 /033

◎ **第二辑　文本细读**

　　巧问细品，让探究真正发生 /039
　　文本品味离不开"咬文嚼字"的艺术 /043
　　燕太子丹：安全感的缺失，终置国家于危难 /047
　　项羽：自负让人至死无悔 /050
　　刘兰芝：觉醒的自我意识碰撞板结的现实 /053
　　杜十娘：因为绝望，所以平静 /056

阿Q并不孤独 /059
王羲之的真性情 /063

◎ 第三辑　阅读教学

也谈"用教材教"而不是"教教材" /069
如何理解阅读教学与阅读考查的二元悖论 /072
教学设计：重传统还是重创新 /075
单元整合教学的几个关系问题 /078
重拾传统阅读教学精神 /082
阅读教学中批判性思维能力的培养 /085
阅读教学目标设定分文体例说 /088
现代文阅读主观题解题方法谈 /094

◎ 第四辑　作文教学

语言巧提升　妙招与君说 /101
开展作文鉴赏活动　锻炼学生思维品质 /107
如何帮到写作困难的学生 /111
高中作文亟待提高思辨力 /116
写作训练，不妨从生活化作文开始 /122
体验，生活化作文的关键 /127
如何让标题成为作文加分项 /135
教师下水　学生上岸 /140
命题作文"生命的选择"导写及例文 /146
材料作文"人生路上的小门"导写及例文 /154
话题作文"等待"导写及例文 /158

◎ 第五辑　古诗文教学

古诗文教学呼唤"有效性"研究 /165
高中古诗文教学现状分析 /168

古诗文教学"有效性"的参考标准是什么 /176

创设情境,增进情感体验 /180

引导质疑,锻炼思维品质 /183

善用对比,发现别有洞天 /187

古诗"四结合"热情教学模式初探 /191

"五步四程三循环"古文教学模式的探索 /201

◎ 第六辑 课例评析

在发现共同点的基础上深入探究 /211

立足人物形象　拓展现实意义 /222

自然平易、有效互动就是常态课该有的样子 /231

以巧妙的问题设计撬动全文解读 /243

用好诵读这把诗词鉴赏的钥匙 /252

用改写、仿写赏析散文的艺术魅力 /263

"言"重自学,"文"重引导,"文""言"并重 /271

新诗鉴赏需要更多自由度 /280

第一辑　PART ONE

◎ 课堂漫步

语文课堂的"有所为有所不为"

作为语文学习的主阵地,语文课堂肩负着启迪、点燃、引领的重大使命。虽然语文教学流派纷呈,有关语文课堂教学的探究不断发展,但只有尊重学生认知的基本规律,尊重语文学科的基本特点,尊重教育学、心理学的基本原理,梳理语文课堂的"有所为有所不为",然后熔铸自我个性,才能使语文课堂焕发出生命力。

一、学生需求是"有所为"的起点

坚持生本理念,充分了解学情,以学生的需求为教学出发点,以学生的"最近发展区"考量教学目标,才能有效提升学生学科素养。

以古代诗词教学为例,小学、初中和高中都有理解鉴赏的要求,但层次高度显然不同。一篇课文初中生可以看懂,但高中生却可能会有更多更深的体悟。不充分考虑学情的自行其是,着实害人不浅。各种大赛中的优秀教师,因为没有充分尊重学情而陷入自我表演的例子不在少数。尤其是在基础教育公平虽然有了较大改善但依然不尽如人意的当下,尊重学生需求依然是设计课堂教学的起点。

二、立足文本是"有所为"的基础

语文课文所提供的营养丰富但有限。课文的意义在于提示经典,在于提炼精华，每一篇精心挑选的课文，都在通过"这一篇"启发引领"这一类"。有限的文本本身承担着无限的教育使命，学习、探究、破解文本的基本内涵，感受、欣赏、体味文本的思想情操，就变得平凡而大有深意。

在课堂教学中我们倡导教师和学生"裸读"课文，体现的首先就是对文本的尊重。立足文本有广义和狭义之分：广义的立足文本，可以认为是围绕对文本相关知识的理解；狭义的立足文本，就是指对"这一个"而非"这一类"的理解。本书倡导的是狭义的立足文本。只有很好地解决了对"这一个"的理解，才能引申扩展到对"这一类"的理解，这也就是文本作为课文的典型意义所在。

三、思维启迪是"有所为"的核心

语言是思维的物质外衣，《普通高中语文课程标准》（2017年版2020年修订）已经明确提出，把"思维发展与提升"作为语文学科四大核心素养之一，通过语言运用，提升学生的思维能力和思维品质。

长久以来，提高学生语言表达能力的关键是提高学生的思维能力这一观点已经得到广大教师的认可，但在实践层面，由于语文学科的特质决定了很难找准行之有效的抓手，所以提高学生的思维能力就成了一大难题。

其实，所谓行之有效，更多时候是一种急功近利的表现，学生人文素养的积淀、思维品质的提升是需要一个长期的积累过程的。语文课堂通过师生互动、主动探究，引导学生深度参与课堂，实现过程即结果的有效提升，尤其是注重增强学生的主动参与、教师的升华引领，让学生在语文学习的实践中提升思维品质。

四、和谐氛围是"有所为"的保障

语文课堂有别于其他注重理性思维的课堂，它更加注重课堂氛围的营造。感染熏陶是语文学习的重要方式。语文综合能力的提高，绝非简单的知识习得，它更需要学生的感悟体验，"明白"不等于"获得"，"知道"不等于"积淀"。而良好氛围的创设，一方面有利于学生沉浸式体验课堂，获得更丰富的体验，另一方面也有利于教师调动情绪——不得不承认，教师本人的课堂感受及人格魅力是构成有效语文课堂的重要部分。

当然，这些都非任何教学评价标准所能量化的，语文学科的特点正构成语文课堂的这一独特的魅力。教师情绪饱满、学生积极参与、师生有效互动、生生互相激励的课堂氛围一旦形成，每一个学生就都是课堂的真正主人，就都是语文课的真正受益者。

以上这些，应该是语文课堂需要普遍坚守的基本规则。

相应地，语文课有些已经习以为常或者有争议的做法，是否真的适合在语文课堂上出现，也值得深思。

（一）探究不等于"学究"

大多数高中生的体验和理解只能说是相对丰富，对于一些问题的探究是否有必要在高中的课堂上作过深过细的探讨是值得商榷的，尤其是当这种问题并不能构成本节课的主问题的时候。作为教师，本着"给学生一杯水要有一桶水"的理念而充分备课是值得尊敬的，但同时，不顾实际情况（学生的认知能力和课堂的时间限制）而把教师个人感兴趣的所谓学问前沿问题在课堂上作深层解剖，会不会把学生"淹死"？一篇课文，有经验的教师可能已经讲了无数遍了，但学生毕竟是第一次接触，过于新潮的个性化解读是不是有舍本逐末之嫌？这是不是对大多数学生的不尊重？虽然我们不能忽视部分优秀学生的能力，但也不应该忽视大部分学生的实际需求。

（二）细节不等于"肢解"

语文课堂，我们一直注重所谓"语文味"的传达，尤其是通过对字词句的深入挖掘、对细节的品读，发掘艺术之美，正所谓"从语言层面沉下去，才能从情感层面浮上来"，无疑，这才是正道。但有时我们过分地执着于细节，而忽略了对文章整体性的关照，难免把文章"肢解"得支离破碎，文章的"美"反倒因之部分地丧失了。

(三)开放不等于"放开"

开放的语文课堂有利于确立学生学习的主体地位,有利于让教学过程成为猜想、惊讶、困惑、感到棘手、深思、期待、寻找理由和证明的过程;但这一切应该在教师的"控制"之中——生成固然可贵,但随意生发又会误入歧途。开放的课堂并不难,难的是还要"收得住";争鸣的课堂本无罪,但教师的引领不能缺席;学生学习的主体地位要尊重,教师的主导作用也不能丢。

语文课堂氛围的营造是一项大工程,是一门艺术,是一场"永远在途"的探索。无论如何,有所为,有所不为,有所选择,有所坚持,这些都值得每一位教师深思。

课堂教学的魅力在于激发与唤醒

德国教育家第斯多惠有这样一句名言:"教育的艺术不在于传授知识和本领,而在于激励、唤醒和鼓舞。"德国哲学家雅斯贝尔斯的名言也同样广为人知:"教育的本质意味着一棵树摇动另一棵树,一朵云推动另一朵云,一个灵魂唤醒另一个灵魂。"中国现代著名教育家陈鹤琴先生也说:"每个人的心中都有一头狮子,教育的意义就在于把人心中的狮子唤醒。"教育的本质在于激发与唤醒已经形成的广泛的共识。语文课堂教学的魅力也在于激发与唤醒,激发学生学习语文的兴趣,唤醒他们学习语文的自觉。

这首先是由语文学科的特点决定的。不同于数理学科强调知识的吸纳和逻辑思维,语文学科强调语言的感悟和综合思维。在学习方法上,不同于数理学科的"教""习"获得,语文学科强调自发自觉,技术主义在语文学习方面是出力不讨好的。从语文学科尤其是高中语文学科的现实处境来看,语文学科也处于被其他学科"围剿"的状态。因为在高考中,语文学科"难得高分、分差不大"的特点导致其不受重视,学习时间受到挤压。有限的课堂时间更值得我们认真思考:究竟什么样的语文课堂才是学生需要的。

学生语文素养的提升离不开海量阅读,在时间难以保证的情况下,学生自发自觉地课下挤时间阅读几乎成了提升语文素养的必由之路。美国高中阅读教育非常重视学生自己阅读,教师在课堂上布置任务,下一次上课时,学生便对读过的内容进行讨论,教师也参与其中。如此,学生在两三个星期内就能看完二三百页的书,这样一学期,每个学生平均能读完五六本书,高中三年,他们将累积阅读二三十本书,这是他们的"本钱"。我们虽无法照搬学习，但也必须重视阅读。近年来"整本书阅读"掀起了热潮，但时间保障依然是最大的问题。阅读时间以课外为主，这也需要通过课堂上教师的点燃、激发，引导学生自己去读书、自己学会读书、自己喜欢上读书。这并没有忽视课堂教育的作用，恰恰相反，是加重了教师课堂的责任。

从学生视角思考，不是从为了教师"好教"而是从为了学生"好学""学好"的角度思考，我们很容易发现当下课堂教学的问题：教师讲得依然偏多，学生深度参与太少；教师掌控课堂时间太多，学生课堂自主学习太少；教师讲的定论太多，给学生自己思考的时间太少。结果是，喜欢学习语文的学生不少，喜欢语文课的学生不多。

激发学生学习语文的兴趣，唤醒他们学习语文的自觉，需要实现以下三个转变。

对于教师来说，要实现从追求技巧方法回归到夯实自己的专业根基的转变。提问的技巧、启发的方法并不是不重要，而是不应该成为课堂教学中教师执着和主要的追求。孔子"不愤不启，不悱不发"的教导，强调的并不是启发方法本身，而是把握时机。不断提升自己的专业能力，夯实自己的专业基础，对于教师来说才是最根本最重要的东西，在此基础上才能形成教师的独特认知和深刻洞见，而不是照搬教材、教参的人云亦云。大学有言："物有本末，事有始终。知所先后，则近道矣。"不道听途说，凡事当求其本源，掌握第一手资料，回归原始素材，本着求真务实的态度，作深入独特的思辨，进而才可能在课堂上展现教师思想的光芒，对学生进行有启发意义的点拨。教参固然是重要的教学参考资料，但执迷于教参，或仅参考教参的浅淡，或迷信于教参的偏执，并不利于教师在掌握第一手资料基础上的独特认知的形成。教育教学不能追求独特，但离开了个性化解读，语文课堂也将失去光彩。这一切都离不开教师深厚的专业素养。

课堂表现方面，要从追求表面互动的热闹向追求深入真诚的思考碰撞转变。以生为本、师生互动、生生互动，这些先进的教育理念逐渐深入人心并成为重要的课堂追求。但也要看到，尤其是在一些展示课上，部分教师过分追求互动的热闹，为互动而互动、为热闹而热闹的现象屡见不鲜。表面热闹的背后暴露的恰恰是思考的不深入。没有互动时的静默，不给学生思考的时间,何来思考的真诚和深入?思想的碰撞也就无从产生。

从课堂评价标准来说,要实现从关注某种教学模式向强调尊重教育规律的转变。教学模式满天飞的现象一度受到批评是很有道理的。对于新手教师来说,提供某种模式固然有利于他们尽快地熟悉课堂教学的基本程序,但对于成熟的教师来说,本来就不应该存在模式,而应该尊重教学规律。教学有法但教无定法,教学一旦固定为模式,必定会形成一定的束缚。更有甚者,根据模式制定了详细全面的指标,引入怎么样、承接怎么样、学生讨论怎么样、课件效果怎么样……把一堂课割裂成无数个点,课堂教学成了"戴着镣铐"的"填空",有机性无从谈起,真实而生动活泼的课堂渐行渐远。

激发、唤醒学生是一门艺术,又不仅仅是一门艺术,还关涉教师的学养和视野,关涉教师的学生观、课程观等。这是极有意义的工作,值得语文教师孜孜以求。

学习名师课例，也要坚持"拿来主义"

中学语文名师课例的评析与研究，近些年颇受人关注。"从一定意义上讲，读万卷书不如行万里路，行万里路不如阅人无数，阅人无数不如名师指路。"曾祥芹教授的话概括了名师课例的价值和意义。对于一线教师来说，这些名师课例无疑是非常优秀的学习资源，毕竟能称为名师课例的自有其高妙之处。课例研究也逐渐引发一些高校学者的兴趣，这为语文学科教学研究架起了一座桥梁，有利于实现理论和实践的结合。

能被称为名师，往往代表他们有丰富的一线教学实践经验，拥有自己的教育主张并形成了一定的教育影响，如本色语文的创导者黄厚江、板块式教学的创导者余映潮、青春语文的创导者王君等。名师课例无疑具有示范性和典型性。一般来说，名师课例尤其是课堂实录是自然真实的，是未经加工的教育再现，具有原态性。课例又是整合了教材、教师、教学智慧、教学理念等的综合性呈现，具有综合性。对名师课例进行认真研究、用心揣摩，并在自己的教学实践中融会贯通，一线教师自然能从中受益，获得教学艺术方面的提升。

必须承认的是，名师课例并非完美的代名词，有些名师课例甚至存在明显的值得商榷之处，也不乏研究者对名师课例的种种质疑。

罗晓辉、冯胜兰在他们合著的《追求更高品质的阅读教学——中学语文名师课例深度剖析》中，就对程红兵执教的《雨霖铃》课例提出疑问。课堂上有学生问："'念去去千里烟波，暮霭沉沉楚天阔'一句，我觉得此句应当出现在豪放派的词作当中，而现在出现在婉约派词人的代表作之中，是否有些矛盾呢？"罗、冯两位老师认为，学生提出这一问题应该是经过认真思考的，是一个有价值的问题。这是教师点拨介入的时刻，教师此时也及时进行了介入，是值得赞扬的。但教师仅仅说"豪放"和"婉约"是后人的评论，是后人加上去的，"没有必要拘泥于风格的划分"，这样的回答等于没有回答，实际上是回避了学生的问题。而且程老师在这一节课中主要是让学生做主持人，让学生开展活动，而教师的介入并不多。评论者也认为，教师在这堂课的实际进程中除了几次插话外，基本上是无所作为的，并没有发挥更好的主导作用。作为主持人的学生，因为需要充分准备，可能收获较多，而对于课堂上的多数学生来说，所得却极为有限，所以这样的教学损害了多数学生的学习利益，是失败的。不得不说，罗、冯两位老师的评价具有启发价值，他们秉持的"悦耳却不恰当的赞扬，是对广大教师的误导，同时也是对名师们的羞辱"的观点同样值得肯定。

　　罗、冯两位老师在点评黄厚江老师执教的《阿房宫赋》时，认为黄老师把这节讲授课定位为文本分析课，削弱了这篇课文的应有价值，如果能将其定位为评价与鉴赏课，则更为得宜，因为这样才能更好地体现《阿房宫赋》这篇文章独特的教学价值。笔者对于罗、冯两位老师关于课型的划分问题持保留意见（详见《语文课型一定要"纯化"吗》），但同时也认为，教学目标的设定对于发挥课文、课堂的价值均具有重要的指导意义。

　　汲安庆教授在他的《中学语文名师教例评析》中，在描述了"教了什么""怎么教学的"等语文教育事实的基础上，着力解释"教得如何"和"为什么这样教"的缘由，并针对具体的课例给出了优化策略。他的评析也对名师课例提出了诸多建议，这让我们看到了理论是如何影响和解决具体的教学问题的，也提示我们对于名师课例应持理性态度。

　　这种理性态度不是不认真学习，而是不盲目崇拜。以上都在提示我们，名师也是人，他们的教学主张固然有先进之处，但他们的教学过程未必完美无瑕，取其长为我所学，存其疑辩证分析，才是健康理性的态度。不加分析，无视学理，一味唱赞歌，全盘借鉴模仿，不是应该倡导的"拿来主义"的态度，弄不好反倒会陷入邯郸学步、东施效颦的境地。

　　学习名师课例，基本的态度是研究，而不仅仅是欣赏。研究名师课例更重要的是对名师课例设计理念的洞悉，既要明白名师课例为什么这样设计，设计好在哪里，又要学会找出不足之处，寻求改进的方法。所以不仅要学习课例，还要学习对课例的评析；不仅要关注课例评析中赞扬的声音，也要关注课例评析中不一样的声音，这样才能建立起自己的专业思维，从更理性的角度学会科学评课。

对课例的优点要作精深细致的研究，优秀藏在细节里。优秀课例之优秀不仅体现在整体设计，文本"咬文嚼字"的品味鉴赏、提问的问题设计、层层诱导的语言艺术，这些细节更彰显教师的教育功力，值得反复琢磨、玩味。

如果能把名师课进行"同课异构"的比较鉴赏，则更为难得。江苏省语文特级教师曹永军和吉林省名师张玉新的《赤壁赋》课例，江苏省语文特级教师黄厚江和"诗意语文"的倡导者董一菲的《阿房宫赋》课例，河北省特级教师尤立增和董一菲的《再别康桥》课例，精彩纷呈，各有所长，在不同名师课例中对比研究他们的重难点知识破解之道、提问艺术、教学理念，无疑会有新的启发。

学习名师课例，相较于自我摸索、闭门造车，无疑是提高自我教育水平的省时省力的好方法；相较于现场观摩，也节约了时间和物质成本，值得所有教师关注。如果再结合理性、建设性的评析一起学习，则善哉，美哉！

追求教学个性不能标新立异

有人说，任何一个有敬业之心的教师，都要把形成教学个性作为自己人生事业的航标。教学个性真的那么重要吗？教学个性和教学共性，究竟哪个更重要？

这里首先要搞明白，什么叫教学共性，什么叫教学个性。

我们提到教学共性，首先指向教学内容和教学规律的层面。毕竟一篇课文是摆在师生面前共同的客体，教学目标、教学重点和教学难点的设立，都是基于课文和单元教学设计的要求，理应大同小异，而不能随心所欲。即便有理解上的小小的分化，也上升不到教学个性的范畴。教学共性还体现在教学过程中。教学中很多教育教学的规定动作是绕不开的：像课文学习尤其是文言文，学习之前学生读几遍进行自习是必不可少的，目的是力争做到学生自己能学会的教师不讲或少讲；课文中重点或者难点的文本理解需要师生一起解决；课文的理解和探究也要遵循基本的由浅入深的规则；语言文字离不开反复的诵读品味；教学设计要重视学生学习的主体性，发挥教师的积极引领作用。以上这些都可以称为教学共性。

什么是教学个性？对教师个性和教学个性的解释历来有不同的说法，我国已有学者从不同角度论述了教学个性的含义，归纳起来有以下两种。一是个性融合说。认为教师的教学个性是教师适合其工作特点的个人品质总和，是个性原型和教师职业的一种有效融合。二是个性创造说。认为教师的教学个性是其劳动创造性的具体表现，是与教师的情感态度、个性特征等密切相关的，充满了教师个性的色彩。无论哪种说法，教学个性和教师个性都是密切相关的。教学个性同时还体现在对教学技术的个性化使用。教师个性各有不同，他们对同样一个技术手段的运用也会千差万别。那是不是任何一位教师都自然地形成了自己的教学个性了呢？我们认为，只有当教师在多年的教学实践与探索中逐渐形成相对稳定的带有明显个人色彩的教学特点与风格的时候，才可以称为教学个性。

语文教学中的教学个性也存在着必然性。语文学科的非理性因素更加强调熏陶渐染的意义，教师的个性对语文教学本身有直接影响。朱绍禹先生对此有过非常精辟的分析："语文教学是个人技巧性很强的活动，其效果是通过个人的观察和实践才能得到的。而这种实践又多半无法按一定的法则来进行，要由实践者的知识、经验和个性来决定。它牵涉到许多变项，即使人们了解这些变项的性质，却不能给它定量定序。"

综上所述，教学共性和教学个性并不矛盾，而是有机统一的。教学活动就是教学共性和教学个性的统一，正如艺术表演上"有规律的自由行动"。尊重教学共性，意味着对基本规律、方法、原则的尊重，这是教育教学的大前提和基础；尊重教学个性，并不是否定教学共性，而是在尊重共性的基础上对教师个性和教学技术的个性化运用的认可。人们常说语文教学"教学有法，教无定法，贵在得法"，第一个"法"体现的就是"共性"，第二个"法"反对的就是僵化的死的东西，第三个"法"强调的就是教学个性的价值。

相应地，尊重教学个性绝不意味着标新立异，不能走向哗众取宠的歧途。

有些教师强调，讲课要有自己的东西，要有自己的创新表达，尤其是在一些同课异构的展示课上，教师自然而然会有求异求新的需求。这一点是值得商榷的。求异求新，一不小心就会走向偏执和怪异。即便是在展示课、公开课上，教育教学的目的也不是教师的自我表演，而必须服从于学生发展的需要。不顾文本的原生价值和教学价值，一味执着于自己独特的解读，不但有误导学生的可能，对自己也是有害的；以个性化解读的名义引导学生进行颠覆性解读，更是不负责任的表现。无论是试图表现自我的创新而把一些经不起推敲的东西一厢情愿地强加给学生，还是为了营造课堂教学氛围的热闹效果而引导学生作花里胡哨的多元解读，都是哗众取宠的表现，是不可取的。

尊重教学个性和借鉴学习也并不矛盾。苏霍姆林斯基说过："你的知识、你的求知渴望和阅读爱好，就是你个性教育力量的强大源泉。"罗马不是一天建成的，教学个性也不是短期内就能形成的，说到底这是教师深厚内蕴的外在体现，只有不断学习、增进见识，才能熔铸自我个性，构建为人称道的教学个性。

说到学习借鉴，最重要的就是秉承"拿来主义"的态度。怕有"模仿"之嫌而不敢学习不可取，不加选择全盘接受当然也不好。

模仿是重要的学习手段，人类基本技能的习得不都是从模仿开始的吗？黄厚江老师曾说，所谓好课不是别人无法上的课，而是人人都能上的课。因此好课也是可以模仿、值得模仿的课。模仿可以是一个问题的设计，可以是整堂课的设计思路，甚至可以是名师的体态和学生的对话方式等。可以模仿皮毛、细节，也可以学习教学理念，只要有益于自身教学能力的提高，全都值得模仿借鉴。先模仿借鉴，后发明创新，集百家之所长融合成自己的风格，非但不应该反对，反倒是功德圆满的大作为。

名师的课当然也不是完美无缺的，也不能不加选择地全盘接受，这一点在《学习名师课例，也要坚持"拿来主义"》中有详细的论述。

拥有自己的教学个性是一名教师发展成熟的重要标志。教师在追求教学个性的路上，需要脚踏实地、认真学习、扬长避短，不断自我完善。为了个性而个性的认识和做法都是危险的，都不是尊重教育规律、尊重学生的表现。

语文课型一定要"纯化"吗

《普通高中语文课程标准》(2017年版2020年修订)明确把"思维发展与提升"列为高中语文核心素养之一,这里的思维显然强调的是整体的思维能力。逻辑思维并不是语文课强调的,但是语文教学是要有逻辑的,文本解读有自己的逻辑,教学设计有自己的逻辑,课型就是语文逻辑的一种具体体现。"型"即类型,按照一定的分类标准,把语文课归入不同的类型之中。

课型的理论研究并不少,也存在各种各样的课型划分标准。从实践意义来看,基于不同的标准,课型划分形成了基本的共识:基于文本的文体类型可以分为文言文学习课、现代文学习课等;基于教学活动的基本形式可以分为新授课、讲评课、练习课、阅读课、写作课、综合活动课等,其中新授课又可以从不同的角度划分不同的课型。

罗晓晖、冯胜兰在他们合著的《追求更高品质的阅读教学——中学语文名师课例深度剖析》中,基于单元整合的要求,整合设计出了七种语文课型,具体如下:预习与语言基础知识学习课;文本分析课(对文本的分析,涉及与语义提取相关的部分语用知识的理解);文本评价鉴赏课(对文本的评价和鉴赏,涉及与鉴赏相关的部分语用知识的理解和运用,也可能涉及作为背景知识的部分文学知识、文学史知识和文化常识);文学知识与文化知识学习课(上述环节结束后进行的对该单元涉及的文学知识、文化知识等的学习与讨论);训练课(例题讲解,包括语文知识练习、阅读与表达练习在内的学生练习及对练习的讲评);语文综合实践活动课(以语文学习为主要目标的综合实践性课程);语文学科阅读课(包括语文知识读物与校本语文读物的阅读、名著导读、整本书阅读等)。以此为标准,他们主张任何一堂语文课,都必须定位于以上七种课型中的一种,做到课型的"纯化",其依据在于:"以此保证教学目标的高度聚焦,学习任务的高度统一,能力指向的高度明确。"按照他们的理解,这样有利于学生在知识与能力上获得显著的进步。也正是以此为标准,他们在书中对于一些名师课例进行了深度剖析和大胆批评。

在他们这本书中,我们看到的更多的不是对名师课例的肯定,而是商榷,甚至是批评。显然虚假动听的话并不如真诚有益的批评更有营养、更有价值,敢于对名师课例提出公开挑战也需要极大的勇气。我们也坚信,只有尊重学理的批评,才能推动教学的进步。但是我们还必须清晰地认识到,批评选择的标准,必须经得起推敲和质疑,否则这些批评就有哗众取宠之嫌,或者沦为自说自话,丧失基本的评论价值。

这七种课型的划分本身是否逻辑严密、值得推敲?以"文学知识和文化知识学习课"为例,作者明确提出这一课型要在文本分析、鉴赏评价课结束之后进行,因为反对在文本分析之前就开始进行作家作品、时代背景的介绍,这不利于学生运用自身的综合分析能力实事求是地理解文本。这里作者恐怕对于传统的"知人论世"的教学规律存在误解。关于作家作品、时代背景的知识固然不是阅读教学的主体性知识,而是背景知识,不可以喧宾夺主,但既然是背景知识,对文本的理解也有一定的参考意义,何况有些文本教学,如果脱离了作家作品的时代背景学习,反而会寸步难行。以鲁迅的《记念刘和珍君》为例,脱离"三一八"惨案的时代背景,我们怎么理解文章的意义?同样,如果抛却国民党反动派配合反革命的军事围剿而疯狂进行文化围剿的大背景,又怎么真正地理解左联五烈士的牺牲和鲁迅的《为了忘却的记念》?如果离开了对鲁迅风格特点的基本了解,恐怕也很难理解文中有些句子的丰富意蕴。依然以这两篇文章为例,不管是过去鲁人版的教材,还是统编之后的人教版的教材,都通过注释的方式对背景知识作了详细的介绍,这一举动本身不就是对背景知识重要性的直接印证吗?我们能理解作者"从具体文本递升到文学史"解释的合理性,但抛弃上述基本逻辑去追求课型的"纯化"就显得不合适了。

保持课型的"纯化"固然有利于教学目标的聚焦和学习任务的统一,但从教学实践来看，为了"纯化"而"纯化"，并不符合语文教育的实际，反而成了作者批评很多课例的靶子。如果每一篇文章都得把"文本分析"和"评鉴赏价"割裂开来，是不是又无视了评价鉴赏基于文本分析的内在逻辑？其结果就是课堂被撕裂为"分析"和"评价鉴赏"的碎片，生硬而并不有机统一。其实作者也承认，"'鉴赏评价'和'探究'本质上也是靠'分析与综合'来支撑的"，但在课型的划分上却把二者硬生生地隔离开并要求做到课型的"纯化"，这不是自相矛盾吗？不是为"课型"而"课型"，为"纯化"而"纯化"了吗？

课型"纯化"的提出，作为一种学理倡导有积极的指导意义，有利于我们聚焦教学目标、提高课堂教学的有效性。但如何"纯化"？"纯化"到什么程度？"纯化"标准的学理基础和逻辑依据是什么？如果搞不清楚的话，实际教学的指导性就会降低。这些问题恐怕还需要一线教师在具体的教学实践中给予积极的回答。

语文教学要处理好几个平衡关系

平衡是一门普适性的艺术，自然和社会的有序运转莫不得益于平衡。反观我们的教育教学，讲授过多、学生主动性差、课堂无序、教学重点把握不准等问题的出现，很多时候都离不开"失衡"。就语文课堂来说，需要注意处理好以下几个平衡关系。

一、教学目标的确立要处理好"全面落实"与"重点突破"的平衡

作为教材的文本，既有相当的原生价值，又有丰富的教学价值。梁增红在他的《教学解读：将"作品"转化为"课文"》中说："我狭隘理解，文本的原生价值侧重于'人文性'，而文本的教学价值侧重于'工具性'。"我们在为作为教材的文本界定教学目标的时候，必定面临"全面落实"和"重点突破"的选择，而一旦处理不好它们之间的平衡关系，就会出现问题。

小说阅读教学中，经常提及小说三要素——人物、情节和环境，并分析三者和文章主旨之间的关系。赏析小说，这三要素之间也并不是均等用力的，往往会更加突出"人物"这一核心要素，这就是"全面落实"与"重点突破"的关系。而在文言文教学中，也经常面临"文"和"言"的失衡问题。因为功利性问题，大家更愿意把精力放在高考考查得较多的"言"的落实上，貌似趋利避害的"聪明"选择，实际上无形之中丧失了对学生进行人文教育和美育熏陶的机会。讲评课，教师对作文中出现的各种各样

的问题，事无巨细地批评了一通，结果好文章的样子是什么？作文到底应该怎么写？学生依然茫然不知。

褚树荣先生曾经说："不问缘由，无端地抓住一句话一个词翻来覆去地'细读'，也不管细读之处是否关键；不顾语境，断章取义，攻其一点不及其余，不把细读点放到上下文甚至全篇中去考察；不讲根据，过度阐释，有专家学术性的'掉书袋'，有政治化的僵化拔高……"这句话主要批评文本细读概念被滥用，但其中也反映出了教师教学目标的设定问题：既不从全面出发，又关注不到重点，随心所欲，害人不浅。

部编版高中语文选择性必修下册第一单元编选了柳永的《望海潮》，从写作背景我们知道这是一首投赠之作。宋真宗咸平末年，柳永前往京城应试，途经杭州，因迷恋湖山美好、都市繁华，遂滞留杭州。得知老朋友孙何正任两浙转运使，驻守杭州，便去拜会孙何，无奈因身份悬殊，门禁森严，就写下了《望海潮》这首词，极力赞颂孙何治下杭州的繁华美丽、物阜民康，终因诗作影响，两人得以见面。那么，如果从"知人论世"的角度，是否就可以引导学生探讨柳永投赠之举的意义呢？或许还能就此得出动机虽然不高尚但却诞生了一篇伟大的作品的结论。但失去了对诗词语言的品味、对作者情感的体察，这种鉴赏不是"隔靴搔痒""捡了芝麻，丢了西瓜"吗？这也是教学目标设定的失衡问题。

二、文本解读要处理好"共性内容"与"个性解读"的平衡

著名语文教育学者李海林先生曾说："阅读教学，教师个人对文本的具体的阅读过程、阅读结论，是阅读教学的干货。我阅读文本有自己的心得，我走到课堂里就有自信心，就有教学的欲望，因为我确信我有货给学生，而且是在学生没有看到货的地方我挖出了货，是在学生自以为没有货、不可能有货的地方我挖出了货。语文教学，不就是要这样去尽披在它身上的种种华丽、不华丽的外衣，直接提供干货给学生吗？"他还说："语文教材里的作品早就有人解读了，有些解读甚至是'公共的'，是大家都认可的，是作为公共常识的。即便是这样的作品，语文教师还是要有'个人化的'理解。"李海林先

生推崇教育的"个性解读",他把自己对教材的独特认知称为"干货"。这种"个性解读"离不开教育者渊博的学识和非凡的文本解读能力,也离不开"共性内容",否则打着个性化的幌子,走随心所欲的路子,结果可能是"反弹琵琶"或"戏说经典"。

福建师范大学中文系教授孙绍振先生的文本解读能力众所周知,那是建立在他渊博的学识基础之上的,也是建立在前人基础之上的。在他的《名作细读——微观分析个案研究》(修订版)的《修订前言之二——答读者问13则》中我们可以看到,哪怕面对读者对一句话、一个词理解上的困惑,他也可以洋洋洒洒数千言地给予解答,他的解答是引经据典、有理有据的。简言之,个性化解读也不能"任性"。

解读的共性内容是建立在文本和学情两个基本要素之上的。文本毕竟是客体,虽然我们可以进行主观解读,但不能无视基本的常识而无中生有。正如"一千个读者就有一千个哈姆雷特",但哈姆雷特无论如何也不可能变成贾宝玉。何况有些文本也无法进行个性化解读,比方说实用类文本,它提供的一般是客观的事实和道理,读者只需尽可能清楚地理解作者的意思就够了,不能随意生发、延展。

至于学情,尊重学生的知识基础也是敬畏职业的表现。不能否认,同样学段下不同地域、不同学校的学生存在差距,在解读上当然也有区别,因为那些更具个性化的解读往往是有深度和难度的。再者,一般而言,教师的文化素养、生活阅历、理论修养是比学生优秀的,不弄清或无视学生的基础而沉浸在教师个人自以为是的遐想之中,那些看上去高大上的课,可能只是自我炫技、徒增笑料而已。

三、师生互动要处理好"学生活动"和"教师引导"的平衡

随着一轮又一轮的课改、教改,"让学生动起来""自主合作探究""发挥学生主体性"等概念深入人心,好像不让学生分组讨论、课堂不热热闹闹的就不符合时代潮流了。但别忘了,教师的主导作用还需要发挥呢。

温儒敏教授曾经明确指出:"课上可以适当地展开讨论,但不要太多,更

不能放任，教师的引导还是最重要的。"他还说："所谓阅读教学，就是要指导学生阅读，是一种教学行为。学生的阅读有别于一般的阅读，它必须受教学目标的制约，是一种'不完全自由的阅读'。"这番话为我们处理好"学生活动"和"教师引导"的平衡关系指明了方向："学生活动"不能脱离"教师引导"，"教师引导"必须为"学生活动"提供有效的服务。

比如童志斌老师在执教《项脊轩志》的时候就积极引导学生比较归有光的项脊轩、陶渊明的园田居、刘禹锡的陋室的异同。当学生觉得"泣"与"长号"不同的原因在于，前者只是因为母亲在生活上给予关心，而后者是因为大母的期望更能触动作者时，教师马上用《先妣事略》中关于母亲殷殷期待的记载推翻学生的论断。教师固然需要尊重学生的活动和意见，这是一种基本的教育态度，但不等于当学生出现问题的时候依然听之任之。教师和学生的关系是"平等中的首席"，"平等"不等于"等同"，"首席"意味着需要对学生进行指导引领，需要调控师生之间的活动、组织互动的过程，以保证对话的有序和有效。正如梁增红老师所言："语文老师要做一个高明的牧羊人，把学生带到水草丰盛的地方，然后守护着合适的边界，不至于让学生在自由寻觅的时候或迷途不返，或歧途徘徊，或面临险境。一句话，阅读中教师的价值引领责无旁贷。"

当然，教师作为"平等中的首席"，有责任"守护合适的边界"，也包括对自己的约束。还是童志斌老师执教的《项脊轩志》，在教学过程中有时候教师也会缺乏耐心的等待，未等到学生的思维激活就过早地介入："项脊轩充满爱意，作者对他饱含深情，为什么呢？因为这个小阁子里有他特殊的生活内容。""为什么要种一棵果树呢？妻子种下这棵果树的时候，有寄托在里边，希望它早日开花结果。"像这种不等学生回答教师就急于自问自答，剥夺了学生思考和表达的机会，反映的也是"学生活动"和"教师引导"的失衡问题。

其实，语文教学中的平衡关系还有很多，包括课上授课和课下作业的平衡、知识传授和价值观渗透的平衡、亲近学生和师道尊严的平衡等。处理好教学过程中的平衡问题，让语文教育有更好的结果。

落实新课标，更需要务实精神

在百度搜索引擎中输入"高中语文新课标"后，相关的信息多达数千万条。"新课标"的确是一个热门话题，几乎每一个从事语文相关教学与研究的人都耳熟能详。面对这种情况，我们在为语文教育改革高兴的同时，也必须警惕在学习贯彻新课标过程中的一些问题："新瓶装旧酒"和"挂羊头卖狗肉"。

所谓"新瓶装旧酒"，指的是在学习落实新课标的过程中，高举新课标的旗帜，而并没有落实新课标的精神。这是当下非常流行的一种做法。写论文时冠以"新课标"，就可以堂而皇之地发表，而细看内容，并没有什么新鲜玩意儿。"挂羊头卖狗肉"指的是对新课标的理解流于肤浅，打着落实新课标精神的幌子，搞一些教学模式的新花样，看似花里胡哨，实际上并没有多少实际价值，甚至形式上创新而实际上却与新课标精神相违背。这并非危言耸听，我们依然能看到在一些赛课活动中，某些展示课表面上看非常热闹，课上学生自己发现问题、解决问题，但由于缺乏充分的备课和恰当的调控，热闹的背后是无序的课堂和浪费时间，效率低下，用评委们的话说就是"表面的热闹和实际的教学效果不能画等号"，实际上是从灌输式、填鸭式转向了放羊式、自由式，从一个极端走向了另一个极端。还有大热的整本书阅读，本来就是阅读的基本态，作为新的概念一经提出，整本书阅读研究大行其道，"只见树木不见森林"的肢解有之，以题目训练代替整体感悟的新做法有之，这还能叫整本书阅读吗？这就是典型的对新课标精神的误解，这于我们的新教学改革不但无益，反而会阻碍教学改革的发展进程。

新课程的核心理念是以人为本、以学生的发展为本，在它的指导下，课堂教学评价已经将重心从教师的"教"转向了学生的"学"。"以学论教"使得教师必须认真对待每一节课的课堂教学，尤其是教学效果。教师必须在教学方式、学习方式的革新，备课方式、课前准备和自我教学能力的重新认识及课堂民主平等的师生关系建设等方面作出新的努力。

面对这种状况，要使新课程教学改革真正走向成功，必须多一点务实的精神，以下几点需引起重视。

一、认认真真地改革自己的备课方式，使之更科学、更有针对性

新课程坚持实践的观点，认为知识应当属于人的认识范畴，知识的获得和掌握离不开认识主体的活动。因而学生掌握知识的过程本质上就是一个探究、选择、创造、实践的过程，也是学生科学精神、创新精神乃至世界观逐步形成的过程，是培养学生可持续发展、终身学习能力的过程。由此，新课程的课堂教学评价模式已经从"只见教材不见学生"的桎梏下摆脱出来。基于这种观念，教师在具体的教学准备当中就应当进行有针对性的、科学的备课。

教师在课前必须充分考虑到学生在课堂上的反应，作出多向性、科学性的教学预设。教师在吃透教材的同时，研究透学生、琢磨透课堂，不仅仅满足于对教材的通透和在课上深刻地重现教材，更多的是需要走到学生中，了解他们对教材的认识和需要，了解他们的兴趣、知识储备状况和特别关心的一些话题、社会现象等，并把知识点有机地融入学生的真正需要中。教师备课就意味着在吃透教材的基础上，把学生感兴趣的话题作为具体的载体，把社会实践的真实内容作为附着物，进行教材重组，有针对性地把握教材，全面面向学生工作。因此，教师备课的教学教案就需要随着新的教学精神而有所改进，以增强其适应性。

备课还要注意避免花架子。学习《我与地坛》这类体现亲情的文章，就搞我为母亲"洗脚""唱首歌""做顿饭"的活动；学习《县委书记的榜样——焦裕禄》，让学生写几段颁奖词；学习话剧《雷雨》，让学生也进行剧本创作。这样的学习形式大于内容，既折腾，又脱离了文本学习的根本。

二、扎扎实实地推进教学方式、学习方式的转变

先进的教育观念是通过先进的教育方式体现出来的，教育观念的转变本身也要在教育方式的转变中进行。我们虽然可以请教育专家来学校撒播先进观念的种子，但最根本的一点是，我们必须想方设法改革教师们每天都在进行着的习以为常的教学方式和教学行为。而教师教育观念、教学方式的转变，最终都要落实到学生学习方式的转变上，落实到学生思维方式、生活方式的转变上。

在以往的课堂教学中，教师大多是按照事先设计好的教学过程，带着学生一步步地完成预设动作，即便有一些学生的自主活动，也是在教师限定的范围内进行的，不仅时间没保障，活动也不充分。而新课程倡导新的教学、学习方式，以学生在课堂上的自主、合作、探究为主，教师更多地成为学习情境的创设者、组织者和学生学习活动的参与者、促进者、主导者。因而我们要强化教研组和备课组在新课程指导下的集体备课，要求教师在吃透新课标和新教材的基础上，从尊重学生自主学习的基点出发，研究课堂教学中预设和生成的关系，注重课堂落实和课外拓展的有机结合，从而充分提高课堂教学的效率，积极贯彻新课程的精神。

以群文阅读为例，本来单篇教学和群文阅读应该是互相配合、补充的关系，结果有的教师为了特色鲜明，不顾学生实际和单篇教学细读的优势，一味地在单元主题上做文章，导致群文阅读浅表化，学生茫然不适应。这也是典型的学习方式变革的形式主义。

三、真正建立起民主、平等的师生关系

"为了每一位学生的发展"，教师必须尊重每一位学生的尊严和价值。目前，一些教师仍然存在不尊重学生人格、不面对教学实际的问题，在学生观方面相对滞后，严重影响甚至制约了学生的发展。在课堂教学中，教师应当尊重各种不同类型的学生，真诚地关心，用心地引导，在意每一个人的态度，积极营造和谐、互学相帮的教学氛围，特别注意不能伤害学生的自尊心。随

意批评甚至羞辱学生等更是有悖于新课程精神和违反教育法规的不当行为。

尊重学生还体现在及时地肯定和鼓励学生。课堂上抓住合适的机会给学生以正面的肯定，能使他们有更大的学习动力。不仅仅赞赏学生学习成绩的进步，更重要的是赞赏每一位学生的自主、独立、创新、大胆，赞赏学生的不同意见和对教师的超越，赞赏学生的创新精神和创造能力，只有这样，我们的课堂教学才能真正达到学生积极成长、教学效率极大提高的目的。当然，对学生的尊重和鼓励，也要坚持有利于学生发展的基本原则，出现问题不及时纠正、一味突出学生主体性而忽视教师自身的主导作用也不可取。

四、积极探索相配套的科学的评价体系

语文新课程的实施，有一个关乎成败的因素，那就是评价。评价是以一定的标准和相应的方式方法对对象进行价值判断的活动。课程标准明确指出，评价的目标是有效地促进学生的发展，所以它的直接目的应该是改进教与学。课堂教学评价的重心逐步由"教"转向"学"，教师应当认真思考自己在这种课堂上必须具备的教学能力。一堂好课的评价标准必须实现从"教得好"向"学得好"的转变。好课就是学生"学好"的课、学生能"学得好"的课。也许在这种课上，教师的口头表达并非完美、板书并不漂亮，只要给予学生充分的尊重和探究的机会，学生在课堂上获得了充分的发展，那么这就是好课。当然这也不是说，教师的教学基本功就不重要了，相反，我们更应当严格要求教师有过硬的教学基本功，因为这是他们之所以成为教师的必备条件，是作为教师的根基所在。

课堂教学是实施语文教学改革、落实新课标精神的主阵地，只要我们本着为学生负责、为教育负责的态度，坚守一名教师应有的职业操守，从我做起，学习新精神，探索新方法，扎实工作，锐意进取，我们的语文教学必将走在幸福自我、造福学生的路上。

语文学习更需要培养学生的主动性

今天的语文学习更需要注重培养学生的主动性。学生的主动性，指的是学生在主体意识的支配下有目的地自觉自愿地学习。培养学生学习的主动性，是以教师的科学指导为前提，是学生主体性的要求。

现代教育培养的人应该是主体性的人，只有这样的人才能主动、积极地参与社会生活，并为社会进步作出贡献。学生主动地创造性地学习，是素质教育本质的要求，是教育的基本方式和途径，理应是教育教学活动的中心。

强调学习的主动性是时代发展的需要，是学生健康成长的需要。2022年8月17日，在青少年心理成长与心理健康教育论坛上，国家教育咨询委员会委员、中国教育学会名誉会长、北京师范大学资深教授顾明远在致辞中表示，儿童青少年学习中的竞争因素导致了心理压力的上升，封闭的"比较心态"不仅不利于学生的学习，更不利于与他人的沟通协作，长远来看将影响他们事业的发展以及对世界的认知。顾明远教授呼吁教育界重视学生的心理健康教育，让学生能够主动学习、愉快学习，培养兴趣爱好和创新能力。顾明远教授还曾经撰文提出"学生既是教育的客体，也是教育的主体"，他们有自我教育、主动学习的巨大潜能。

强调学习的主动性还是语文学科破解自身困境的需要。社会生活压力和高考竞争压力之下的高中生，每天面对着繁忙的学业，有做不完的课外作业，他们在学习中必须作出取舍。尤其是理科学生，他们普遍把语文学习放在次要位置。学生也明白语文在高考中的分量，但相比于理科，语文学科时间投入和分数产出并不太成正比的学科特点让他们作出了自认为更有利的选择。这也就意味着高中阶段的语文学习很难和其他的理科学习去竞争。但我们也不要忽略：语文核心的读写训练完全可以利用碎片化的时间，语文学习更需要培养学生的主动性，去引导学生自觉破解学习困境。

学生学习的主动性是培养出来的，不是教出来的，作为一种特定的积极探索的精神，无法从 A 传到 B。具体来说，从语文学习的角度我们可以作出以下尝试。

尊重学生，善于唤醒学生的主体意识。"主体意识是指作为认识和实践活动主体的人对于自身的主体地位、主体能力和主体价值的一种自觉意识，是主体的自主性、能动性和创造性的观念表现。学生主体意识愈强，他们参与自身发展、在学习活动中实现自己的本质力量的自觉性就愈大，从而也就愈能在教育活动中充分发挥自身的能动力量，不断地调整、改造自己的知识结构、心理状态和行为方式。学生主体意识的强弱，在某种意义上决定着学生对自己身心发展的自知、自控、自主的程度，从而决定着其身心的发展水平。"（张天宝《试论主体性教育的基本理念》）从教育学的一般规律来看，每个人身上都潜藏着巨大的能量，都有向上的意识和自主的能力，而教育者的主要功能就是善于发现、激发、唤醒每个人身上的潜能。尊重学生，和学生平等地交流，增进和学生的情感联系，建立良好的师生关系，这些都可以产生巨大的教育力量。作为教育人，我们应该普遍承认，很多学生成绩进步是因为他喜欢上了某个老师，进而喜欢上了某个学科，从而带动了学科成绩的持续提升。语文教师也应该在自己的教育实践中，通过个人魅力和情感联系，影响学生对语文的态度，建立起和谐的语文学习氛围，进而唤醒他们学习语文的主体意识。

课堂激发，让更多学生有学习语文的兴趣和热情。课堂永远是教育教学的主阵地，也是教师发挥主导作用的重要场所。要想在课堂上激发学生，语文教师首先要成为一个有热情、有智慧的专业人士。语文教师的专业素养不仅表现为渊博扎实的语文知识，还应该表现为热情的态度、智慧的头脑和彬彬有礼的个人素质。曾经有人调侃，谁都可以教语文，这固然是对语文教师专业性的不尊重，但其实背后还反映出了一个严重的现实问题，那就是对教师专业性的认知普遍不足。从学生对不同学科教师的个人期待来说，学生更希望能从语文教师那里收获更多专业知识之外的东西,这本身也说明了在学生的心目中,语文教师有着独特的地位,这也是作为语文教师能够对学生产生更多影响的有利条件。占领课堂主阵地,激发学生学习语文的兴趣和热情,语文教师责无旁贷,每一位语文教师都需要重视起来。

  布置开放式作业,让学生在相对自由的读写空间主动发展自我能力。关于语文课外作业问题,笔者已经在《语文需要怎样的课外作业》中专门述及,这里特别强调课外作业的"开放"和"自主"。语文知识的积累主要靠的是"涵养功夫",靠的是自觉的语文意识,而不是所解题目的多寡。也正因为如此,在作业的设计上,应注意适应学生的心理发展特征。语文作业不应该成为课文的"奴仆",不应仅围绕帮助学生更好地理解课文,而应该把着眼点放在拓宽学生的视野,把学生的目光引向广阔的社会,因此语文作业的设计、布置、检查都应有一定的挑战性,给予足够的自由度。尤其是在高一高二阶段,不要急着进行应试性的题海战术,而坚持进行内容自主的读写日记则大有裨益。日记内容可以是针对课堂知识的自我梳理,可以是课外阅读的摘抄或感悟,可以是学习经验的总结梳理,但在形式上,包括字数和日记的数量要有一定的限制,避免学生不做或流于形式,这样也有利于学生形成良好的语言学习习惯。习惯是培养学生学习主动性的重要抓手,任何时候都不能忽视。

  学生学习的主动性是伴随着自信心发展起来的,进而主动性和自信心可形成互相促进的良性循环。这是促进语文教学新发展的关键,值得每位老师思考、实践。

信息技术需要回归工具属性

山东省已经连续多年组织中小学教师在暑假参与"互联网+教师专业发展"工程,取得了积极的成效,但近年教师参与的热情有下降趋势,原因固然很多,但"互联网+"所代表的信息技术在教育教学中的运用的适切性问题,恐怕是原因之一。

信息技术在教育教学中的积极影响是显而易见的,它能有效地增强学生获取、加工、利用信息知识的能力,并能丰富师生之间的互动方式,从教学前端的学情分析到后段的测验与练习,技术的介入都能增加新的工具手段,提高工作效率。

以学情分析为例,在传统的课堂教学中,教师作学情分析,更多的是依据自己的教学经验以及学生的日常表现,属于感性认识和经验判断,这就使得教师对学生的了解和把握并不十分准确。有了信息技术手段的介入,教师就可以通过调查问卷等新形式收集数据,能更加便捷科学地分析学生的学习情况。也可以运用思维导图,让学生回顾课堂内容,进行自我归纳和总结,而教师通过学生的思维导图就能了解学生对所学内容的掌握情况,以制定出相应的补救措施和下一阶段的复习教学计划。

以极课大数据平台助力默写为例,文言文默写是语文学科重要的考查内容,但教师让学生反复默写,是一件既让学生反感,又需要教师投入巨大精力和时间的事。有的教师为了让学生默写不出错或少出错,让学生反复抄写,但学习效率并不高。而运用极课系统就可以改变毫无意义的循环。教师只需要把所有默写的内容通过 Word 模式组好试卷,然后导入系统,学生第一次默写完后，扫描系统就自动进行数据分析。每个学生错误的句子都不同，等下次再默写的时候，学生只需要导出自己的错题，形成适合自己的个性化的默写试卷，上次写对的句子就不必反复再默写，这样就大大节约了时间，提高了学习的效率。

信息技术只是一种工具手段，一定要坚守它的工具属性，一旦滥用，不但不能收到应有的效果，反而会对教育教学产生干扰和不利的影响。

从 2021 年开始，不少互联网大厂出现了"远离 PPT"的风潮。因为 PPT 演示虽然具有图文并茂的优势，但它的问题也同样明显，即关键信息很容易淹没在海量的信息之中，反倒弱化了有效信息。PPT 技术在教育教学中的运用不当也一直有批评的声音，最典型的莫过于有些教师把教案内容一股脑地呈现在 PPT 上，引导学生在回答问题时尽可能接近 PPT 上的答案，然后轻点鼠标呈现答案，以示自己课堂教学的成功。这种缺乏设计和真诚的课堂经过质疑批评后已经很少了，但教育教学中 PPT 运用不当产生的危害依然存在。我们原本以为，在作文教学中通过 PPT 呈现优秀作文供大家学习参考能提高学习效率，但几分钟后，学生在海量信息的轰炸下和 PPT 快速翻页的过程中，容易陷入疲倦，这就是 PPT 使用不当造成的学生注意力不集中的问题。实际上，这种方式还不如传统的下发纸质材料给学生阅读的方式有效，纸质材料还有利于学生及时作出个性化的圈画、批注，并根据自己的实际情况自由调整学习进度。另外，图文并茂的方式虽然更加具体形象，但也消解了文字本身的魅力，阻碍学生发挥想象力，毕竟无论多么优秀的 PPT 也不可能替代语言文字本身所蕴含的温度、思想、意境等。

统编版新教材总主编温儒敏先生就痛陈"多媒体滥用给语文教学带来的'灾难'"，他一针见血地指出：

现在的语文课不断穿插使用多媒体，虽然很直观，可是把课文讲解与阅读切割得零碎了。多媒体给学生提供的各种画面、音响与文字，目迷五色，课堂好像活跃了，可是学生的阅读被挤压了，文字的感受与想象给干扰了，语文课非常看重的语感也被放逐了。这样的多媒体对语文学习并没有好处。过多依赖多媒体，很多老师什么都依赖网上给结论，有结论没过程，思维容易碎片化、拼贴化。语文课应该不用或少用多媒体，让语文课重新回到朴素本真的状态中来。

"非必要，不使用"应该是我们运用多媒体的一个重要原则。比如学习课文时通过PPT呈现文学常识，文言文翻译质量检查时通过PPT提前呈现要翻译的原句，能节省板书时间，这些都是多媒体技术恰切使用的表现。在其他信息技术手段的使用方面，我们也要持慎重的态度，回归它的工具属性，在考虑技术有利方面的同时，也要考虑它的不利方面，做到信息技术在语文教学中的适切使用。

语文需要怎样的课外作业

《教育大辞典》对"课外作业"的表述是这样的:"根据教师要求,学生在课外时间独立进行的学习活动。在教学活动总量中占有一定比例。……它是课堂教学的延伸,有助于巩固和完善学生在课内学到的知识、技能,并培养学生的独立学习能力和学习习惯。"适量、有效的课外作业,是学习过程中不可缺少的一个环节;另外,服务学生发展、需求、精心组织好作业,也是每个教师的工作职责。但高中语文作业普遍处于尴尬的处境,可以用"内忧外患"来形容。

先说"外患",那就是高中生整体课外作业负担沉重,语文作业时间被严重挤占。语文作业时间被挤占一方面源于其他学科影响,尤其是理科作业普遍较多;另一方面是学生对语文作业不重视,毕竟在追求高考成绩的大背景下,多数学生认为语文学科相较于其他学科提分效果不好,尤其是对直接提高显性的学业成绩来说,语文作业不如理科作业见效快。

"内忧"也不容忽视,基于上面的原因,语文教师压力重重,在"抢占"课外作业时间方面也不甘示弱。

这样一来,最终受苦的是广大学生,一个基本的现实就是,大多数学生都完不成当天的课外作业,精讲精练、提高效率就更无从谈起。这当然也是"内卷"的社会现实在教育上的直接反映,这对于正处于身体发育关键期的学生来说不可能不产生不良的影响。吃点苦固然不是坏事,尤其是当人年轻的时候,但是我们更希望学生在学习上吃的苦都是值得的,他们每天废寝忘食奋斗在题海的努力都是有效的、有意义的,所以我们不得不审视我们的课外作业问题。

关于提升课堂效率与布置课外作业的关系，对于前者应该没有争议，提高课堂效率是基本共识，而对于课外作业的数量问题，则容易陷入自说自话的境地，每个学科教师都认为自己写的作业不多，而对于学生来说，有限的课外时间总是难以应付巨大的作业总量。不少教师已经习惯性地陷入了作业恐慌，总担心作业量少了影响学生的成绩，而不愿面对一个基本事实：如果学生因时间不允许而随便应付作业，再多的作业也发挥不了积极的作用。就语文学科来说，题海战术更是费力不讨好的低效行为。如果说题海战术应对前些年的高考效果还不错的话，新高考强调真实情境与问题解决的命题趋势，已经不是题海战术所能应对的了。提高课堂效率、增进课外作业的有效性是值得探索的路径。

高一高二更着重对基础知识的积累，考查也基本上对应"所学即所考"的命题思路。教师需要注重提高课堂效率，教学行为应真正做到"以学生为中心"，从学生发展的现实需要设计教学、推进教学，提高服务意识，提高服务水准。相应地，课外作业也要真正做到精选精练，能不布置就不布置，能少布置就少布置。教师的良苦用心也必定获得学生的回报，毕竟学习是需要身心参与的过程，学生的动机水平、作业态度、期望心理、作业情绪等因素都可能会影响学生作业的状况。课堂效率高了，作业量少了，学生更认真专注了，学科成绩能不进步吗？笔者在二十多年的教学生涯中一直践行这样的基本思想，自己的教学成绩也证明了这种思想的正确性。

减少作业不等于没有作业。那么如何看待读写训练和题海战术的关系？让我们回到语文学科和语文素养的基本认识上去。

听说读写是语文学习的根本路径。钱理群教授曾经指出，语文听说读写能力的培养"绝不是一个单纯的技能训练，它实质上是对人的智力、潜能的全面开发，是人的精神素质、境界的全面提高"，因此中小学语文教育的功能应该是"为'终身学习打底'，为'终身精神发展打底'"。语文教学返璞归真，遵循语文学习的固有规律，才是实现这一目标的途径。在现实生活中我们过分强调语文学科的工具性，而对陶冶情操、培养高尚的审美情趣、提高思想素质的人文性关注不够。语文学习虽然需要"解题"，但更重要的是"涵养"和"积累"。有人作过这样的统计,"作文一般能力的形成大约需要 30 万字,朗读一般能力的形成需要 200 小时",我们现行的课内教学时间显然无法保障,课外的读写训练就是必不可少的补充,而高中直面高考的现实压力又严重挤占了课外读写的时间。即使从纯应试角度来看,语文学习成绩不像其他学科那样与做题的数量成正比,这也说明了"以课文为中心编制习题"的课外作业模式并不可取。基于以上理解我们认为,在高一高二年级依然有必要进行课外读写训练,并将其作为语文课外作业的主要形式。为了保证学生的课外读写时间,同时不增加学生的课外作业负担,可以考虑以有一定规范要求又相对自由的"读写日记"代替传统的语文课外作业,以此促进学生主动参与各种形式的阅读活动和社会交际活动,通过丰富的文化传播媒体去接触大量的生动活泼的语言材料。吕叔湘先生曾说过,语文的使用是一种技能、一种习惯,只有通过正确的模仿和反复的实践才能养成。当然这一点的实现需要解决认识问题,因为不少班主任就不认可学生的课外阅读,认为其收效慢、浪费时间。如果不解决认识问题,就形成不了共识,读写训练也只能是纸上谈兵。另外,我们并不否定高中阶段应试训练的必要性,但应试训练也不必从学生进入高中就开始,有了高一高二读写训练等根本工作的保障,用高三一年的时间进行必要的应试训练也足够了。

总之,兼具工具性和人文性的语文学科学习,课堂效率提高依然有挖掘的潜力。课外作业方面,还是有必要保障读写训练等根本工作,适当减少针对课文的习题训练,并把必要的应试训练放到高三再进行,如此才能在课内教学和课外作业、学业水平提高和语文素养提升方面找到最佳平衡点,最终实现学生的全面进步、健康发展。

第二辑　PART TWO

◎ 文本细读

巧问细品，让探究真正发生

好的课堂教学不在于全面授予，而在于相机诱导。相机诱导，即通过问题设计把学生的思考引向深入，让课堂探究真正发生，这应是语文课堂的常态。这一过程的质量体现了教师课堂教学的艺术水准。

当然这样一个过程并不是教师问得越多越好，教师的问题设计一定要建立在学生真实的学习基础之上，建立在学生充分准备之上。

程红兵老师在执教《雨霖铃》的时候，首先介绍了文体和作者的相关知识，接下来并没有直接抛出问题引导学生进入文本，而是让学生自主地进行读和背诵的活动，并在几分钟以后以小组为单位进行抽背检查。这样一个环节大有深意，值得肯定。学生能自学的就不需要教师教，这是对学生的信任，也是对发挥学生主动性的教学规则的坚守。更重要的是，正是有了学生自由诵读、理解、背诵这一环节的铺垫，学生与文本的对话才真正成为可能。学生的思维较少地受教师先入为主的限制，保留了学生主体与文本接触的新鲜感，保护了学生质疑的可贵的火花，从而为学生的自主理解甚至自主提出问题铺好了道路。

教师课堂上问题设计的质量在很大程度上决定着课堂教学的质量。吕叔湘先生说："如果说教学法是一把钥匙的话，那么在所有的教学法之中还有一把总的钥匙，它的名字叫作'活'。"这提示我们，教无定法，其实问也无定法，从教育教学本身出发，设计切合实际情况的"活"的问题，有时能起到四两拨千斤的重要作用。黄厚江老师在执教《装在套子里的人》时，为了让学生更好地理解"别里科夫身上诸多套子有自身的原因，但更重要的是专制制度对知识分子的压制和毒害"这一点,他设计了这样一个独特的问题:"这篇小说的标题有两种不同的译法,还有一种译法为'套中人',大家比较一下哪一个更好?"接下来黄老师又变换角度提示:"这两个不同的译法或许各有千秋,但这个'装'字的作用确实不可忽视,想一想'装'能换成'钻'吗?"这样一来,学生就能逐步意识到,别里科夫成为套中人并不仅是他自己的原因,还有沙皇专制制度的罪恶,进而也就比较容易理解别里科夫其实并不是"一个人",而是"一类人",这样对文章的深层理解就能自然发生。黄厚江老师的问题设计得非常巧妙灵活,通过比较"装在套子里的人""套中人"以及"装""钻"的不同,轻松化解了理解作品主旨这一重难点问题。

有时候需要通过系列化的问题设计,逐层深入地引导学生解决问题。《林教头风雪山神庙》中,"雪"是一个重要的环境因素。风雪交加既是林冲活动的环境特点,又渲染了悲凉的气氛,风雪的变化也预示着情况愈发危急、矛盾冲突愈发尖锐,进而推动了故事情节的发展,对于塑造林冲的孤苦命运也起到象征作用。王开东老师在执教这一课时就设计了这样几个有层次的问题:"刚才同学们谈到雪,让我很受启发,文章有哪几次写到雪?""风雪写得很有层次、很有讲究,谁来具体说说?""风雪描写有何作用?"问题设计完全从学生的实际水平出发,层层深入、逐步诱导,学生对于文中风雪作用的理解也就自然发生、水到渠成了。

对于有些理解难度比较大的篇目,问题设计的准确性和层次性对教师来说更是极大的考验。《赤壁赋》寄寓着作者复杂的思想情感,向来是学生学习理解的难点,也是教师教学中的难题。张玉新老师在执教《赤壁赋》时,以"客有吹洞箫者,倚歌而和之"为问题的发起点,首先提示学生思考在"客有吹洞箫者,倚歌而和之"之前,苏轼的情绪是怎样的,引导学生通过对"倚"和"和"的推敲,理解苏轼之前"扣舷而歌之"中难以察觉的悲情。进而提出问题:"苏轼的情绪是被这景物牵引的,还是被箫声牵引的?他是听了人家的箫声才'愀然'的吗?"引导学生理解"客"也是苏轼自己的化身,客人之悲正是苏轼借别人的酒杯浇自己的块垒的艺术表达。接下来问题的设计更具分量:"客人后面的解说是加重了苏子的'愀然',还是减轻了苏子的'愀然'呢?"这样由浅入深、逐层发问,由句而章、前后关联,逐渐让学生明白，作者的"愀然"情绪一直都有，前文的举酒歌咏、飘飘欲仙之乐只不过是含而不露、借喜排忧的高妙手法罢了，接着再借助赋特有的主客问答形式，在后文完成情感突围，最后品悟出苏轼是在巧妙委婉地表达自己的人生价值观。这样的巧妙引导具有较大的思想容量，在立足文本的同时引导学生从微观的角度突破细节，以宽广的视野解构全文。更难能可贵的是，这一过程也给学生提供了一种深入解读文言文的思维方法。

优秀的教师在引导学生品味思考的时候，不仅仅要铺路引导，还要适时地调整自己的提问语言，进一步聚焦问题。江苏省特级教师曹永军在执教《赤壁赋》时有这样一段实录：

师：曹老师和大家一起思考，第一节写东坡夜游赤壁，是围绕着两个字来写，你觉得是哪两个字？哪两个字是这节反反复复都写到的？同位间可以互相小声地商量，我们既要独立思考，又要互相合作。哪位同学先说？
生：赤壁吧？
师：当然事情发生在赤壁，但这是背景，不能说是中心，谁再来试试？
生：泛舟。
师：还没讲到点子上，可能我刚才表述得不够准确，夜游赤壁是围绕哪两个物象来写的？
生：我认为他写的物象一个是水一个是月。
师：大家同意不同意？
生：同意。

水和月两个物象是深度理解文章的关键，在这里曹老师很细心也很有耐心，不断调整自己的话语引导学生聚焦问题，这既展示了高超的教育艺术，也是尊重学生的直接体现。当学生的回答和教师的预期不一致的时候，曹老师不是像其他教师惯常的那样只是调整学生以和自己一致，使学生为自己接话和传话，而是努力地调整自己以与学生一致，与学生对接之后再予引导。这种教育态度和教学艺术都值得我们学习。

孙绍振先生曾说："老师的任务，就要从学生的一望而知指出他的一望无知，甚至再望也还是无知。"这不仅仅是在提示教师的任务，也是在提示教师要如何完成任务。从学生本身的认知水平出发，巧妙地设计符合学情的问题，层层深入，逐步诱导，帮助学生实现王荣生先生所说的"把本来不能理解感受的东西，通过教学变成他能理解感受的东西"，这就是巧问细品的艺术，这就是阅读教学的魅力。

文本品味离不开"咬文嚼字"的艺术

语言文字的魅力最突出的表现不外乎语言内容整体呈现的思想启迪、情感熏陶,以及文字本身具有的"美",而对后者的品味离不开"咬文嚼字"的艺术。

《现代汉语词典》(第七版)对"咬文嚼字"的解释:"过分地斟酌字句,多用来指死抠字眼儿,也用来指对文字的使用反复推敲,十分讲究。"这里强调的显然是后面的褒义。古往今来,有很多关于"苦吟"的典故,"吟安一个字,捻断数茎须";"两句三年得,一吟双泪流"。苦吟之"苦",殊为不易,也正因如此,"苦吟"的成果才更耐人寻味。

"春风又绿江南岸"中"绿"字的由来广为人知,相较于"到""过""入""满"等字,"绿"不仅表现了江南草绿、生机勃勃的盎然春意,而且化形容词为动词,富有独特的艺术魅力。关于"鸟宿池边树,僧敲月下门"句中,韩愈和贾岛对"推""敲"二字的斟酌,虽然迄今为止依然有不同的意见,但这一事件本身的确影响了无数后来人对遣词用字的"推敲"。朱光潜先生在《咬文嚼字》中也曾举此例,并认为:"所以问题不在'推'字和'敲'字哪一个比较恰当,而在哪一种境界是他当时所要说的而且与全诗调和的。在文字上'推敲',骨子里实在是在思想情感上'推敲'。"他还说:"一般人根本不了解文字和情感的密切关系,以为更改一两个字不过是要文字顺畅些或是漂亮些。其实更动了文字就同时更动了思想情感,内容和形式是相随而变的。"

叶圣陶先生也曾表达过类似的意思:"审慎的作家写作往往斟酌又斟酌,

修改又修改，一句一字都不肯随便。无非要找到一些语言文字，意义和情味同他的旨趣恰相贴合，使他的作品真能表达他的旨趣。我们固然不能说所有的文艺作品都能做到这样，可是我们可以说，凡是出色的艺术作品，语言文字必然是作者的旨趣的最贴合的符号。"所以他也提倡在文本欣赏时"一字未宜忽，语语悟其神"。

孔乙己"窃书不能算偷"的话为什么堪称经典？"偷""窃"二字本是同义词，只不过语体色彩不同，孔乙己非认为书面语的"窃"字才适合他的身份。只有通过对二字的咀嚼品味，才能理解孔乙己受封建思想毒害所产生的极度虚荣和迂腐的心理。

对文本的"咬文嚼字"也是需要方法的。通过更换词句、表达方式，或者通过相似词句的对比、迁移，都可以引发学生新的思考，这考验的是教师的专业能力和教学艺术。

安徽省特级教师盛庆丰老师在执教《荷塘月色》时，为了让学生更好地理解"荷塘的四面，远远近近，高高低低都是树，而杨柳最多。这些树将一片荷塘重重围住；只在小路一旁，漏着几段空隙，像是特为月光留下的。树色一例是阴阴的，乍看像一团烟雾；但杨柳的丰姿，便在烟雾里也辨得出。树梢上隐隐约约的是一带远山，只有些大意罢了。树缝里也漏着一两点路灯光，没精打采的，是渴睡人的眼"这段话，他是这样处理的：

师：刚才有同学说喜欢这段文字所营造的意境，这一点我也很喜欢。但是我还喜欢这段的遣词造句，首先是动词的运用，请同学们找出来。

生："围""漏"用得准确，也有形状。

师：请同学们再想一想，"一弯新月"与"一钩新月"哪句好？

生：后面一句好，因为新月不仅有形，而且还有"月如钩"的比喻在其中，新月的形象更有诗意的美。

师：这就是"一条小船"与"一叶扁舟"的差别。第六段中也有这样的词吗？

生："一片荷塘""几段空隙"。

生：我觉得最好的是"一团烟雾"和"一带远山"。"团"像是水墨画的毛笔点染，"带"是远山的形状，淡淡的，有高低起伏和远近层次，让人感觉到山的绵延。

师：量词显其行，如果你们在自己的作文中也这样用量词，老师肯定会很喜欢。

通过对比赏析"一弯新月"与"一钩新月""一条小船"与"一叶扁舟"的不同，学生自然对"一团烟雾"和"一带远山"的用词之妙有了深切的理解。

盛老师为了让学生理解"月光静静地泻在这一片叶子和花上""薄薄的青雾浮起在荷塘里"的动词之妙，还引导学生回忆鲁迅《故乡》中的一句"接着便飞出了八岁的侄儿宏儿"。"飞"这一动词把儿童欢快的样子表现得生动可感，而"泻"字化无形之月光为有形之流水，形象生动，"浮"则同时赋予了青雾形态和动态，极具艺术魅力。

"咬文嚼字"不仅表现在字词的咀嚼上，还要注意句式表达的微妙变化。
《荷花淀》中有这样一段话：

她问："他们几个哩？"
水生说："还在区上。爹哩？"
女人说："睡了。"
"小华哩？"
"和他爷爷去收了半天虾篓，早就睡了。他们几个为什么还不回来？"

这本是极平常的一段对话，上海特级教师邓彤老师在执教《荷花淀》的时候，则引导学生发现潜藏在句式变化背后的秘密。

他引导学生注意，为什么从"小华哩"这句问话开始，就不再有"水生说""女人说"这样的叙述语了呢？仅仅是因为承前省略吗？这个问题学生当然很难想到，邓彤老师微微一笑再次让学生朗读这段话，但增加了一个对比任务：先读原文对话，体会人物说话时的感受，然后在最后两句话前面加上"水生问""女人说"的字眼，再次朗读，比较不用这类词语带来的效果。学生经过反复朗读，逐渐有了感受："加上'水生问''女人说'这类词，句子变长，两个人的对话就显得更加从容，如果去掉这一类词，整个对话更显简短，夫妻二人你来我往、针锋相对的感觉更明显，也更能表现妻子在发现丈夫的秘密时步步紧追的关切。"

"咬文嚼字"不仅是教师优秀专业素养的体现，更是教育技术、教育智慧的体现。"咬文嚼字"于写作是一种艺术，于教学亦然。

燕太子丹：安全感的缺失，终置国家于危难

春秋战国，是个群雄逐鹿、英雄辈出的大时代，多少人物早已黯然离场，多少生命至今光彩依旧。其中一个人，他的死不仅给后人留下争议，其性格的独特性也让人禁不住回味沉思，他就是《荆轲刺秦王》中的重要人物——燕太子姬丹。

"王喜斩丹头以献于秦"，荆轲刺秦王失败后，面对大军压境，太子丹终究还是做了牺牲品。朱熹在其书《通鉴纲目》中是不赞同荆轲刺秦的，"燕太子丹使盗劫秦王"，一个"盗"字明确表明了作者的情感倾向。苏洵在《六国论》中"至丹以荆卿为计，始速祸焉"的论述，对太子丹的做法无疑也是持否定态度的。但也有人考虑到"刺亦亡，不刺亦亡"的背景，肯定太子丹的做法。清代学者侯方域甚至在其文章《太子丹论》中高度赞扬了太子丹"虽与日月争光可也！"

我们无意在此探究太子丹刺秦及死亡的意义，但燕国灭亡与太子丹确实脱不了关系。从现代心理学的角度分析，燕国灭亡和太子丹的人格发展存在必然联系，正是他的人格缺陷，才把国家引入危险的境地。

首先也是最重要的，姬丹是个安全感严重缺失的人。"燕太子丹者，故尝质于赵，而秦王政生于赵，其少时与丹欢。及政立为秦王，而丹质于秦。"太子丹的童年是悲苦的，他从年幼起就多次做人质，这说明他在燕国国内是不受待见的。再者，作为人质的惶恐生活更加剧了他的不安全感。在人的心理发育最为重要的时期，年幼的太子丹心灵深处早早就埋下了不安的种子，这种对世界的惊恐与怀疑伴随他一生，并随时影响他的生命抉择。

当年幼的玩伴嬴政转而对他漠不关心——他哪能体会到一朝得势的嬴政他的高傲和目空一切是多么自然，秦王的"不善"只能使他对这个世界更加疑惧，要么占有，要么摧毁，就成了他面对这个世界的选择。他没有能力占有，但他可以摧毁；即便不能摧毁，这个世界也不值得他珍视爱惜。

所以我们看到，他"归而求为报秦王者"，并不是为了国家利益而纯属为了个人私利；"太傅之计，旷日弥久，心惛然，恐不能须臾"，他被个人恩怨冲昏了头脑，心胸狭隘，目光短浅，挟嫌报复，断然拒绝了鞠武的深谋远虑，无怪乎鞠武说他"行危欲求安，造祸而求福，计浅而怨深"，身死国灭的下场早就注定了。

另有一个重要证据说明杀死他和燕国的正是他内心深处的不安全感。

很多人对太子丹一再保护秦将樊於期大为不解。樊於期是叛逃的秦将，燕国收留他就意味着收留了一颗定时炸弹，但面对鞠武劝他"遣樊将军入匈奴以灭口"的请求和后来荆轲"得将军之首"以为信物的要求，他都明确拒绝了，这又是为什么？仅仅是出于道义的考量而置国家安危于不顾吗？

作为一个长期生活在政治斗争旋涡中的人，他不可能分不清其中的利害，他也不可能把道义看得如此之重——如果是，又怎么可能用一句"愿先生勿泄也"逼死了田光？只有一种解释，那就是樊於期的投奔满足了他最缺失的信任感，只有信任才能给他不安全的内心以真正的平静和满足。他宁可牺牲他自己甚至整个国家，也不能辜负了另一个人对他的信任，而这个人是谁不重要。这就是太子丹"连结一人之后交，不顾国家之大害"非常举动背后的性格逻辑。

荣格说，一个人终其一生的努力，都是在整合他自己童年时期起就已形成的性格。正如人们常说的："幸福的人一生都在被童年治愈，不幸的人一辈子都在治愈童年。"现代心理学的研究表明，人的行为都是心理的投射，而少年儿童时期的心理发育对人的一生具有决定性的影响。一个人如果在童年期持续经历负面事件，其发育就很有可能受损，无法达到发育里程碑，因此呈现出自我认知和处理人际关系等诸多困难。这种童年生活的不幸造成的心理创伤是一辈子都难以弥补的，这种创伤还会时不时地展现它不可思议的力量。不得不说，太子丹置国家危险于不顾的疯狂举动和他不幸的童年与他安全感缺失的内心有着必然的联系。

　　历史已经遥远，但历史的绝响绵延至今。燕太子姬丹是历史长河中一个悲情的存在，他遭受的创伤和内心的挣扎注定了自己的不幸，也最终导致了燕国的不幸结局。

项羽：自负让人至死无悔

项羽身后向来不寂寞。李清照曾经给予他高度评价："生当作人杰，死亦为鬼雄。至今思项羽，不肯过江东。"而杜牧也借"江东子弟多才俊，卷土重来未可知"表达了对项羽未能完成其事业的遗憾。

而《史记·项羽本纪》的作者司马迁本人对西楚霸王的情感也是复杂的。项羽终究没能称帝，但司马迁还是执意把他的故事放到了本纪的行列里，这本身就是司马迁对项羽的情感偏爱和理性认同的表达，但同时又对项羽作了这样的客观评价："自矜功伐，奋其私智而不师古，谓霸王之业，欲以力征经营天下，五年卒亡其国，身死东城，尚不觉寤而不自责，过矣。乃引'天亡我，非用兵之罪也'，岂不谬哉！"分析司马迁的评价不难发现，他将项羽的失利还是归咎于项羽自身的性情问题，也就是自负自大。

现代人常说"性格决定命运"。所谓性格，是指人们在对人对事的态度和行为方式上所表现出来的不同的思想、情绪、行为、态度的总称，是一个人在对现实的稳定的态度以及相应的习惯化了的行为方式中所表现出来的人格特征。性格具有可塑性，但一旦形成也具有稳定性。它会影响人的行为、习惯、决策等方方面面，所以一个人的性格特征对他的行为方式和做事的结果显然会产生直接的影响。我们梳理项羽的性格特征，很容易发现其过分自信也就是自负的一面，楚霸王最终兵败的结局也和他的性格存在着必然的联系。

项羽的确是"才气过人"。巨鹿之战，他凭借破釜沉舟的策划，创造了以少胜多的经典案例。他的决心和勇气对将士起到了很大的鼓舞作用，兵士们以一当十，经过九次激烈战斗，活捉了王离，杀死了秦将苏角。彭城之战，项羽先把大部队留在齐国迷惑刘邦，自己运用骑兵的机动性绕道彭城西南的萧县等待刘邦全部，并在早晨发动突袭，直奔刘邦的指挥中枢，造成刘邦联军指挥系统的瘫痪，利用驱赶的方式把敌军逼到河流边上，使他们互相拥挤、自相残杀，又一次创造了以少胜多的传奇。这应该也是原因之一，造成了项羽自高自大、目中无人的性格。实际上他也容不得别人。后人经常批评项羽不会用人，实际上，如果连优秀的人才都容不下的话，又如何谈得上使用呢？正如刘邦让群臣对汉所以胜、楚何以败畅所欲言时，高起、王陵答："项羽妒贤嫉能，有功者害之，所贤者疑之，战胜而不予人功，得地而不予人利，此所以失天下也。"韩信、陈平都曾在他的麾下效命，结果却成了刘邦取天下的得力助手，可惜可叹！

项羽自负自大的又一表现是凶狠残暴。项羽有仁爱的一面，更有残暴的一面，他初登历史舞台就是以一种极其凶悍的姿态亮相的："于是籍遂拔剑斩守头。项梁持守头，佩其印绶。门下大惊，扰乱，籍所击杀数十百人。"载于史册的反秦武装的第一次屠城——屠襄城也是项羽所为，第二次屠城——与刘邦攻城阳屠之，也有项羽参与，之后，他又坑秦降卒烧秦宫，杀秦宗室，屠咸阳，坑齐降卒，杀义帝怀王，可谓罪行累累。项羽的仁爱使社会得益极小，而他的残暴则对社会危害极大，从这个意义上来说，残暴不仅是项羽最重要的行为标志，亦是当时社会的切肤之感。而残暴者无不源于自以为是、自命不凡、自高自大的劣根。

正因为自负自大，项羽事必躬亲，弄得自己很辛苦；也正因为自高自大，稍不满意就爱发火，动不动就"怒目而视"，这又进一步加剧了他和周围人的紧张关系，也加剧了他的自我封闭和自高自大。

探究项羽自大自负的性格根源，恐怕离不开他的出身和并不幸福的童年。

项羽出身贵族，"项氏世世为楚将"，其祖父项燕是楚国历史上最后一位大将，所以即便是遭遇国破、家道中落，项羽身上依然保留了所谓贵族血统的高傲：学习时，"剑一人敌，不足学，学万人敌"；立志图秦，面对游会稽的秦始皇，更发出了"彼可取而代也"的豪言壮志。但他高贵的出身并不能决定他童年的幸福。祖父被杀，家道中落，更惨的是他自幼丧父，母亲无力抚养他，便将年幼的他托付给叔父项梁照顾。这些悲惨的童年生活无疑会在年少的项羽记忆里埋下不安和复仇的种子，这些畸形的心理状态伴随着项羽一起成长，并最终塑造了他自负自大的典型特点，直至走向死亡。

项羽自负自大的性情，在他临终前的垓下之战中又一次得到了淋漓尽致的体现。汉军包围，他慷慨悲歌："力拔山兮气盖世，时不利兮骓不逝，骓不逝兮可奈何，虞兮虞兮奈若何！"面对悲观的未来，他将这一切归结于"时不利"，并在临终前反复提到"此天之亡我，非战之罪也"，不仅不肯承认自己的问题，相反依然在宣扬自己"力拔山兮"的盖世气力，并通过"溃围""斩将""刈旗"的表演，博取手下"如大王言"的称赞。项羽的最后一战不可谓不悲壮，但他至死无悔的自负又让人不能不感叹！

现代心理学认为，自负也就是过度自信，其实是另外一种形式的自卑心理。在心理学读物《所以，一切都是童年的错吗？》中曾这样分析自负心理："当一个人感到自己很弱小，有一种方法可以让他感到自己很强大，那就是使别人都感到弱小。那些以言语贬损他人、抬高自己的人，那些用暴力胁迫他人的人，或者认为世界上唯有自己最具魅力的人，他们看似表现得很自负，但这些行为都是他们内心自卑的伪装。真正的强大，是不需要通过让别人感到弱小来获得的。"上文提到，项羽的童年是不幸的，这都可能为他埋下恐惧、害怕的种子，所以他才要掌控一切、占有一切，甚至要摧毁一切。

如此说来，项羽自负的外表下也一直藏着一颗自卑的心，他一直游走在最大的骄傲和最大的自卑之间，直到生命的尽头。

刘兰芝：觉醒的自我意识碰撞板结的现实

作为乐府双璧之一的《孔雀东南飞》讲述了一场令人心碎的爱情悲剧。读完文章我们在感慨唏嘘的同时不禁要问，造成刘兰芝和焦仲卿爱情悲剧的原因到底是什么？当时的社会、封建礼教固然是主要的原因，但这种简单笼统的回答，同时也回避了刘兰芝爱情悲剧的特殊性。《孔雀东南飞》的爱情悲剧，有一定的社会共性，但更多的是由个体的特殊性造成的，那就是刘兰芝觉醒的自我意识和现实的格格不入。

探讨刘焦二人的爱情悲剧，绕不过去的一个关键人物就是焦母。刘兰芝从多个方面来看都是一个贤惠能干的儿媳妇，但为什么偏偏焦母看不上？有人说，大概是因为刘兰芝不能生育。"不孝有三，无后为大"，这样说似乎很有道理，文中"共事二三年，始尔未为久""新妇初来时，小姑始扶床，今日被驱遣，小姑如我长"也在提示我们，刘焦二人结合时间已经不短，如此看来刘兰芝不能生育很可能是遭焦母嫌弃的重要原因，如果真是这样，后来那些提亲的人难道不知道、不在意吗？似乎也讲不通。还有人从弗洛伊德的恋母情结联想到焦母的恋子情结，焦母很有可能担心这么优秀的儿媳妇把焦仲卿从她的情感深处夺走，她怕失去了对儿子的控制权，所以才不待见刘兰芝。如果真是这样，焦母又何必给儿子娶媳妇呢？又何必给儿子再娶呢？文中也没有其他具体的信息能支持这一观点。

最主要的原因恐怕还是要从刘兰芝本人的个性特质去探寻了。

刘兰芝首先是个传统的中国女性，"十三能织素，十四学裁衣，十五弹箜篌，十六诵诗书。十七为君妇，心中常苦悲。君既为府吏，守节情不移，贱妾留空房，相见常日稀。鸡鸣入机织，夜夜不得息。三日断五匹，大人故嫌迟"。她美丽聪明，勤劳能干，贤惠体贴，知书达理，堪称媳妇榜样，但"十六诵诗书"又是她不同于一般封建女性的地方，在那个"女子无才便是德"的时代，刘兰芝"诵诗书"之才反倒成了她的减分项。更重要的是，她不仅有才更有识，这才是真正引起焦母"不厚"的原因。

　　不同于一般封建女性对于男子完全依附，刘兰芝最大的不同在于她有着独立的人格和操守。当在新的家庭得不到应有的理解和尊重时，她宁肯承担被休弃的一切后果，主动发出了"妾不堪驱使，徒留无所施，便可白公姥，及时相遣归"的诉求。她的强烈个性也能在焦母的话里找到线索："此妇无礼节，举动自专由。吾意久怀忿，汝岂得自由！"这既是焦母驱遣的借口，又何尝不是刘兰芝倔强的印证？在那个特殊的时代，原本被物化、需要依附别人才能生活的封建女子，一旦有了自己的独立人格，有了自我意识的觉醒，就注定了悲剧结局，要么郁郁而终，要么悲壮离世——刘兰芝"举身赴清池"无疑是悲壮的，封建女子自尽者数不胜数，但刘兰芝的自尽不仅仅是为了捍卫爱情，更是捍卫自己独立的人格和觉醒的自我意识，在这一点上她和《红楼梦》中的晴雯有相似之处。

　　刘兰芝生前也多次极力捍卫自己的尊贵人格。回到娘家后，在理解她的母亲面前她可以坦诚心迹，拒绝再婚，但面对兄长的催迫，刘兰芝的态度忽然发生了一百八十度大转弯："理实如兄言。谢家事夫婿，中道还兄门。处分适兄意，那得自任专！虽与府吏要，渠会永无缘。登即相许和，便可作婚姻。"这种表达，与其说是无奈，不如说是抗争。"仰头"二字就是刘兰芝面对生活的态度，在她眼里，早已经把尊严看得重于一切，在婆家不受尊重她选择离开，回到娘家再被嫌弃，她毅然选择离开，只身迎接未知的命运，这究竟需要多大的勇气啊！

　　刘兰芝从焦府离开时的一段描写颇有深意："鸡鸣外欲曙，新妇起严妆。著我绣夹裙，事事四五通。足下蹑丝履，头上玳瑁光。腰若流纨素，耳著明月珰。指如削葱根，口如含朱丹。纤纤作细步，精妙世无双。"被驱遣回娘家本来是一件极其没面子的事，但刘兰芝却不愿灰头土脸地离开，相反她要体面尊严地离开这个容不下她的家——在她的意识深处，自己并没有任何过错，盛装打扮就是她对自我尊严最后的捍卫。"却与小姑别，泪落连珠子"，这时候才是她的真情流露。这泪水里有不舍，有委屈，有无奈，但这一切情绪绝不能在婆婆面前有丝毫流露。她的尊严，不管别人如何看待都值得捍卫；她的真情，只有在她信任的人那里才能肆意流淌。她时时小心，事事在意，恪守一个媳妇的本分；她坦坦荡荡，清清白白，坚守人格的尊严。她的每一次选择，或者遵守承诺，或者身不由己，无不是在坚定自己的人生信仰，直到她"举身赴清池"，依然没变。

自我意识的觉醒，就相当于现代心理学家马斯洛所说的"存在认知"。关于存在认知，马斯洛认为，存在认知是人对世界整合的、全方位的、准确客观的、丰富细致的感知和认识。一般来说，自我意识觉醒的人，因为认知全面和清醒而变得更加豁达和智慧。而对于刘兰芝来说，自我意识的觉醒让她的认识更加清醒：婆婆的嫌弃不是自己的责任，她又无法改变；兄长的指责加剧了现实处境的艰难，她也不想寄人篱下；焦仲卿"磐石方且厚，可以卒千年；蒲苇一时纫，便作旦夕间"的嗔怪让她更加孤独。她在这个世界上或者违心交病地活着，或者选择一条不归路，而这两条路对她来说实际上只有一种选择。

即便是放到今天，刘兰芝的抗争和捍卫依然闪耀着熠熠光辉，这是人之为人的光辉，是尊严和人格高于一切的光辉，是人的自我意识觉醒的永恒光辉。

杜十娘：因为绝望，所以平静

　　杜十娘怒沉百宝箱的故事在冯梦龙把它记述下来之前，在民间就早有流传，近现代，杜十娘的故事更是被改编成了戏曲、电影、电视剧等。作为一个在明朝地位低贱的风尘女子，杜十娘的故事何以能够流传甚久？除却主人公的美丽和故事本身的可读性，恐怕杜十娘投水而死的故事结局是重要的原因之一。

　　无疑，杜十娘在瓜州渡口投水而死的故事具有非常特别的吸引力。不吝万金，珠宝悉数投入江中，不仅岸边观者无不扼腕叹息，连读者也倍感惋惜，但更重要、更令人动容的则是杜十娘投江时的从容与决绝。作为一个久经风尘的女子，历经千辛万苦终于得以从良，眼看就要和心上人得偿所愿，为何因为李甲的一时变故而作出如此果断决绝的选择？甚至一句哀求、一点犹豫都没有。前一刻还"大惊"，紧接着得知真相后却"放开双手，冷笑一声"，这究竟符不符合人物的性格逻辑？

　　在我看来，这正是杜十娘怒沉百宝箱故事的最大价值所在。正是这惊天一跳，杜十娘从风尘女子摇身一变为"千古女侠"，同时完成了对杜十娘形象的经典塑造。一个对前途未来绝望的烈女子，平静沉着地选择投江才符合她的性格。

　　杜十娘聪明甚至是工于心计的。能让公子王孙"一个个情迷意荡，破家荡产而不惜"，并被众姐妹尊为"风流领袖"，杜十娘靠的绝不仅仅是外在的美丽，这从她对付老鸨、成功从良就可以清晰地看出来。

　　"十娘因见鸨儿贪财无义，久有从良之志。"当合适的人和合适的机会出现，她一定要牢牢把握住。她先是迫使老鸨主动替自己说出愿望，怕老鸨反悔又让她发毒誓，等到李甲好不容易凑足了三百两银子、老鸨又面有悔意的时候，十娘更以"倘若妈妈失信不许，郎君持银去，儿即刻自尽"相威胁。在十娘的精心设计之下，不仅老鸨中了她的圈套，连李甲也被她牢牢地控制住，成为她的救命稻草。

有人说杜十娘和李甲之间是真正的爱情，这恐怕非常值得怀疑。凭借杜十娘丰富的阅人经历和她的聪明灵犀，她不大可能对真正的爱情抱有多大期待，李甲对她来说可能只是一个十分合适的"选择"而已。

杜十娘一直在她的客人中寻找一个可以托付终身的人，李甲的出现让她看到了梦想成真的可能。李甲毕竟是官二代，纳粟入监，已经有了小小的前程——杜十娘虽然本身积累了财富万金，但嫁给一个极普通的平民怕不是她的第一选择。养尊处优的生活又造成了李甲懦弱的性格，做事喜欢依赖别人。李甲给杜十娘留下了忠厚老实的印象，这对于阅人无数、经历丰富的杜十娘而言无疑具有特别的吸引力。杜十娘给李甲提供金钱的几次行动，既是对李甲忠诚度的试探，也进一步强化了李甲对十娘的情感。当李甲为了三百两银子一连奔走三日而分毫无获的时候，杜十娘就像一个救世主一样降临了，"妾所卧絮褥内藏有碎银一百五十两，此妾私蓄，郎君可持去"，连柳遇春也"实怜杜十娘之情"而慷慨相助。杜十娘第二次给李甲金钱："妾昨日于姊妹中借得白银二十两，郎君可收下为行资也。"等到二十两银子快花完的时候，杜十娘又一次拿出了五十两银子。杜十娘每一次给李甲拿出金钱的时机都非常恰当，都是在李甲穷途末路的关键时刻，这对于李甲来说无疑是雪中送炭，所以李甲每提到此事也必感激涕零："此情此德，白头不敢忘也。"杜十娘不仅靠着美貌，还凭借心机俘虏了李甲的心。

到此时，杜十娘多年的梦想正一步步实现，未来正以一种前所未有的美妙方式呈现在眼前，杜十娘不能不抱有巨大的希望。当然前途中的困难，凭杜十娘的聪明也不可能没有设想："父子天性，岂能终绝？既然仓卒难犯，不若与郎君于苏、杭胜地，权作浮居。郎君先回，求亲友于尊大人面前劝解和顺，然后携妾于归，彼此安妥。"在古代，风尘女子从良被接受的并不是没有，到了明代，工商业的发展超过了以往任何一个时代，金钱在实际生活中的地位日益提高，已成为影响人与人之间关系的重要因素，此时的社会中，金钱的力量已经可以打败大家长制,所以杜十娘用她的百宝箱让李布政老爷所代表的封建制度作出让步并不是没有可能,否则,杜十娘也不会千辛万苦地给自己画一个水中月、镜中花来欺骗自己。

孙富的出现是一个偶然,但李甲的背叛却是偶然中的必然。相较于杜十娘,李甲更容易受封建礼制的束缚,"为妾而触父,因妓而弃家"是他一直不敢直面的刺痛。李甲原是没主意的人,本心惧怕老子,被孙富一席话说透胸中之疑也就顺理成章了。至于二人的感情,对于一个长久留恋于风月场所的公子哥来说,李甲又怎么可能真的把它当成"执手偕老"的爱情?所以,孙富并不是影响故事走向的关键人物,他只是让杜十娘的美梦破灭得更早了一点而已。

当一个人多年经营的梦想之塔轰然倒塌,按照常理,哪怕徒劳也一定会作最后的努力。但杜十娘没有,聪明如她,一瞬间,她已经从之前的幻梦里清醒,并彻底堕入无底的绝望,这也符合杜十娘的刚烈性格——前文"杜十娘被骂,耐性不住"等多处已经暴露了杜十娘的高傲和自尊,所以临死前她刻意"脂粉香泽,用意修饰,花钿绣袄,极其华艳",其心理动机恐怕和《孔雀东南飞》中刘兰芝离开婆家时的盛装打扮有相近之处。她也并不是没有新的幻想,"十娘微窥公子,欣欣似有喜色",既然如此,还有什么可指望的呢?当绝望遇上刚烈,投水自尽恰符合杜十娘的性格逻辑,只留下一句"妾不负郎君,郎君自负妾耳",化作她无奈的最后控诉。

数年准备,苦心经营,李甲的出现成了聪明美丽的杜十娘实现自我救赎的救命稻草,为此她付出了感情和心机,并满怀热望地走向新生活。李甲的背叛让她一下子清醒过来:所有的一切只不过是一场幻梦,无论自己怎么努力,终究战胜不了严酷的现实,不愿忍辱偷生地活着,只能坦坦荡荡地死去。

因为希望所以绝望,因为幻想所以幻灭,当一个人的心已经彻底死去,就可以平静冷峻地杀死自己的肉体。当现实无法改变、无法脱离环境、无人伸出援手、自己也无能为力时,精神和身体都会陷入一种麻木的状态,而这种没有希望、没有目标以及对现实没有任何情感的体验大概就是绝望。心理学对绝望并没有明确的定义,但是能够表述这种心理状态的词就已经让人体会到了绝望的感觉。杜十娘太聪明、太清醒,她体验了绝望,也就明白了未来,投水自尽正是她"因为绝望所以平静"的性格逻辑自洽。

阿 Q 并不孤独

阿 Q 是鲁迅笔下的经典形象，也是中国文学、世界文学里的经典形象。法国作家罗曼·罗兰就说："阿 Q 的可怜的形象将长久地留在人们的记忆里。"

有人认为阿 Q 是孤独的，这主要是从阿 Q 不被世人认可、没有社会地位的角度得出的结论，固然有其道理。但我认为阿 Q 并不孤独，一方面，很多人身上都有阿 Q 的影子，阿 Q 的精神胜利法也或多或少地存在于很多人身上；另一方面，阿 Q 并不像《孤独者》里的"独头茧"魏连殳因为对社会的绝望而"孤独"于世界之外，相反阿 Q 终其一生一直在努力讨好他所生存的社会，一直努力密切他和社会的联系，并紧密依附于他所在的社会，他并不是游离于社会之外的"边缘人"。

茅盾曾说："我们不断地在社会的各个方面遇见'阿 Q 相'的人物：我们有时自己反省，常常疑惑自己身上也免不了带着一些'阿 Q 相'的分子。……我又觉得'阿 Q 相'未必全然是中国民族所特具，似人类的普通弱点的一种。"郑振铎也说："这个阿 Q，许多人都以为就是中国人的缩影；还有许多人，颇以为自己也多少具有阿 Q 的气质。"关于普通人与阿 Q 关系的讨论很多，这里略作分析。

我们应该看到阿 Q 身上自尊的一面，他有着个人自我价值实现的追求，这也是人类普遍合理的追求之一。看下面的内容：

有一个老头子颂扬说："阿 Q 真能做！"这时阿 Q 赤着膊，懒洋洋的瘦伶仃的正在他面前，别人也摸不着这话是真心还是讥笑，然而阿 Q 很喜欢。

别人的一句"阿Q真能做"，便令阿Q很喜欢。作为常人谁不喜欢被赞美、被认可？这是人之常情，因为被认可的过程也是一个自我实现的过程。马斯洛提出了著名的需求层次理论并获得广泛认可，他认为每个人都有生理（食物和衣服）、安全（工作保障）、社交（友谊）、尊重和自我实现五个层次的需求，而自我实现就是最高层次的需求。我们应该看到阿Q身上像其他普通人一样的自尊、向上的一面，他也希望被人认可、被社会接纳，希望自己有价值和意义。

可悲的是，他的社会地位决定了几乎没有人关心他合理正当的需求，"他们不准阿Q姓赵，不准阿Q恋爱，不准阿Q革命"，阿Q要么像孤独者魏连殳一样选择去死，要么死皮赖脸地活着，阿Q选择了后者，于是有了精神胜利法，也让我们每个人从中看到了自己的影子。

阿Q又是自负的、自以为是的。他鄙薄城里人，城里人把长凳叫条凳，煎鱼不用葱叶而用葱丝，他认为"这是错的，可笑"。这种坐井观天、无知者无畏的表现，即使在今天的很多人身上也是存在的呀。

阿Q的精神胜利法是矛盾组合体，既自尊自大又自轻自贱，既自欺欺人又欺软怕硬。他受尽了别人的冷眼和欺负，反过来也从中学会了欺负别人：

他癞疮疤块块通红了，将衣服摔在地上，吐一口唾沫，说：
"这毛虫！"
"癞皮狗，你骂谁？"王胡轻蔑的抬起眼来说。

阿Q近来虽然比较的受人尊敬，自己也更高傲些，但和那些打惯的闲人们见面还胆怯，独有这回却非常武勇了。这样满脸胡子的东西，也敢出言无状么？

"谁认便骂谁！"他站起来，两手叉在腰间说。
"你的骨头痒了么？"王胡也站起来，披上衣服说。

阿Q以为他要逃了，抢进去就是一拳。这拳头还未达到身上，已经被他抓住了，只一拉，阿Q跄跄踉踉的跌进去，立刻又被王胡扭住了辫子，要拉到墙上照例去碰头。

"'君子动口不动手'！"阿Q歪着头说。

王胡似乎不是君子，并不理会，一连给他碰了五下，又用力的一推，至于阿Q跌出六尺多远，这才满足的去了。

在阿Q的记忆上，这大约要算是生平第一件的屈辱，因为王胡以络腮胡子的缺点，向来只被他奚落，从没有奚落他，更不必说动手了。而他现在竟动手，很意外，难道真如市上所说，皇帝已经停了考，不要秀才和举人了，因此赵家减了威风，因此他们也便小觑了他么？

阿Q无可适从的站着。

这是阿Q可恨又可怜的地方，因为王胡从没有奚落过他，他不报以尊敬反倒要欺负王胡，更没有想到王胡会反击，并把王胡的反击视为"生平第一件的屈辱"。大概他的人生阅历已经在他的意识里种下了以强欺弱是天经地义的种子。

"我的儿子将来比较阔的多"是精神胜利；认为自己是第一个能够自轻自贱的人，所谓的"第一个"就是无上的荣耀，也可以精神胜利；被别人打了，他可以想象成自己被"儿子"打了，又一次转败为胜，心满意足。没有这个法宝，阿Q怕早就不存在了。阿Q表面上固然可悲，细思又极可怜。他的悲剧是个人的，更是由时代和社会造成的，这也是作品最大的价值所在。

说阿Q不孤独，还因为他不同于《孤独者》里的魏连殳选择了拒绝社会，阿Q竭力地加强他和这个世界的联系，并成功地维系了这种紧密的联系。他对于社会来说是个局外人，但他并不甘心做一个"边缘人"，他一直努力地维系他的存在感，让自己融入这个社会。以下面阿Q调戏小尼姑的故事为例：

阿Q走近伊身旁，突然伸出手去摩着伊新剃的头皮，呆笑着，说：

"秃儿！快回去，和尚等着你……"

"你怎么动手动脚……"尼姑满脸通红的说，一面赶快走。

酒店里的人大笑了。阿Q看见自己的勋业得了赏识，便愈加兴高采烈起来：

"和尚动得，我动不得？"他扭住伊的面颊。

酒店里的人大笑了。阿Q更得意，而且为满足那些赏鉴家起见，再用力的一拧，才放手。

他这一战，早忘却了王胡，也忘却了假洋鬼子，似乎对于今天的一切"晦气"都报了仇；而且奇怪，又仿佛全身比拍拍的响了之后更轻松，飘飘然的似乎要飞去了。

　　"这断子绝孙的阿Q！"远远地听得小尼姑的带哭的声音。

　　"哈哈哈！"阿Q十分得意的笑。

　　"哈哈哈！"酒店里的人也九分得意的笑。

　　阿Q欺负小尼姑不仅是发泄晦气和摆脱被王胡打的不良情绪，还有讨好别人的目的，即"满足那些赏鉴家"。当酒店里的人也"九分得意的笑"的时候，阿Q恐怕不仅仅摆脱了刚才的尴尬，更是从中发现了自己在这个社会上的价值。

　　阿Q怨恨这个世界吗？并不见得，他已经习惯了被别人欺负并欺负别人，他认可了社会的丛林法则，也在不知不觉中极力维系这一法则。他对社会是可有可无的，又是不可或缺的，他本身就是社会，尤其是临死前还"似乎觉得人生天地间，大约本来有时也未免要杀头的"。他一直努力成为社会的一分子，并成功达到了目的，他在这个世界上并不是"徒具有'人类性'的孤独"。

　　阿Q并不孤独。

王羲之的真性情

——以《兰亭集序》为例

作品是作者的影子，即便是天马行空的文学创作，也难以完全隐藏作者本人的性格特质，这也为"知人论世"说提供了依据。虽然也有人主张，立足文本本身而不过早地受作家、时代的干扰更有利于客观深入地理解作品，但也不能否认，很多时候作者的思想主张、所处的时代特点为理解文本提供了大量的信息。不仅如此，探究作者的气质、性格等个人性情特质也成为我们解读文本的另外一把钥匙。

王羲之无疑是一个真性情的人。

刘义庆《世说新语·雅量》中"坦腹东床"的故事广为人知：

郗太傅在京口，遣门生与王丞相书，求女婿。丞相语郗信："君往东厢，任意选之。"门生归白郗曰："王家诸郎亦皆可嘉。闻来觅婿，咸自矜持；唯有一郎在东床上袒腹卧，如不闻。"郗公云："正此好！"访之，乃是逸少，因嫁女与焉。

《晋书·王羲之传》中，他因爱鹅而为一道士抄写《道德经》、因性情不投合而看不起王述的故事则是其率性而为的又一明证。

在那个礼崩乐坏、玄谈盛行的时代，他虽然也难以独善其身，"雅好服食养性"，但毕竟保留了独立的操守。尤其是在骈文盛行之下，依然坚持以散文为主的创作，甚至他"翩若惊鸿，婉若游龙"的行书艺术，也从另一个方面启示我们：骨子里的真性情是王羲之卓然于时代的大资本。

除却书法艺术本身，单从内容来看，被文徵明誉为"文翰之美，自兹以还，亦未见的然有以过之者"的《兰亭集序》也刻印着作者率性自然的个性特质。

先看前两段的叙事、描写部分。"永和九年，岁在癸丑，暮春之初，会于会稽山阴之兰亭，修禊事也。群贤毕至，少长咸集。"开头几句，寥寥数笔，就交代清楚了时间、地点、事件和人物，用语简洁洗练。接下去，笔锋略转，"此地有崇山峻岭，茂林修竹，又有清流激湍，映带左右"，则山水传神，一派清朗气息扑面而来。而"一觞一咏"这两个动词，立刻让画面更加富有动态和人情味，也赋予读者以丰富的想象。

接下去，作者并没有急于展开议论抒情，而是再次点染"是日"的环境特点，并借"仰""俯""游""骋""极"等字，一下子展开了宏阔的意境美，终以"乐"字收束叙事描写部分，与首段构成了跌宕起伏、吞吐往复的艺术效果。本部分文笔既自然流畅又摇曳有变，情致上既清新明朗又欲吐还吞，并为下面的说理蓄势。

文章的重点当在后文的议论抒情部分。我们不妨循着作品呈现的感情线探寻其变化起伏。

"夫人之相与，俯仰一世"，论人生短暂，感情低起；"或取诸怀抱，悟言一室之内；或因寄所托，放浪形骸之外"，描摹人生世相，波澜不惊；"当其欣于所遇，暂得于己，快然自足，不知老之将至"，虽然人各有别，但对短暂欢乐的感受相当，感情上行，达到了一个高峰；而"所之既倦"后感情又急转直下，人们对"修短随化，终期于尽"的生命理解更是"殊途同归"，一"痛"字完结本段，感情低沉到了极点。

"文似看山不喜平。"描写也好，抒情也罢，摇曳生姿本是文学表达的常态，原也算不上"绝伦"。后文"固知一死生为虚诞，齐彭殇为妄作"的议论引发的争议才是真正值得揣摩的地方。

一种观点认为，这两句话表达了王羲之对庄子思想的批判。面对短暂的生命，死生统一不过是一种妄想，还不如直面痛苦来得真实。他反对沉迷于庄子老子的玄想之中，反对沉溺谈论生死的清谈之中，实际上，这反对本身也说明了他更加主张关怀国计民生。在他的思想深处，儒家济世救民的思想根基没有动摇。他对谢安曾说"虚谈费务，浮文妨要"也是一种证明。王羲之身上虽然仍然有当时世俗文人普遍的仅好关注自我"养性"的气息，但乱世之中，他的目光并没有离开对现实生活的关切。

另一种观点则是跳出序文本身，结合王羲之的思想和庄子思想的密切关系，更多地关注到了王羲之受老庄影响之深，其言行中常有无为避世的。更何况《兰庭诗集》本身就充满了老庄思想韵味，其在序言中如果批判众多作品的主题思想，从交往之道和序言体例来看也是不合适的。

而对王羲之《兰亭集序》主旨不同观点的交锋，说到底是后人的领悟。如果从王羲之个人性情特点的角度去理解，原没有什么矛盾的地方，恰恰相反，这正是作者直率的表达而已。

"一死生为虚诞，齐彭殇为妄作"确实批判了庄子，他本人确实也有反对清谈的言论，这都是毋庸置疑的，但文章本身的感情倾向并不明显。作者为一场美好的宴集写一篇文章，生发人生的感叹，极为平常。他客观地记述了"修短随化，终期于尽"的人生感慨，并称生命短暂，识见古今之人"若合一契"，所以才有"固知一死生为虚诞，齐彭殇为妄作"的自然之笔。又因为"其致一也"，故"列叙时人，录其所述"，如此而已。

王羲之只是由着自己率真的性情完成自己诗序的使命，文章呈现的生命态度更多是当时甚至古今无数文人墨客所阐述的相同的"人生短暂"的感悟，我们又何必执着于"积极""消极"的标签，非要给率真的灵魂一个非此即彼的"盖棺定论"呢？如果非要从中寻找文本的思想价值，那么"珍惜短暂的欢乐，直面人生的短暂，寄情未来，引我们一起思考生命"的概括恐怕并没有远离王羲之的本真吧。

第三辑　PART THREE

◎ 阅读教学

也谈"用教材教"而不是"教教材"

谈到具体的语文教法,"用教材教"而不是"教教材"可谓共识。作为一线语文教师,确有必要弄明白"用教材教"和"教教材"的关系,至少应该对此有深入的思考,以便真切地解决教学中的很多问题。

这里至少包括三个层面的问题:为什么"用教材教"而不是"教教材"?"用教材教"教什么?"用教材教"怎样教?

先说为什么"用教材教"而不是"教教材"。

这首先是由教材的经典性文本地位决定的。王荣生教授把文本分为"定篇""样本""用件""例文"四类,能够入选教材的应该属于他所说的"定篇",即经典文本:

当"定篇"教的课文,是文学、文化的经典,或素有定评的名家名篇,比如鲁迅的作品、语文教科书中的古诗文。学生学习这些课文的主要任务就是熟知经典,透彻地领会课文本身,从而积淀为文学、文化的素养。换言之,学生的学习任务是深入地理解、感受这些经典名篇,理解和感受它们何以是经典,理解和感受它们超越时代的思想、情感和杰出的艺术表现力。

关于教材的特殊性地位,李海林先生有更具体的解读:

语文教材是由互相之间在内容上没有必然联系的若干篇文章组成的,这些文章原本并不是作为教材而编写的,而是作为一种社会阅读客体存在的。他们原本作为社会阅读客体而存在的价值，可称为"原生价值"。……但是这些文章一旦进入语文教材，它们的价值就发生了增值和变化。它们保留了原本所有的传播信息的价值，同时又增加了一种新的价值，即"如何传播信息的信息"，这种"如何传播信息的信息"，即我们所谓的"教学价值"。

这同时意味着，"用教材教"就要注意发掘教材的增值价值，以更好地体现它们的教学价值，即通过教材引导学生学习文章传递信息的方法策略，让学生弄明白文章究竟是如何讲的，弄明白文章渗透着哪些文化价值、人文情怀等。既要从中学习知识、培养能力，又要受到文化的熏陶感染，从而实现语文学科人文性和工具性的统一。

换个角度，从语文学习的方法上我们也很容易理解"用教材教"而不是"教教材"的意义。阅读是提高学生语文素养的不二法门，而阅读又有泛读和精读之分。没有大量文本阅读的积淀，没有内容广泛的阅读涉猎，学生的知识面无法得到有效的拓展，学生的思维品质无法得到优化提升，学生语文修养的提升也是不可能的。泛读不仅意味着阅读内容广泛，有时候也表现为阅读方法不够精细，对文本的思想内涵和精微之处难以充分察觉，这时候精读就很有必要了。而精读的首要问题就是文本选择的问题。并不是所有的文本都有必要精读，也不是所有的文本都适合精读，只有那些经典的作品，那些原生价值丰厚的作品，才适合进入我们的精读视野，而入选教材的文本无疑是需要我们精读的对象。

这已经开始指向"用教材教"教什么和怎样教的问题了。

语文核心素养和高考语文考查的六个层级要求理应成为我们用教材"教什么"需要关注的基本方向。语文核心素养中语言构建与运用、思维发展与提升、审美鉴赏与创造、文化传承与理解的四个方面是从语文学科角度着眼长远提出的基本素养要求，而识记、理解、分析综合、鉴赏评价、表达应用和探究六种能力要求更强调语文基本知识和基本能力，为我们"教什么"提出了更为明确的要求。综合而言，语文教学还是要立足于提升学生的语文关键能力，并促进学生的精神成长。

从我们的语文教学实践来看，比"教什么"更要紧的恐怕是"怎样教"

的问题了。

首先，要保持学科理性。强调学科理性，指的是不管采取怎样的教学方法，语文教学都离不开基本知识的落实、基本能力的提升和人文精神的建构等基本层面。语文教学关注的主体永远是学生，而不能把语文课上成教师的炫技课；学生的进步和发展是考查语文课堂效果的基本标准，而不能让学生只做一个旁听者；落实听说读写基本方法，而不能代之以滔滔不绝的教师讲述。而反观我们的名师课堂或者阅读教学的范例，有的恰恰是在基本层面上出现一些非学科理性的东西，表现为教学目标空或者杂，不切合实际；教学过程有表演痕迹，或者行云流水的背后只流于泛泛讨论，而没有涉及具体点位的深入解析；师生互动表面上热闹，实际上学生是"缺席"地在场；问答交流或者活动设计不能照顾全体学生，部分"精彩"代替了其他人的参与。

其次，语文教学尤其是阅读教学要保持适度的开放性。文学作品的理解实际上是一个包括读者在内的二度创作的过程。"一千个读者就有一千个哈姆雷特"实际上也承认了文本多种解读的合理性。现实生活中也有一些被人热议、值得反思的现象，如某位作家的作品被选入高考试题中，而作者发现自己并不能拿到满意的分数，甚至有的参考答案作者自己都没有想到。文学作品一旦问世，其意义往往由作者、文本和读者共同来完成，这一文学评论的共识放到我们的语文教学中也应该给我们以新的启发。在语文现代文阅读的主观题答案设计上，出于公平考虑必须要实现"主观题的客观化"，这一点可以理解，但其答案永远也只能是"参考答案"而非"标准答案"，因此我们绝不能抹杀学生对文本合理解读的多样性。

怎样教，也要与具体文本类型和学生特点相适应。王荣生教授对"定篇"的教学也有过指导意见："'定篇'的教学离不开读与背，但不能止于读与背，关键是要正确地领会，切身地理解它历经淘沙的魅力，乃至伟大。"对于低年级的学生来说，读和背并不一定要求学生正确地理解，毕竟理解能力和他们的年龄阅历密切相关，而"真切地领会"对于高年级的学生来说则更加适用。一般来说，文言文教学更强调背诵，而对于现代文的教学来说，背诵的分量并没有那么重，多读、多咀嚼、多理解反倒是需要重点关注的，在此基础上辅之以有效的点拨提醒，则是好的教法。

如何理解阅读教学与阅读考查的二元悖论

二元悖论是西方经济学家在 2013 年提出来的一个经济学观点，即资本自由流动与货币政策独立性不可兼得，而与该国采取何种汇率制度无关。后来用以泛指生活中那些互相关联而又存在内在矛盾的两个事物之间的关系。例如在中国传统文化中，封建帝王将相自己所遵循的欲孽文化和他们宣扬并要求民众尊崇的儒家文化就构成了二元悖论，二者既有矛盾冲突又能长期并存，此消彼长中维持了封建制度的发展延续。

而在语文阅读教学中也存在着这样的二元悖论：一方面，教师在实际的课文"教读"（原来的"精读"）中鼓励学生各抒己见；另一方面，在现代文阅读的考查中又要提供所谓的"标准答案"。这样就自然地出现了一种非常有意思的现象：有时候即便是作家在回答基于自己文章的阅读理解的时候，也并不能取得理想的分数。最典型的例子就是：《南方都市报》曾经报道，作家林天宏的《朱启钤："被抹掉的奠基人"》曾经入选 2011 年高考语文福建卷，命题者设计的其中一问："作者为什么两次提到 6 月 13 日那场大雨？请谈谈你的看法。"并提供答案：文章开头写雨中正阳门箭楼的修缮，引出下面的话题；结尾的雨引出营造学社旧址的落寞与朱启钤故居成为大杂院的情况，照应文题，引发读者的联想和感慨。首尾呼应，结构完整，开头结尾通过"雨"联系在一起，抚今追昔，深化了"不要忘记这位奠基人"的主题。而作者自己的回答："真正的原因是，我写稿的时候窗外正好下着雨。"于是网上不可避免地出现"就当个笑话"的议论，呼吁高考应该取消现代文阅读回归到像科举取士一样"作文定天下"的老路的也不在少数。

在广大一线语文教师看来，现代文阅读的得分情况和学生的语文综合素养存在着密切的正相关关系。那些现代文阅读题得分高的学生，往往是语文素养较好的学生，反之亦然。也就是说，现代文阅读考查实际上确实能很好地衡量学生的语文素养，毕竟这是一种融合了理解、分析综合、鉴赏评价、表达应用和探究等综合能力的题型。那么前面所说的二元悖论现象又当如何理解呢？

首先，作者对基于自己作品的问题回答得并不完美，其实非常正常。接受美学认为：作家的作品一旦完成，就和作家不再存在多么密切的关系了，而作品一旦成为阅读审美对象和读者构成对象关系的时候，作品本身就完全可以融合读者本人的经验、情感和艺术品位，这时候作品的意义需要作品和读者共同来完成。安伯托·艾柯所说的"一切阅读都是误读"就是这个意思。鲁迅先生在他的《中国小说史略》中评价《红楼梦》时也有过广为人知的经典论述："经学家看见《易》，道学家看见淫，才子看见缠绵，革命家看见排满，流言家看见宫闱秘事……"所以作家对于自己作品问题的回答和命题人不尽相同并不是什么稀罕事，也不应该构成"笑话"。有人借此鼓噪批评更有哗众取宠的成分在里面，而这对于现代文阅读教学也好、现代文阅读的考查也好，也没有什么有效促进的价值。不要说不同的人对于同一篇作品有不尽相同的理解，即便是同一个人处于不同的时代背景和阅读情境之下，个人的阅读感受也会有所差异。

那么这样一来，是不是就意味着现代文阅读尤其是现代文阅读主观题的考查就存在很大的偶然性呢？

当然也不是，这种误解主要是由于对高考主观题阅卷的现实情况还不够了解，毕竟高考阅卷对于大多数人来说是一件神秘的事，另外也不乏一些人借此夸大现代文阅读考查的偶然性来为自己学得不好或者教得不得力开脱。

一般来说，现代文阅读主观题的答案在正式阅卷之前会有一个反复酝酿修改的严密过程。高考结束后、正式阅卷前，由高校文学院教授和中学语文教师代表组成的专家团队会先行把题目做一遍，然后试阅一部分学生的卷子，再结合命题人的答案、专家组自己做题的情况和学生答题的情况形成"评分细则"，一般来说这种评分细则往往会细化到"一分一个点""一个点一分"的程度。评分细则形成后还有一次结合其他阅卷老师、阅卷组长的意见再修改的机会，这次修改后形成的终极评分细则不得再作调整，这就是整个阅卷过程中所有人都要遵循的"标准答案"——说它是标准答案，是相对于高考阅卷的严肃性而言，从现代文阅读理解的实际情况称之为"参考答案"则更合适。显然，用严谨科学的方式确定评分细则的过程就是一个"主观题客观化"的过程，能最大限度地保证高考的公平公正。而出于谨慎考虑，评分细则在阅卷结束之后依然属于"保密"级别，不对外公布，所以我们一般看到的往往是命题人最开始命制的基本的参考性答案，和实际阅卷过程中的评分细则会有出入。为了进一步保证阅卷的客观公正，现代文的主观题部分还会进行背靠背的二次评阅，如果两次评分有明显差距，试卷则由专家组进行终评。

　　高考是一次选拔性考试，最大原则就是公平公正。语文学科的特点决定了现代文阅读尤其是现代文阅读的主观题考查，的确能区分出学生的整体语文素养，命题和阅卷所能控制的就是除了提供客观题以外，主观题也要客观化，这是由选拔性考试的公平属性决定的。当然所有的公平都是相对而言的，一套试卷尤其是一套语文试卷所承载的东西往往是有些对立性的，既要让学生的思维自由驰骋，又要提供相对客观化的标准，而命题和阅卷又必须把二者统一起来。从这一点来讲，命题者就是在"走钢丝"，他们在有效的空间和"万众瞩目"的高空寻求最大限度的平衡。

　　从阅读教学指导的角度来讲，师生需要明确基本方向，即基于文本，整体理解，深入思考，勇于探究，具体方法笔者在《现代文阅读主观题解题方法谈》中有详解，本文不再赘述。

教学设计：重传统还是重创新

在语文课堂的教学设计上，我们是倾向于尊重传统还是偏向于创新，这是一个值得探究的问题。引发我对这个问题关注的，还是多年前的一次赛课活动。

济南市教育教学研究院的万福成老师多年来一直致力于青年教师的培养，我也有幸在万老师的教育引导下，成为济南市高中语文学科首届青年名师中的一员。在青年名师培养期间，万老师经常组织一些赛课活动。为了让青年名师工程入选更好地互相借鉴学习，赛课最常采用的方式就是"同课异构"，最多的时候六个人同讲一个课题。在同一学校面对水平差不多的学生讲同一个课题，这对于参赛的人来说无疑是一场巨大的考验，摆在每一个选手面前的首要问题就是传统和创新之间的选择。一旦选择了传统的设计，能先讲还好，如果抽签排在后列就不得不考虑评委的审美疲劳问题了。大约出于这样的考虑，在讲授《氓》时，一位选手就别出心裁地选择了从男主人的角度分析课文，给出的理由是：分析男子的形象更有挑战性。这种创新体现了设计的开放性。教师素养很好，学生的表现也没有让人失望。围绕"氓"的形象，同学们有的引经据典，有的大胆想象，有的合理推理，从文字本身出发，到人物的家境、性格甚至背后的社会逻辑，有理有据，侃侃而谈，师生互动，其乐融融。学生卓越的素质，加上任课教师深厚的学识以及四两拨千斤的教学艺术，呈现了一个师生互动的精彩课堂。我在对教师和学生的优秀暗自佩服的同时，也不禁捏一把汗：着力于男子形象的分析固然新颖，但风险很大，尤其是可能由此弱化了对女子形象的解读——毕竟女子才是主人公。同时我对这种创新的可借鉴性持怀疑态度：作为教师，我们因为对课文理解得深入全面，课文讲了也不是一遍两遍了，再加上同课异构的压力，往往有创新和突破的自我要求，但对于学生，他们毕竟是第一次学习。尤其是在大方向的基本设计上，是选择一个中规中矩的思路，让大多数学生能领会文本最核心的东西，还是另辟蹊径，大胆超越，让少部分学生直抵深层，收获别样的风景？

教育部教材局专家柳夕浪教授曾在一次报告中提到，评价我们是不是真正为孩子发展负责的两把尺子，一是看我们的工作是为了学校还是为了学生，二是看我们的教育是为了方便教还是让学生方便学。由此我们是不是可以说，在教学设计的选择上是倾向于尊重传统还是偏向于创新，判断的重要尺度就是看哪种方法更能促进学生的发展。摆脱教师视角而从学生视角考虑问题，应该是我们的第一选择。

后来在青年名师工程结束之前的一次展示课上，六位教师同课异构《荷花淀》，我是第二顺序执教，又一次面临创新与传统的选择问题。我决定走一条中庸路线：在教学设计上，以文章的"美"作为突破口，用文章呈现的环境美和人物美拎起全课，中间以提问学生即时作答的方式简单涉及情节。将教学重点设定为"通过对美的欣赏，感受根据地人民的爱国热情，感受他们身上的人性美，以及人性美和环境美的完美融合"。据此设计了本节课的授课框架，并试图通过"找一找，读一读，说一说，品一品"的方式，欣赏文章的环境美。而对于人物的分析，主要是通过战斗前后几个妇女不同的语言特点的对比，挖掘她们鲜活的个性和真实性，进而体味由个体到群体的英雄群像平凡中的伟大。

这次课也有很多缺憾，对于小说中人物的分析不够具体，有概念化、标签化倾向。暴露了自己的问题，同时也指明了今后努力的方向，即在设计的框架确立后，更要着力于解决细节问题，把学生的思考引向内里，把学生的理解往深处诱发。正如孙绍振先生所指出的："老师的任务，就要从学生的一望而知指出他的一望无知，甚至再望也还是无知。"教师要引领学生进入语言文字中去，而不是在语言文字的外围滑行。而这一目标的实现，除了需要教师深厚的学养、敏锐的眼睛外，也离不开创新的作用。

由此，我也进一步思考教学设计中坚守传统和突破创新的关系：创新意识固然可贵，但需建立在尊重传统和规律的基础之上；教学设计的基本方向上要充分尊重传统，保证基本框架不能出现方向性问题，在教学活动的细节设计方面，不妨大胆创新，尤其要注意对文本作深入细致的挖掘，"从语言层面沉下去，才能从情感层面浮上来"。

教学之妙永无止境，值得教师全力追求。

单元整合教学的几个关系问题

——以选择性必修下册第三单元为例

随着新课标的推出和新教材的使用以及教学目标的更新，单元整合教学应运而生，这是阅读教学的新需要。单元整合教学在促进学生思维发展、引导学生深入探究、提升综合理解能力方面发挥着积极作用。因此，借助群文阅读进行单元整合教学已经成为强化学生学习能力、锻炼学生思维品质的时代要求。本文试图以选择性必修下册第三单元的单元整合教学"道出我的人生之道"为例，探讨单元整合教学中的几个关系问题。

一、单元整合教学的可能和条件

新教材创新了体系设计，以人文主题和学习任务群双线组织单元，这为单元整合教学提供了基本条件。

在以读写为主的单元中，这些人文主题的选择，或与选文内容相关，或与文体特征紧密相连，体现了国家和民族的基本价值观，既贴近学生的生活，又可以使学生感到亲切有趣味，既有利于激发他们学习语文的欲望，又将选文与学生的个体关切、社会的重要发展关联起来。以选择性必修下册第三单元为例，这一单元选取了魏晋时期到明代的六篇经典古代散文。有的以情见长，至情至性，感人肺腑；有的以理取胜，理趣盎然，发人深思。虽然体裁不同、风格各异，但都有着共同打动人的精神内核，具有深厚的文化内涵，从不同的方向和角度体现出中国人的传统观念。它们呈现的有的是公认的准则，有的是共同的价值观，有的是深刻的哲思，有的是可贵的精神，探究这些传统文化观念具有丰富的当代价值。这些，都为单元整合教学提供了可能。

把单元整合教学的可能转化为现实的条件，还需要对文本进行细致的研读、深入的分析、合理的提取和有机的整合。当然这一过程也是一个剔除、遴选的过程，其选择的原则就是有利于更加集中地服务于单元整合教学的主题。"道出我的人生之道"单元整合教学中，就从本单元的六篇课文中选择了四篇，《陈情表》《项脊轩志》《兰亭集序》和《归去来兮辞》，提取文章在主题方面的共同点，并由北宋文学家周敦颐"文所以载道也"引出本课讨论的主题"人生之道"。课文六选四，主题更加集中的同时，也避免了因涉及篇目太多而难以周全、更难深入的问题。

二、单元整合教学设计中的扁平化和层递性

单元整合教学无疑非常考验执教者的文本整合能力、教学设计能力和课堂驾驭能力。单元整合教学设计要体现多文本的整合，需要从扁平化中寻找切入点，课堂推进要体现层递性。

教学设计始于扁平化，指的是在对多篇文章进行整合的时候，一定要提取凝练出一个基本的共同点，在这个扁平化的背景下进行教学设计。另外，课堂教学中难免也会进行单篇的分析解读，这个解读过程也是围绕着一个共同的核心问题平面展开的。把一个问题解决以后，再进入新的问题，进而形成问题链的层进。"道出我的人生之道"单元整合教学中，设计的第一个核心问题："在四篇课文中分别找出体现作者人生观'道'之选择的语句，并进行分析概括"，就是基于课文共同点的扁平化而来的。接下来，围绕核心问题把四篇课文的"道"分别概括为"孝老之道""爱亲之道""重生死之道""顺本心之道"，并进一步整合为"社会伦理之道"和"自我觉醒之道"，这些问题和概括也都是基于扁平化的理念而设计的。

如何从作者的"道"到"我的人生之道"呢？接着教师设计了这样一个问题：想象你就是作者本人，该如何道出你的"人生之道"？即假设自己回

到几百年或者几千年前，自己变成了作者李密、归有光、王羲之或者陶渊明，阐述一下古人"我"的人生之道。这个问题就是对上面一个问题的深入，表面上还是谈论古人之道，但人称转换，不仅意味着理解角度的不同，实际上也是对古人之"道"理解的再深入。在这个过程中，学生完全可以融入自己的人生理解，既是借自己的口宣扬古人的"道"，何尝不是借古人的皮囊讲述自己的人生态度呢？在此基础上，教师又设计了第三个核心问题："面对古人的讲述，你有怎样的人生理解？"这无疑是对上一个问题的再深入。这样就通过几个层递性的问题设计完成了"道出我的人生之道"的学习任务。

三、单元整合教学中的预设和生成

相对于传统的单篇文章的阅读教学，单元整合教学更加强调课内教学和课外自学的结合，有些时候，课内教学是课外学习状况的一种展示。一个基本的原因是，单元整合教学毕竟涉及多篇文章的整合，课文阅读量、思考的深度都和单篇教学有巨大不同，在有限的课堂时间内完成以上任务基本上是不可能实现的。"道出我的人生之道"单元整合教学中，设计的第一个核心问题"在四篇课文中分别找出体现作者人生观'道'之选择的语句，并进行分析概括"和第二个核心问题"想象你就是作者本人，该如何道出你的'人生之道'"。学生在课下都作了充分的准备，甚至把自己的回答已经整理成了书面的答案，课上呈现的主要是课前已完成的作业的分享。也就是说，前两个问题的回答呈现出的主要是师生共同预设过的东西，第三个问题"面对古人的讲述，你有怎样的人生理解"，生成性的东西才开始多了起来。

预设大于生成，这似乎是单元整合教学无法回避的问题。要想在有限的课堂时间内进行多篇整合，师生必须课前下大功夫，这样一来，课堂上看似预设的环节，实际上包含了课前的生成，只不过预设和生成都被前置了，课堂也延伸到了课前。当然课堂展示部分，学生在展示已经预设好的东西的时候，对别的同学来说未尝不是一种生成，而且对听者也提出了更高的要求，需要听者课前做好功课、课上更加集中精力。

四、单元整合教学中的主体性和主导性

课堂教学理念，从"教师是主导""学生是主体"到"双主体论"，可谓"你方唱罢我登场"。其实，对这些理念的是非曲直最有发言权的还是一线的教师，他们深刻地明白怎样的课堂才是有效的课堂，才是真正服务于学生发展的课堂。单元整合教学，无疑对教师的主导作用提出了更高的要求，而学生的主体作用也得到了充分的尊重和发挥。

基于多文本整合的客观现实，单元整合教学中核心问题的提出也极为重要。这个问题应该是能统帅多篇文本的，问题的难度也应该适合大多数学生，否则课堂要么凌乱不堪，要么静默无声。这个问题设计对教师来说是考验，也是对教师主导性的尊重。教师的问题设计得好，主导作用发挥得好，学生的主体性才能发挥出来，学生才能在属于他们的课堂纵情展示。我们也看到，在"道出我的人生之道"的单元整合教学中，正是主讲教师几个核心问题的设计充分激发了学生的思考，给学生言语的空间，给他们发挥的舞台，才有了妙语迭出、思维碰撞的火热课堂，才有了师生共创的美好。

梳理单元整合教学的几个关系问题，有利于对单元整合教学形成基本的共识，进而在单元整合教学的摸索中形成相应的学理，促进阅读教学的新发展。

重拾传统阅读教学精神

传统的中国教育一向注重阅读教学，很难想象，没有了从小"关关雎鸠，在河之洲"的启蒙阅读，鲁迅、矛盾等一批文学大师将何以诞生；没有了"旧书不厌百回读，熟读深思子自知"式的阅读传统，中国灿烂悠久的文化将何以繁荣兴盛。但我们也应该看到，随着社会的发展，中国的传统阅读也在日渐浮华功利的风气中被忽视。尤其是在高中语文教学中，传统的阅读教学——注重诵读、注重阅读本身而非方法技巧的阅读正在丧失其应有的地位，高中阅读教学存在误区。

对阅读本身重视程度不够是首要问题。很多教师以高考升学压力大为由，认为阅读费力不讨好，成效不显著，而繁重的升学压力不允许学生进行大量阅读。应该说，教师们的话不是没有道理，但我们试想，普天之下的语文教师不都面临着同样的问题吗？如果我们也都同样对语文阅读采取这种漠视的态度，往近了说，怎么可能培养学生扎实的语言和语文功底？往远了说，我们培养出来的学生又怎么可能熟悉以汉语言为载体的优秀的传统文化？怎么能对优秀的传统文化产生兴趣和感情呢？

实际的阅读教学中也存在重方法技巧而非阅读本身的倾向。有些教师也重视阅读，重视培养学生的阅读习惯，但却是一种急功近利的重视，是一种应付升学的机械式的阅读教学，过多强调阅读的方式、方法与技巧，而忽视了阅读的态度与价值观念。这种为考试而进行的阅读，收获顶多在考卷上，甚至一无所获。而为了阅读而阅读，收获也仅在于阅读本身。只有当阅读动力来自阅读本身的兴趣，阅读行为才是有意义的，阅读才能真正成为一种可延续的生命活动，学生才能从中提高领悟语言、运用语言的能力，进而受到情感熏陶和思想教益。

相应地，阅读教学以"讲"代"读"的问题也比较严重。教师分析过多，学生缺乏整体感知，这也是急功近利的典型表现。教师对学生的主体性缺乏足够的认识，越俎代庖，一味地想把知识教给学生，而不是让学生自己感悟、思考。教师分析过多，学生就无暇感知，那么教师的分析也就成了架空的分析，学生的情思无法投入，学习兴趣难以形成，思维无法参与，能力无法提高。

那么，我们的高中语文到底需要什么样的阅读教学呢？

首先，要发挥学生的主体性，强化阅读的发散思维。语文教改提了多年，各种各样的模式出了不少，但细细检讨，这样或那样的模式无不围绕一个"讲"字，真正注意学生主体性的并不多。要让学生真正成为学习的主人，教师首先必须从传统的教学束缚中彻底摆脱出来，变以教师讲为主的阅读教学模式为在教师的主导下以学生学为主的阅读教学模式。基于这样的认识，在阅读教学实践中，我们可以尝试各种新的教学模式，如质疑导读、理解研读、感悟解读、创新阅读等，总之，要以一个"读"字贯穿始终，充分发挥学生参与教学的自主性。注意改革教法，采用多种方法，强化学生的发散思维和创新思维，唤起学生的问题意识，以激发学生的联想力、想象力和创造力。

其次，学习传统，重视诵读。"诵数以贯之，思索以通之。"诵读教学是我们传统阅读教学中的精髓所在。有人认为，诵读教学是小学初中的玩意儿，高中大可不必。但不难发现，现在高中生的诵读能力到了令人痛心的境地，日常教学中少有学生能展现出优秀的诵读能力。诵读和理解是互为表里的关系，缺少对文本的准确理解，自然不能做到诵读时轻重缓急、抑扬顿挫的变化，反过来，诵读也有益于理解的深化。读都读不好，又怎能自然、流畅、充分地表达自己的思想呢？没有相当的语感积淀和语言材料，肯定也写不出文从字顺的文章。看来，语言能力的培养，哪条也离不开诵读。诵读，是语感形成的基础，是分析、研讨语言的前提，是积累语言、培养语言能力的重要手段。

在现在阅读教学中，真正把诵读当作教学目标加以实施，真正放开时间让学生去感知、去品味的还是有限。一堂课，应保证主要时间用于指导学生诵读，而不是进行琐碎的分析。诵读可加深学生对课文的理解；诵读可提高学生遣词造句的能力；诵读可强化记忆，培养学生的语言思维能力；诵读可提高学生感悟语言的能力。同时，通过诵读可使学生受到情感熏陶和思想教育。

另外，为了达到较好的诵读效果，还要加强教师的范读，加强对诵读的指导。出色的诵读就如同一首词曲兼美的歌，营造出令人沉迷的艺术氛围，使学生在不知不觉中受到熏陶教育，无形中提高了诵读能力和鉴赏能力。

最后，提倡生活化、个性化阅读。阅读必须具有生活化的特质，不存在没有阅读的生活，也不存在脱离生活的阅读。我们常常看到这样一种现象：有的学生不爱阅读，或者是爱阅读却不爱学语文，爱语文书却不爱语文课。究其原因，当属阅读和生活脱离之故。在教学中采用怎样的手段和技巧可以使学生、阅读和生活产生有机的联系，特别是现今学生的生活如何才能和过去作品的阅读发生有机联系，这是一个值得研究的问题。这里要谈的是：从培养阅读习惯的角度而言，生活化阅读的表现即阅读的目的在于阅读本身，不是为了考试而阅读。我们不否认升学压力的现实性，但我们也应该看到，我们所谓的应对高考的阅读技巧、阅读方法究竟带给学生多少有益的东西呢？我们更应该思考，我们是不是走上了一条舍本逐末的歧途呢？难道功利性阅读才是应对高考的"终南捷径"？我们应该坚信：踏踏实实地搞好阅读本身，扎扎实实地提高学生的语文素养才是以不变应万变的上策，才是为学生终身发展负责的态度。

生活化阅读强调阅读不分课内课外，不避大俗大雅，只要思想内容健康、行文规范绝少错误，任何报刊书籍都可以读。也不必着眼于阅读方法本身去进行大量训练，学生读得多了，为了更多地获得生活上的教益和思想上的提升，自然会选择适当的方法去阅读。

我们期望，朗朗的读书声能早日回到我们的高中课堂，学生们能在自觉主动的生活化阅读中提高语文素养、提升整体素质。

高中语文呼唤传统阅读教学的回归。

阅读教学中批判性思维能力的培养

《普通高中语文课程标准》(2017年版2020年修订)明确把思维发展与提升作为语文学科的核心素养之一,而批判性思维能力正是需要提升的思维品质之一。"思维发展与提升是指学生在语文学习过程中,通过语言运用获得直觉思维、形象思维、逻辑思维、辩证思维和创造思维的发展,促进深刻性、敏捷性、灵活性、批判性和独创性等思维品质的提升。"

自苏格拉底以来,批判性思维便成为西方教育的重要特征,如今更已渗透到中小学日常教学中。20世纪90年代克林顿任总统期间,美国颁布法律要求从小学高年级开始进行批判性思维的训练。《中国青年报》曾刊登刘莉的文章《美国小学生的"研究报告"堪比大学生论文》:"有不少小学从三年级就开始进行劝说类文章的写作训练,学生不仅要有自己独特的带有批判意识的思想,而且还要能够使自己的思想和观点有理有据地影响他人。"

而当代高中生批判性思维能力的现状如何呢?

王宽明在《高中生批判性思维能力现状调查》中采用彭美慈等编制的中文版批判性思维能力测评表,从寻找真相、开放思想、分析能力、系统化能力、批判思维自信心、求知欲与认知成熟度这七个维度展开测量。其研究结果表明,在满分420分的测试中,超过80%的高中生批判性思维能力的得分低于280分,批判性思维能力整体偏弱。李瑞芬等人探讨了批判性思维、认知需求与动机三者之间的关系,认为"认知需求可以直接影响个体批判性思维,也可以通过内部动机间接影响个体批判性思维",指出了批判性思维能力和认知需求、认知信念呈正相关关系,这为批判性思维能力提升指出了基本的实现路径。

叶圣陶先生在《读书的态度》中曾论及读书态度有三："一种是绝对信从的态度，凡是书上说的话就是天经地义。一种是批评的态度，用现实生活来检验，凡是对现实生活有益处的，取它，否则就不取。又一种是随随便便的态度，从书上学到些什么，用来装点自己，以便同人家谈闲天的时候可以应付，不致受人家讥笑，认为一窍不通。……青年应当抱而且必须抱的是第二种态度。要知道处理现实生活是目的，读书只是达到这个目的的许多手段之一。"可见，阅读这一行为，因为目的、态度不同也会有不同的结果。

基于以上理解，在高中生的阅读教学中，通过调动学生个体的自主性，引导学生广泛阅读、大胆探究，并引导学生进行批判性阅读，是提升学生批判性思维能力的重要方法。

广泛阅读是思维发展的基础，也是批判性思维发展的基础。"人是语言的动物""语言是思维的物质外衣"，思维的发展与提升说到底是在语言建构、阅读理解的过程中形成的，语文的学习过程是一个由"语言形式"到"思想情感"再到"语言内涵"的螺旋式上升发展过程，这也是激活学生思维的过程。强调调动学生的主动性，广泛阅读，大胆探究，有利于增进思维发展包括批判性思维发展的效能。有一名学生喜欢阅读《水浒传》并小有研究，当他在别的文本中读到"鲁智深拳打镇关西"的表述时就提出了探究性的问题：到底是"鲁智深拳打镇关西"还是"鲁提辖拳打镇关西"？很多人对此不屑一顾，那不一样吗？其实还真不一样。从《水浒传》的回目就可以看出，在不同时期对他的称呼是不一样的。教师并没有直接回答这个问题，而是鼓励他自己探索发现。不久，学生就得出了自己的观点并给出了合理的依据："鲁提辖拳打镇关西"更合理，因为"智深"是他出家后的法号，而拳打镇关西的时候他还没有出家，所以此时称呼"鲁提辖"更为恰当。教师也趁机援引《水浒传》第三回"史大郎夜走华阴县，鲁提辖拳打镇关西"到第四回"赵员外重修文殊院，鲁智深大闹五台山"中称呼的变化给予肯定，学生非常高兴，也令教师倍感欣慰。这就是一个学生自主探究—质疑—释疑的过程，批判性思维发挥了作用，又得到了新的强化。如此，就可能会形成批判性思维的习惯，而批判性思维习惯的形成就意味着批判性思维能力的提升。

"批判性阅读则强调读者以主动的姿态切入文本，不以共鸣为目标，而以平等对话为桥梁，追求个人理解的合理与完善。"余党绪老师的理解为我们培养批判性思维提供了借鉴。批判性阅读以引导学生发现疑点和矛盾形成认知冲突为起点，从而激发积极的思考，其过程强调自我分析和论证，通过比较、辨别、评估形成自己的结论。批判性阅读并不以探索文本的本义为目的，重在强调探索本义过程中不断追问、自圆其说的构建过程。以《林教头风雪山神庙》为例，可以提出这样一个引导性疑问：林教头有正当职业、光明前途，做事循规蹈矩、小心谨慎，为什么最后却落草为寇？这是一个情理悖谬之处，也是学习文本的核心问题。可以进一步引申思考：这种社会制度又引发了哪些社会悲剧？这些悲剧是不是能支持林冲的悲剧逻辑？这样通过师生对话引导学生自我反思、判断，形成合理性的共识，就是批判性思维的发展过程。

但是批判性思维这种核心素养并不像知识技能一样能够量化且可以外显的分数来评价，这是批判性思维发展不受重视的原因之一。而且在实际教学中，学生的问题意识不强，学生少有反思批判的机会，缺乏批判质疑的勇气，这是现实问题，反过来也说明了批判性思维能力发展的必要性。在平时的阅读教学中，如何在学生的小组合作、讨论过程中，给予学生更多的时间和空间，增加讨论的质量和深度，都是阅读教学中培养批判性思维能力值得关注的问题。

阅读教学目标设定分文体例说

阅读教学经常面临这样一个现实的问题：这节课的教学目标如何设定？参考一下别的教学设计吧，发现众说纷纭、莫衷一是。梁增红老师曾批评过这种现象："目前我国语文教育的无序状态并未得到根本解决，基本上处于'我想教什么就教什么''我认为应该教什么就教什么''我喜欢教什么就教什么''教参说教什么就教什么'的状态。语文教学少慢差费现象依然存在。"这话虽有点夸张，但确实指出了目前语文阅读教学中教学目标、重点设定的混乱问题。不同教师面对同一课，在教学目标的设定上侧重有所不同并不难理解，但如果目标出现严重偏差，不仅会影响文章的教学价值，对学生来说伤害更大。

从文体的角度进行文本解读，从而设定教学目标和重点，是一个简便可行的参考方法。注意，这里特别强调是一种"参考"方法。因为，一方面，文体划分的依据决定了文体能提供文本的基本风格、特点，但相同文体的作品其审美意蕴、思想价值必然也是纷繁丰富的。另一方面，具体到某篇课文，其教学目标还要考虑单元设计的人文主题和语文要素等。

一、现代诗歌教学，注意从意象到意境

通过塑造意象、营造意境表达诗人的心灵是现代诗歌的一大特点，很多现代诗的赏析都离不开意象这一核心要素。下面以童一菲老师的《再别康桥》教学设计为例。

童老师《再别康桥》教学设计的关键环节是"聚焦意象选择，玩绎意境之美"：

母校从来都不是一个抽象的概念。徐志摩笔下的康桥非常有特点，他既没写旧日的老师和同学，也没写教室和书本，而是写了那条美丽的康河，为什么？写了康河的哪些景物？有怎样的美？选一例赏析。
1. 河代表深情的回忆。
2. 写了康桥河畔的金柳、青荇、清泉、青草、星辉、夏虫。
3. 小小的细节承载了无尽的纯美，至情至性，天然灵动，小巧蕴藉，明妩深情，青春伤感，潇洒飞扬。

"金柳"意象极美，"柳"这个经典意象跨越了千年的风韵，婀娜妩媚过唐诗宋词，带着《诗经》最初的文化印记和情感烙印。"昔我往矣，杨柳依依"的柳，如今在英伦剑桥的河畔美丽而舒展，就像诗人曾经的金色年华和绚烂爱情。"金柳"真是神来之笔。诗鬼李贺有"嫁与春风不用媒"的诗句。"金柳"是"夕阳中的新娘"。"新娘"集世间所有的娇美、惊艳、幸福和爱恋于一身，是康桥河畔焦点中的焦点。
……

现代诗中意象的选择不仅能折射出诗人内心的情感，也能体现语言表现的个性与智慧。从意象的角度切入，引领学生体悟诗歌之美，能使语文教学进入虚实相生的纯美境界。和《再别康桥》一起入选部编新教材的现代诗《大堰河——我的保姆》也通过一系列的意象，像雪、坟墓、瓦菲、园地、石椅等塑造了大堰河的形象，这些和人生前死后有关的独特意象的营造，使得严肃厚重的主题获得了诗意的表现，提升了作品的诗美品质。

二、现代散文，"赏玩"文字之美

提到散文，我们很容易想到的一个词就是"文质兼美"。也有人说，人在四十岁之前不大容易读懂散文，这里指向了散文思想的厚重性。就现代中学生所欣赏的散文来说，更多的还是通过文字的魅力传达独特的情绪、思想的寄托。

以下几句话选自李镇西老师《荷塘月色》的教学片段：

"我看到已经有同学在情不自禁地点头"，趁势把话题一转："好，我说了那么多，现在该同学们说一说了，同学们能不能交流一下这篇文章最打动自己的文字？不需要说理由，只要把有关的语言读一遍就可以了。"

接下来的教学活动学生就围绕着喜欢的文字展开了，并在教师的启发引导下有了新的见地。

同样是执教《荷塘月色》，盛庆丰老师的教学设计就明确把"品读词句，感受语言的表现力"作为教学目标之一，并作为教学重点来解决。他在"教后反思"中也说："朱自清散文有什么样的特点？对学生语言能力的提升有怎样的益处？是我在教学中着重考虑的内容。"再看盛庆丰老师《荷塘月色》教学的一段实录：

师：请同学们再想一想，"一弯新月"与"一钩新月"哪句好？

生：后面一句好，因为新月不仅有形，而且还有"月如钩"的比喻在其中，新月的形象更有诗意的美。

师：这就是"一条小船"与"一叶扁舟"的差别。第六段中也有这样的词吗？

生："一片荷塘""几段空隙"。

生：我觉得最好的是"一团烟雾"和"一带远山"。"团"像是水墨画的毛笔点染，"带"是远山的形状，淡淡的，有高低起伏和远近层次，让人感受到山的绵延。

师：量词显其形。如果你们在自己的作文中也这样用量词，老师肯定会很喜欢。当然还有叠词的使用，是不是要注意呀？

在教师的引导下，通过比对"一弯新月"与"一钩新月"的不同、"一条小船"与"一叶扁舟"的差别，从而发现"一团烟雾"和"一带远山"的妙用，的确是深入细致地洞见了散文语言的巧妙之处，从而上升到"量词显其形"的特殊手法。不仅是新的发现，也会给学生的写作拓展新的语言表现领域，无怪乎专家点评时说："品味语言，在不经意处'玩赏'，是优秀教师的一种看家本领。这节课让我看到了庆丰老师的真功夫。"盛庆丰老师的真功夫令人赞叹，恐怕也和散文本身的语言表现力不无关系。

三、小说鉴赏离不开人物分析

小说三要素，情节、环境和人物。一般来说，最要紧的是人物，小说主要是通过塑造人物来表现主旨的，所以涉及小说鉴赏的时候不可避免地要分析人物。

尤立增老师关于《林黛玉进贾府》的教学设计，把"了解贾宝玉、林黛玉、王熙凤的性格特点以及小说刻画人物所运用的外貌描写、语言描写等表现方法"作为教学目标。围绕林黛玉的人物分析涉及了三个问题：（1）为什么林黛玉进了贾府会"步步留心，时时在意？"（2）当贾母问黛玉念何书时，黛玉答"只刚念了《四书》"，为何宝玉问她时她却改口？（3）为什么对林黛玉的穿戴竟无一字提及？围绕王熙凤和贾宝玉，也分别设计了三至四个问题，这些问题主要围绕人物的语言、动作、服饰和人与人之间的关系展开，这样一来对三个人物的分析自然就比较充分了。

当然分析人物是小说赏析的常识，其中最关键的是需要教师敏锐地抓住有探究价值的细节，引导学生发现别人不曾发现的信息，进而对人物个性形成饱满的认知，所以小说人物赏析中问题的设计非常重要。比如如果这样问："作者对林黛玉的服饰未着一词，为何对王熙凤的服饰却浓墨重彩地加以描写？王熙凤在初来贾府的林黛玉眼中是'身量苗条，体格风骚''恍若神妃仙子'，为什么在老祖宗的嘴里竟是'泼皮破落户'，是个'凤辣子'？"这样的对比更能引起学生探究的兴趣，对小说的艺术分析就更容易深入进去。

四、文言文学习，不能忽视对"文"的赏析

这里特别强调对"文"的赏析，主要是针对文言文学习中"重言轻文"的问题。"重言轻文"固然有考试导向的影响，但一旦眼里只有"言"，那文言文中丰富的人文价值或审美信息就可能被忽视了。对"文"的鉴赏，包括对语言、手法、情感、思想等文本所具有的一切审美特质的鉴赏。

以童志斌老师的《项脊轩志》教学实录为例：

师：文章里有称"室"的有称"轩"的，作者是很随意地用这两个字吗？
生：不是。
师：就是说是有一定的讲究和意图在里面的，他的意图是什么？
生：一下用"室"，一下用"轩"，是有感情基础吗？
师：有感情的变化在里面。
生："轩"就是对那个格子特别有爱意的感觉。
师：称"轩"的时候特别有爱意，包含感情，如果称"室"呢？
生：就是一个普通的室。
师：很好。称"室"的时候，作者着眼的就是一个建筑的外在，而称"轩"的时候，其实还对它充满了特殊的感情。我们前面已经提到了，是不是一开始它就是一个特殊的所在呢？不是，那是从什么时候开始的？读书，是吧。我们前面提到了"余自束发读书轩中"，就是从这里开始称"轩"了。

《项脊轩志》的课例很少看到关于"室""轩"的对比研究，看完童志斌老师的课例我们才明白，原来用词变化的背后是作者感情的变化。这是一个多么惊人的发现，试想，如果仅仅着眼于基础知识的落实，又怎么可能有如此慧眼，洞察一字之差背后如此丰富精彩的意蕴？

可能有读者会想，以上这些都是进行教学设计时最基本的常识，这固然没错，但是出于设计创新或别的考虑而无视文章体例特点导致教学目标出现

大的偏差的并不在少数。

谭轶斌老师曾经上过戏剧《雷雨（节选）》的研究性学习课，在学生朗读课文的基础上，教师请同学们就课文内容进行质疑，其中有一个同学率先提出了以下问题：

周朴园这么多年一直保留着旧家具，熟记着侍萍的生日，保持着关窗的习惯，连衣服也爱穿旧的，他还说："这些习惯我都保留着，为的是不忘你，弥补我的罪过。"他签完支票后说："这是一张五千块钱的支票，你可以先拿去用。算是弥补我一点罪过。"他对侍萍还有感情吗？他为什么总提罪过？

结果一石激起千层浪，先小组讨论，然后全班交流，花费了相当多的时间和精力，但基本脱离了对戏剧中的关键要素——人物和矛盾冲突的分析。所以汲安庆老师在点评中明确指出："整节课的教学尽管与人物形象分析还有一定的关联，也间或触及了冲突、行动这些戏剧文类要素，但总体上偏离语文体性，凌空蹈虚已露出端倪。"

所以说，文章体例给我们教学目标的设定提供了基本的方向，不能不重视，围绕体例特点去设定教学目标一般来说不会出现大问题。

现代文阅读主观题解题方法谈

现代文阅读的主观题，无疑对学生的理解、分析综合、鉴赏评价以及语言表达、探究等方面的综合能力要求很高，这也是学生普遍感到头疼的一大难点。如何更好地解答现代文阅读主观题，很多专家和教师也给出了大量的指导性意见。本文试图从现代文教育教学的实际出发，结合自身的理解，给广大考生提供一点可行性建议。主要包括：树立一种意识，培养两种习惯，解题三项注意。

一、树立一种意识——文本意识

所有的阅读理解题都围绕文本设题，我们当然也要围绕文本思考解答。这好像是废话，其实不然。在实际操作中，习惯性地、无意之中脱离文本、偏离题意而造成无谓失误的大有人在。

著名的高考指导专家王大绩教授在一次指导高三复习的研讨会上曾说过这样的话："高考的目的是为高校选拔人才，首要的原则是保证公平，而主观题的增加又不利于体现公平原则，这就要求主观题也要体现客观化。"我们不难理解，主观题的客观化，实际上就是要提供标准答案，并要严格按照标准答案进行评价。既然称标准答案，就要有充分的理由来佐证，而不可能是见仁见智的。表现在现代文的阅读理解上，就是一切源于文本。所以解答现代文阅读的主观题，必须强调要牢固树立文本意识，一切思路围绕文本展开，一切问题从文本中解答。

牢固树立文本意识，才能使我们的阅读理解不至于偏离方向，才能使我们在解答时游刃有余。

二、培养两种习惯——整体阅读的习惯和多角度鉴赏的习惯

一篇文章是一个有机的整体，通过整体阅读，能从整体上把握语料，对文章写的是什么（主旨）、怎么写的（结构等）这些问题有准确的把握。对散文来说，就是把握散文的"神"和"形"，弄通"形"是怎样服务于"神"的；对于小说来说，阅读时要明确人物、环境和事件之间的关系，尤其是弄明白"三要素"是如何服务于主题表达的；论述类文本因为范围广和文本本身的思辨性特质，阅读理解的难度更大，也更加需要厘清基本脉络，整体理解核心要义，还要注意论证的特点、方法等。

强调整体阅读，是因为学生接受现代文考查的过程实际上是一个认识问题、解决问题的过程，在这个过程中要有一盘棋的思想，不能为做题而做题。虽然现代文阅读尤其是文学类作品直接考查文章主旨、结构的并不多，但并不意味着这些问题不重要。恰恰相反，一旦弄通了主旨、结构，很多问题都可以迎刃而解。

俗话说，磨刀不误砍柴工。现代文阅读理解只要把握了全篇的主旨，理清了文章的脉络，再解答后面的问题，就如顺风行船，事半功倍。可是有些考生不在这方面下功夫，走马观花地看一遍文章，似懂非懂，就急于解答后面的问题，结果是欲速则不达，不仅费时费力，还容易答错。

考生平时还要在训练中养成多角度鉴赏的习惯。"一千个读者就有一千个哈姆雷特""横看成岭侧成峰"，这些都证明了多角度思考的重要性。由于一个人的生活经历、文化层次、审美观点不同，对于同一篇文章，可能会产生不同的感受，同样个人理解能力的高下和主观认识的不同倾向也会影响我们对同一个问题的认识。思维单一可能使我们的理解不够全面，或者偏离正常的轨道，这时多角度理解和鉴赏就有助于我们去伪存真，准确全面地思考解决问题。有同学可能会担心多角度会带来偏颇问题，但从阅卷现场的实际来看，主观题评分往往遵循"答错不扣、答漏不得"的原则，即便有的回答

出现了偏差,只要其他要点正确就不影响得分,这也提示我们多角度鉴赏的现实价值。

当然多角度思考鉴赏,还要求我们的思维"放得开又收得拢",而不能任我们的思维"信马由缰",否则可能"下笔千言,离题万里"。毕竟"放"不是目的,通过"放"使我们的认识更周全,进而抓住问题的要害和关键作出准确回答才是我们希望看到的。

以 2022 年全国新高考Ⅰ卷现代文阅读为例,文本节选自冯至的历史小说《伍子胥》,其中第 9 题:"渔夫拒剑是一段广为流传的历史故事,渔夫是一位义士,明知伍子胥身份而冒死救他渡江,拒剑之后,更为了消除伍子胥的疑虑而自尽。本文将渔夫改写为一个普通渔人,这一改写带来了怎样的文学效果?谈谈你的理解。"本题考查的就是学生对作品进行个性化阅读和有创意解读的能力。题干先简要介绍了"渔夫拒剑"的历史故事,作答本题就要比较原故事和本文的差别,分析体会。注意题干中说的"将渔夫改写为一个普通渔人",重点要以关键词"普通"作为切入点分析。"带来了怎样的文学效果?"提示我们要从文学效果的角度分析,这样就把握了主要方向。本题为开放性探究题,答案不唯一,可充分打开思路,多角度分析作答。从主题来看,原故事侧重于表现渔夫的侠义精神,本文将渔夫当作一个普通人来写,内涵就丰富多了。无论从对伍子胥的影响还是对读者的感召方面设置安排一个普通人更有影响力和感化效果,从而得出答案第一点:"渔夫拒剑并自杀的历史故事,体现了渔夫的侠肝义胆,与普通人的生活较远,本文将渔夫改写为一个普通人,更有人情味,更接地气。"从人物塑造来看,本文细腻地表现渔夫的形象和性格对伍子胥的影响,体现了"渡江"易"渡人"难的现实,具有很强的启示性。身为普通人的渔夫时时刻刻惦念眼前的陌路人,可见其善良无私的人格魅力,怎么能不让伍子胥深深感动呢?再结合文本其他信息,得出答案第二点:"作者通过写渔夫的歌声、平坦疏散的心境和淡泊名利的性格对伍子胥的影响,表现了伍子胥思想转变的曲折历程,具有很强的启示意义。"从刻画人物形象的手法分析,得出答案第三点:"运用了大量的心理描写和语言描写刻画伍子胥和渔夫,使人物形象生动鲜活,增强了作品的文学性。"再结合渔夫和伍子胥的互动内容,得出答案第四点:"渔夫不仅摆渡伍子胥过江,还摆渡了他的灵魂。作者成功地塑造了一个'渡人者'的形象,具有深厚的文化底蕴。"

三、解题三项注意

第一点就是有必要掌握基本的解题方法和必要的答题技巧。"学无定法,贵在得法",现代文阅读理解题也有一定的常规方法。一般来说,要遵循"审读题干—找准有效区间—提炼关键词句—整合组织语言"四步走的原则。这一点很多指导材料都有提及,不再赘述。

关于答题技巧,我们当然不能把它作为解答阅读理解题的"万能钥匙",但我们也有必要在平时的阅读训练中注意总结升华,提炼出共同的规律性的基本思路,使我们的解题少走弯路。

比如现代文主观题有一种很典型的设题方式,分析某段文字在文中的作用或好处。回答这种问题,我们必须知道要从内容和形式两个层面来思考,如果有修辞手法必须提及并分析。

第二项注意点是答题要规范,克服随意性。规范答题,首先要仔细研读题干,了解要求,明确方向,揣摩意图,挖掘隐含信息。搞清楚是"分条列举"还是"简要分析",是"概括并分析"还是仅仅要求"概括",是"用原文回答"还是"用自己的话表述",免得"答非所问",还要注意有没有字数限制,字数限制既是要求,也是对答题内容的一种提示。有些题干的隐含信息无形之中为我们的解题指明了方向。其次要注意规范表述,总的要求是"准确全面",准确才能切中要害、层次清晰,全面才能尽量不失分或少失分。这种能力说到底是要注意在平时的训练中积累、提高。

第三是要注意现代文主观题的新动向。高考改革与时俱进,高考题目的设置也在变化之中。从近两年的高考真题来看,现代文命题方式越发自由灵活,对学生综合理解能力的要求越来越高,去模式化的迹象非常明显。这些都是能力立意、综合考查的时代要求在现代文命题中的真实反映。

此外,解答现代文主观题,我们还要注意题目设置上按文本顺序由前到后、由易到难、由部分到整体的设题习惯;平时加强针对性训练,克服语料选择的盲目性；研究评分标准和细则，不断总结提高。相信广大学生只要训练得法，持之以恒，现代文阅读的主观题完全可以成为提高我们成绩的新的有效增长点。

第四辑 PART FOUR

◎作文教学

语言巧提升　妙招与君说

新课标提出的"学科核心素养"中包括了"语言建构与运用",并指出:"积累较为丰富的语言材料和言语活动经验,形成良好的语感;在已经积累的语言材料间建立起有机的联系,在探究中理解、掌握祖国语言文字运用的基本规律。"高考作文语言的建构就是"在已经积累的语言材料间建立起有机的联系",把握运用语言的基本规律,表达自己的见解与思考。

"言之无文,行而不远",不管作文命题如何变化,语言终究是作文的核心。正如多年参与山东省高考阅卷作文质检工作的苗云萍老师所言:"表达有文采,最容易成为作文的亮点。""有文采"也是高考作文的发展等级要求之一。通常所说的有文采指用词准确贴切、句式灵活多变、善于运用修辞手法、文句有表现力和感染力等,这是一个较高的要求,也是作文教学的"难题"和"慢功夫"。

而从学生作文包括高考作文的现实来看,语句不通畅、表达方式单一、用词不准确、语言缺乏感染力等问题还比较普遍。退一步说,即便作文的内容、结构都不够突出,但如能做到语言出彩,也会让阅卷老师"怜香惜玉"而不忍心"痛下杀手"。所以说,语言表达的提升任重道远。

"难题"不代表无解,"慢功夫"也需要做起来。笔者结合多年的工作经验总结,试提出几点可行性建议,期待对学生作文语言的提高有所帮助。

一、锤炼词语立本

法国作家福楼拜曾告诫学生莫泊桑:"无论你所要讲的是什么,真正能够表现它的句子只有一句，真正适用的动词和形容词也只有一个。"锤炼词语是成就华章的第一步，古人"推敲"的故事说的就是这个道理。具体来说，就是对词语，尤其是动词和形容词进行比较、选择、推敲，以达到简洁精练、形象鲜明、富有情趣的目的。很多名家名篇也为词语的锤炼提供了很好的借鉴。

《荷塘月色》中"月光如流水一般，静静地泻在这一片叶子和花上"一句，"泻"字传神地描写出月光的形态特征，非常富有动感；吴伯箫《山屋》中"屋是挂在山坡上的"，一个"挂"字，意境全出，极为传神地把山屋所在的环境表达出来；鲁迅《祝福》中"似乎合成一天音响的浓云，夹着团团飞舞的雪花，拥抱了全市镇"，"拥抱"一词生动形象地写出了新年祝福的热闹氛围，与祥林嫂之死形成鲜明对比，留给读者深刻的思考；《拿来主义》中"还有几位'大师'们捧着几张古画和新画，在欧洲各国一路地挂过去"，"捧"和"挂"两个动词则巧妙地采用漫画式的笔法，将送去主义者奴性十足而又自以为是的特点活画了出来。

动词是最具生命力的词，形容词往往赋予人物或景物具体丰富的情状，平日写作时，如果有意识地在锤炼词语方面下功夫，选用那些恰当精妙、新鲜传神、具有形象性、极具表现力的词语，使所描述的对象给人如闻其声、如见其形、如临其境、如感其情的感觉，那么不仅增强了文章的文采，更培养了我们对语言的驾驭能力，当然也会影响到我们整体的语言表现力。

2018课标全国Ⅲ卷，"从口号、标语变化看时代变迁"的作文中，一学生写道：

华夏长卷逶迤五千年，日月浩瀚，俯仰河山。历史的长河浩浩荡荡，曾经翻腾出龙飞于天的鼎盛，也曾回旋出积弱闭塞的尴尬，然后激荡出柳暗花明的改革开放，接着奔腾至我们的脚下。

文段用"翻腾""回旋""激荡""奔腾"等词语描绘历史长河的演变，演绎不同的历史阶段，形象而生动。试想，如果没有作者平时有意识地进行词语的锤炼，何来这样动人的词句？作文又如何具有激动人心的力量？

二、整齐句式增色

语文教育家章熊曾指出:"在句式的变化中,对称句和长严密句是值得我们注意的重点。"他还指出:"对称句式如果运用得当,意味着学生的语感能力已发展到一定水平,并且掌握了一定的语言变化的技巧。"所以,对称句式的出现和对它们的自觉运用是中学生语言能力发展到一定阶段的一个重要标志。由此,我们不难看出整齐的句式在语言表达中的重要地位。

我们的日常表达以散句为主,这也符合人们的表达习惯,而以对偶句和排比句为代表的整句的出现,则自带语言冲击力,容易赢得读者的青睐。结合学生作文的实际情况,这里倡导的整齐的句式,并不局限于严格意义上的对偶句和排比句,句式大致整齐、结构基本对称也是可以的。

整齐的句式,既可以强化语势,也可以深化感情;既可以描写、叙事,也可以议论、抒情;既可以运用在叙述类作文中,也可以运用在议论性文章里;既可以构成句子的排比,也可以构成段落的排比。整齐句式的有效运用,不仅可以提高学生锤炼语言的能力,还可以锻炼学生的概括能力。

笔者在写作 2020 年全国 I 卷的下水作文《疫情中的距离与联系》时,就用"疫情中,距离里,不曾阻隔的是人间善意""疫情中,距离里,更加密切的是你我的联系"两个相对整齐的句子引起两个大的段落层次,并在举例时运用了略例排比的处理方式:

在最危难的时刻,也是最需要隔离距离的时候,有大批的医护工作者请愿增援湖北,用行动践行神圣誓言;在最危难的时刻,也是最需要隔离距离的时候,有不愿具名的群众在派出所门口放下增援的口罩迅速离开,有快递小哥、出租车司机义务买菜、买药、接送患者;在最危难的时刻,也是最需要隔离距离的时候,优秀的专家团队、人民子弟兵、政府职员,冲锋在抗疫的最前线。

2021 年全国甲卷某教师的下水文《可为与有为》中,也运用了排比句式,语势和情感都得到有效强化,构成文章的亮点:

在白衣执甲、风雨同舟的人海中，有那些有为的青年；在一方有难、全国支援的人潮中，有那些有为的青年；在凝心聚力、身心守望的身影里，有那些有为的青年。他们就是我们的楷模，就是我们学习的榜样。

河北石家庄的乔蕊老师在范写2022新高考Ⅰ卷作文时也有句式整齐的表达：

"妙手"出招固然令人欣喜，但是"本手"却是实现"妙手"的必经阶段。面对外界不良诱惑不为所动，面对各种困难笑对人生，面对岁月磨砺不畏艰难，面对祖国需要挺身向前。唯有如此，我们在人生棋盘上才能避免"俗手"，拨开迷雾看到森林，最终走向光明的未来。

四个"面对"的出现，呈现了极强的概括性和表现力。

三、名言警句添彩

陆机在《文赋》中曾说："立片言而居要，乃一篇之警策。"意即在关键的地方用上只言片语，就可成为全篇精炼扼要而深刻动人的关键。它既可以是一两句话于段首点题，也可以是一段文字于篇末升华；既可以画龙点睛、深化主题，又可以激扬文采、锦上添花。

当然，我们自己不大容易创造名言警句，但我们可以借用名言警句，这离不开日常辛苦的积累。当我们一旦受益，尝到了甜头，自然能增进我们积累的欲望，并由此形成"积累—运用"的良性循环，到时候提高的不仅是我们作文的质量，还有因为文学的沉淀而升华的个人素养。

我们来欣赏一下2022新高考Ⅰ卷作文《人生如棋，一场坚持一生的棋》中的表达：

麦凯恩说过："当你在旋转时，世界很大；而当你勇往直前时，世界很小。"在困难的巍巍高山前，要有"踏破铁鞋"的决心和"不破楼兰终不还"的傲骨，方可去领略"黄尘清水三山下，变更千年如走马"的美景。"淡泊以明志，宁静以致远"曾是诸葛亮的声音，也是我国国家最高科技奖获得者于敏先生信奉的名言。先生曾说："作为一个国内科学家，就要不为利益所诱，不为外物所移，始终保持严谨的科学精神，终做一生。"踏足研制核武器，沉默三十年，他用自己毕生的精力来走这盘国家之棋。先生一生崇拜文天祥的威武不屈以及"丹心照汗青"，却不是为了"赢得生前身后名"，只愿坚持一生走完这局棋。

多达八处的引用，让文章文辞丰赡、摇曳多姿，既展示了作者的才华，又具有文质兼美的艺术效果，这样的文章又如何不受阅卷老师青睐呢？

把上面整齐句式和引用两种方法相结合，自然能起到更好的表达效果。试看下面2022新高考Ⅰ卷作文的习作片段：

君不见杨振宁，若无在西南联大中焚膏继晷踏实努力之本，又怎能有杨-米尔斯理论破空而出、"十年磨一剑"之妙；君不见南仁东，若无在中科院读博时兀兀穷年深入思考之本，又怎能有世界最大射电望远镜中国天眼窝凶矗立、"巡天遥看一千河"之妙；君不见潘建伟，若无在酒泉实验室里精骛八极执着钻研之本，又怎能有世界首个量子卫星墨子号瀚海发射、"解带围城，守御有余"之妙？

多个略例呈现，本身的例证法起到了加强说理的作用，排比句的呈现方式更进一步地加强了气势。引用在增加文采的同时，也起到了道理论证的强化作用。从内容到形式，都呈现出震撼人心的说服力、表现力。

四、模仿训练有效

在增进语言表现力方面，不能仅仅靠悟性，有效的模范、训练，积极的发现、试验，才是增进文采的可靠方法。比如，有的学生很喜欢林徽因的话："真正的淡定，不是远离车马喧嚣，而是在心中修篱种菊"，可惜多数同学就到此为止了，如果我们再进一步呢？发现了"不是A，而是B"的句式特点后就可以学习仿写，也会发现很多结构类似的名言："生活不只是眼前的苟且，还有诗和远方。""天下就没有偶然，那不过是化了妆的、戴了面具的必然。""人生的价值，并不是用时间，而是用深度去衡量的。"这些独特的表达一旦掌握熟练并运用到写作中，就成了自己作文中"有文采"的表达了。

同样地，我们学习了李白"君不见黄河之水天上来，奔流到海不复回。君不见高堂明镜悲白发，朝如青丝暮成雪"，就可以仿写："君不见20岁的年轻护士坚守抗疫一线，从死神手中夺回一条条垂危的生命；君不见十七八岁的高三女生心系疫区，筹集善款十几万元，为江城武汉捐赠两大卡车农副产品，温暖了战疫的冬天。"这些句式绝大多数人都知道，但很少有人能熟练运用，一旦为你所用，读者也绝不会怪罪你语言表达创新不够，只会为你的灵活运用点赞。

语言创新不易，有效仿写却不可忽视。

语言表现力的提升有很多方法，以上撷取的只是更有操作性、更有实用性的几点，但语言的提升归根结底离不开写作、练笔本身的积累。多借鉴，多练习，多试验，多模仿，在试中学，在学中试，才是提升语言表达技能、增进语言表达素养的根本之道。

开展作文鉴赏活动　　锻炼学生思维品质

"登山则情满于山，观海则意溢于海。"面对美丽的自然和多彩的生活，人们难免会产生丰富而独特的联想和感悟，但并不是每个人都能把这种联想和感悟以合适的方式表达记录下来，反映在学生身上，就是写作能力的高下之分。

语言是思维的物质外衣，同样，学生的写作水平其实是学生的思维品质——思维的广度、深度和灵活性等的物质外显。所以，写作能力的提高说到底是学生思维品质的提升，正所谓"文章是写思想，而不是写语言的"。本文探讨的，就是如何通过丰富而又体现良好可操作性的作文鉴赏活动，锻炼学生思维品质，进而提高学生的写作能力。

一、鉴赏素材注意体现开放性和导向性的结合

开展作文鉴赏活动，首先面临鉴赏素材的选择问题。鉴赏素材的开放性是由生活的丰富性、学生兴趣的广泛性决定的，所以在选择鉴赏素材时，在作品的时代、文体、内容等方面都要体现一定的开放性，而绝不能仅仅囿于"高考满分作文""优秀中学生作文"等。选择面太狭窄，不但不能锻炼学生思维，反而束缚学生的写作思维，其结果甚至与我们的目的背道而驰。

强调素材的开放性并不等于没有了导向性，更不能随意选材，尤其是在当下文学创作繁华但不繁荣，充斥了太多娱乐、消遣性的东西的时代背景下，我们的鉴赏活动要服务于语文课程的内在要求和学生鉴赏、写作能力提高的实际需要。积极向上的价值观、深刻的思想、丰富的文采都应成为我们选材

的重要标准。新课标推荐的课外阅读篇目，历经时间淘洗的文学名著，内容丰富的选修教材，报纸杂志上体现时代性、思辨性的散文，以及同龄人的原创佳作都是上乘之选。

二、鉴赏形式注意体现实效性和灵活性的结合

鉴赏活动要突出实效性，要服务于"注重合作学习，养成相互切磋的习惯，乐于与他人交流自己的阅读鉴赏心得，展示自己的读书成果"和"思路清晰连贯，能围绕中心选取材料，合理安排结构，在表达实践中发展形象思维和逻辑思维，发展创造性思维"的目标，提升学生思维品质，提高写作能力。这一目标的实现可以采取多种灵活的形式。

（一）学生习作的互评互改或互评自改

学生互评前，教师先统览学生的作文，了解作文基本情况，但不写评语不打分，免得干扰学生的判断。然后按照学生的写作水平高中下互相搭配的原则分成若干小组，再随机分发学生作文由学生互评，并提出以下要求：

1.30分钟内每人认真阅读并点评两篇文章。
2.在作文上打上分数，写出评语，提倡旁批，必须总评。
3.总评要指出优点和不足，提出修改建议，最后签名。
4.后15分钟，小组推荐典型问题作文和优秀作文并进行内部讨论。
5.课后由学生自己进一步修改点评过的作文。

这种方法，给予了学生充分参与的空间，学生的积极性被有效地调动起来，学生思维也变得空前活跃，思维的深度、广度和灵活性都得到了有效锻炼。

（二）"同题异构"和"异题同型"的比较鉴赏

学生需要"进一步提高记叙、说明、描写、议论、抒情等基本表达能力"，现在的写作也普遍不限文体，同样一个写作素材，学生可以按照自己擅长的文体写出不同风格的文章，这就是所谓的"同题异构"。通过对题目相同而文体和风格不同的优秀作文的欣赏，使学生能"灵活地写作记叙、议论等不同文体的文章",并逐渐形成自己的写作特点。

所谓"异题同型",主要是指文体相同、风格相近但题目或话题不同的一组文章。尤其是在分文体进行写作训练时,通过对"异题同型"文章的鉴赏学习,可以深入领会同一文体下的不同的写作技巧,从而达到对所选文体的熟练灵活运用。

(三) 举行文学鉴赏沙龙活动或佳作自荐会

《普通高中语文课程标准》(2017年版2020年修订)中的"学习任务群6 思辨性阅读与表达"明确提到:"围绕感兴趣的话题开展讨论和辩论,能理性、有条理地表达自己的观点,平等商讨,有针对性、有风度、有礼貌地进行辩驳。"举行文学鉴赏沙龙活动,先由学生自己从他们的阅读视野中选择中意的文章推荐给大家,利用课上或课下,全班同学自由组合成各种兴趣小组,就推荐的文章自由讨论,互相交流。学生也可以拿出自己得意的作品自荐同学传阅学习,互相借鉴,甚至可以办自己的班刊、校报,向编辑部投稿等。这些活动本身能在更大程度上调动学生写作的积极性和创造性,一起分享集体的智慧,发挥集体的能量,也有利于形成良好的学习氛围,取得理想的效果。

写作鉴赏活动的灵活性可以体现在很多方面,比如形式上的课上和课下相结合,内容上的课内教材和课外读物相结合等。只要有助于增进学生的写作兴趣、锻炼学生的思维品质、提高学生写作水平的形式都可以拿来一试。

三、注意鉴赏课的留白艺术

任何课型,别人介绍的学习方法和解题思路等只是提供给学生作为借鉴,而不能当作金科玉律要求学生照搬,课堂上必须留出时间让学生自主进行感悟、提炼总结才能实现思路和方法的内化。

鉴赏课的留白艺术,首先表现为鉴赏活动课后的几分钟,要留给学生一定的时间反思、升华。学生在与别人的思维碰撞中产生的火花,还要用以点燃自己思维的火焰。当讨论、感悟、质疑过后,学生思想上沉淀下来的东西才是我们真正需要的。

因此,我们反对把鉴赏课搞成一般的"方法移植"式写作技巧课,这与我们锻炼学生思维品质的初衷是不相符的。鉴赏，包括了学习借鉴，但更可贵的是学生在借鉴、继承基础上的独创性思维，力求有个性、有创意地表达，根据个人特长和兴趣自主写作。实践也已证明，单纯把写作技巧和所谓的写作模式强加给学生的写作训练，是一种简单机械的"方法移植"，恰恰束缚了学生的原创性思维能力，是造成当下学生作文内容空洞、感情虚假、华而不实文风的罪魁祸首。

四、作文鉴赏活动课的优点

通过以上探讨我们不难发现，作文鉴赏活动课具备了几个值得注意的特点：

1. 契合了《普通高中语文课程标准》（2017年版2020年修订）中"引导学生学习思辨性阅读和表达，发展实证、推理、批判与发现的能力，增强思维的逻辑性和深刻性，认清事物的本质，辨别是非、善恶、美丑，提高理性思维水平"的基本理念。写作是语文应用的重要体现，作文鉴赏很好地把阅读和写作结合起来，学生在阅读中提高审美，在鉴赏中质疑探究，在沉淀升华中实现了有个性的发展。

2. 鲜明地体现了"自主、合作、探究"的学习方式。作文鉴赏中，不管哪一种灵活的组织形式，无不强调学生学习主体性的积极参与，强调学生的质疑探究，强调学生的合作共享。这一过程本身促进了学生的"自觉"性学习，实现了过程与结果的同步。

3. 有利于培养学生写作兴趣，并抓住了写作教学中提升学生思维品质的关键问题。灵活的组织形式尊重学生的选择，注重学生的参与，当然也有利于学生学习兴趣的调动。当学生的思维真正成了"被点燃的火把"，那熊熊的火光不就是学生良好思维品质的提升吗？再加以适当的练笔，学生写作能力的提高就指日可待了。

作文教学这潭碧水深不可测，其上笼罩的氤氲雾气又往往使我们迷失了方向，或许，珍视学生独特的内在体验，提升他们的思维品质，才是破解写作教学谜题的根本之道。

如何帮到写作困难的学生

高中阶段，仍有部分同学在语文写作方面有明显的欠缺，主要表现为心理上不愿甚至害怕写作文，表达上语句欠通顺，内容方面乏善可陈，作文整体水平较差。一般来说，这部分学生的写作困难问题存在已久，但在高中阶段改变这一现状的紧迫性却不同以往。毕竟，高中阶段面临着结束基础教育走向高等教育甚至走向社会的问题，写作上的缺陷可能直接影响学生的人际交往和社会生活，另外，学生马上面临的高考是一场选拔性考试，有着 60 分分值的作文对学生能否顺利进入理想的大学将产生直接的影响。

实现对写作困难的学生的有效帮助是一件富有挑战性的工作。遵循基本规律，创新工作方法并坚持下去，这项工作就可能给我们以回馈，给学生以帮助。

一、激发一点写作兴趣

"存在心理障碍的学生，必将影响其学习效果。""动机是直接推进学生学习积极性的内驱动力。"作文亦是如此。写作困难学生多半是一直没有建立起写作兴趣，要想转化他们，得先激发他们的写作动机，激活他们提高作文水平的欲望。

写作动机的激发有多种方式，我坚持"作文的外延和生活的外延相等"的观念，通过丰富的生活内容，引发学生对语文的兴趣，进而引发对作文的兴趣。其中，第二课堂不失为激发兴趣的良好方法，例如，举办文学讲座（校园文学写作、散文写作讲座等），组织书画、美术、篆刻兴趣小组，建立和不断充实学校广播站、记者团，举办假期征文比赛、手抄报比赛等，举办演讲比赛、诗歌朗诵会等。语文教学的一系列丰富多彩的第二课堂活动以及校园文学社团、校园文化艺术节的交流学习等，都能激发起学生的某项兴趣，培养学生对生活的激情、表达的欲望，培养学生学习语文、作文的兴趣。在这一系列的活动中，学生积极参与竞争，在追求中竞争，在竞争中进步，同时促进良好心理品质的形成和竞争素质的提高。

二、允许学生自由表达

厌恶作文的学生当中，不少是从厌恶限制太多的应试作文开始，慢慢地开始厌恶一切作文。而重新培养他们对写作的兴趣，就要从减少限制开始。《现代汉语词典》（第7版）中对"作文"的解释是："写文章（多指学生练习写作）。"可见，作文的本质就是写文章，不拘形式、不拘内容地表达自己的感情。

所谓"自由文"或者"生活化作文"，就是平时鼓励学生想怎么写就怎么写，排除作文的消极心理，鼓励随时记录自己的见闻感受，不拘形式，灵活自由，旨在培养学生细致观察、勤奋写作的良好习惯，不断积累写作素材，建立自己的写作"材料库"，从中体会"我手写我心""我爱怎么写就怎么写"的乐趣。

在进行统一的作文训练时，这部分学生完成作文的时间也由学生自己作主。对基础较差的学生来说，限时定量地完成无形之中给了学生很大的心理压力，显然不适合。若急于求成，写出的文章必然是仓促之作，不但达不到训练的目的，反而由于紧张可能形成畏惧心理，丧失刚刚培养的写作兴趣。因此，完成写作的时间应向学生开放，由学生自主决定，使学生有充足的时间去审题、立意、构思、选材及组织语言，消除紧张心理，在良好的心境下写出令自己满意的文章。

三、爱上阅读，积累素材

"问渠哪得清如许？为有源头活水来""巧妇难为无米之炊"，这都说明了写作的源泉之重要，而素材积累，就是写作的源泉，扩大阅读就是素材积累的有效手段。

从来读写不分家，相应地，写作困难的学生往往也不喜欢阅读，更不喜欢作读书笔记。这就需要从引导学生阅读兴趣入手，比如说，可以从现代化的传媒阅读开始调动学生的阅读兴趣。报纸、杂志、广播、电视等每日不停地为我们传递着各种信息，平时，可以利用各种方式吸收新的信息，以开阔眼界，丰富知识量。书报影视中的信息均是鲜活生动的事例，是取之不尽、用之不竭的极好的作文素材。只要多读多看，素材的积累是自然而然的事，然后逐步引导学生向传统阅读方式转移。可以提供一些浅显易懂并富有趣味性的阅读素材，如《箴言》之类的，再向《读者》《小小说》《小说月刊》《散文》等过渡，等学生对这些读物产生了阅读兴趣，素材积累和写作水平的提高就是水到渠成的事情了。

这一过程，最要紧的是先让他们读起来，不要急着让学生作笔记，否则好不容易培养起来的一点阅读兴趣又会消磨殆尽。

四、教师导写，逐步升华

前期所做的各项工作，都是建立在学生写作的基本素养提高基础上的。但把这种基本的写作素养转化为实际的写作水平，还离不开教师的写作指导。

题目一出，不导则写，对多数学生来说是苦差事。因此，导写是作文教学的重要一环，不可等闲视之。

所谓导写，就是启发引导学生认识生活、分析生活、表现生活。"导"，就是要解决写什么和怎样写的问题。文思喷涌的关键是开掘题材，如何选材是导写的第一步。一般来说，好题材具有"新"和"奇"的特点，但对于写作困难的学生就要降低要求，引导他们从平凡朴素的生活中发现可写的、有意味的内容，先写起来，然后向"新奇"过渡。教师也可以范写，写写下水文,"授之以渔",引导学生悟出新奇的题材。

写作要以"感受"为基础,但又不能拘泥于感受,而要从感受展开想象,"想象"也必须以"思考"为本,思考要多问几个为什么,要一层层深入,这样才不会"无米"生炊。例如,根据材料"深秋,黄叶纷纷从枝头上落下来。有位哲人看到了说:'落叶并非陨落,是凯旋!'"写一篇文章,很多学生只看到"深秋,黄叶纷纷从枝头上落下来"而写怀秋,这就需要教师引导学生抓住关键句"落叶并非陨落,是凯旋",从赞美落叶的角度去写。

教师的"导"要体现思想的深度,要有明确的写作指向。写记叙文就是把事情说清楚,把细节挖掘出来,再融入自己的想法;议论文熟悉"是什么""为什么""怎么办"的基本步骤,语言表达先不要要求太高,能把道理说清楚、讲明白、有层次就很好了。训练多了,学生就能从中悟出写作的规律。

"导写"还要引导学生善于借鉴。每次作文课后有必要宣讲几篇佳作,给学生提供借鉴,让学生形成立体感,唤醒写作欲。

五、改进评价,及时褒奖

教师一句不经意的话会在学生心中产生极大的效应,这就是心理学上的"瀑布心理效应"。所以,采取灵活多样的评价体系,打破作文学困生害怕失败的局面,有利于学生体验成功的感觉,强化写作的兴趣,引导学生有个性地写作。

叶圣陶先生说:"学生作文教师改,跟教师命题学生作一样,学生都处于被动地位,能不能把古来的传统变一变,让学生处于主动地位呢?"秉承叶老的教导,笔者从作文教学的实际出发,找到的答案是让学生评改,把作文的评改权交还学生;教师指导学生积极发挥在作文评改中的主体作用,让学生直接参与评改,在发现别人写作优点的同时,也能明白自己的不足,体味写作和评改的双重乐趣,并从中体会"文章不厌百回改""精自改中来"的真味。

让学生互评互改,批改的人有新鲜感、有兴趣。每次自己的作文换人评,看不同的人对自己的批语，当然也有新鲜感、有积极性。每次互评互改，都要求批改者要尊重他人的劳动，以鼓励为主，批改时要有眉批、有评语，并在最后署上批改者姓名，改好后交给对方。对方也可就批改意见发表不同的看法，两人可以一起探讨。必要时还可写一篇"作文后记"，主要是谈谈自己的写作意图和对批改的感受。大部分学生对同学写的批语的关注程度，远远超过以前"师改"的批语，这使同学之间研究学习的风气更浓了。

正如其他学困生的转化工作一样，写作困难的学生的转化也离不开"反复抓""抓反复"的过程，离不开以表扬鼓励为主的正强化。"阅读是写作之父，写作是写作之母"，正如作家麦家所说，教师还要在前面工作的基础上培养起学生阅读和写作的习惯，当好习惯发挥了应有的能量，写作困难的问题才会得到真正的解决。

对于写作困难的学生，采取科学的逐步推进的方法，结合先进的心理学理论，培养他们阅读习作的习惯，最大限度地提高他们的写作水平，高中语文教师依然可以有所作为。

高中作文亟待提高思辨力

"思维的发展与提升"是新课标提出的语文核心素养之一，而发展和提升思维，最核心的当属思辨力的发展与提升。

思辨力，即思考、辨析能力，是"基于合理的标准对于事物进行分析和判断的能力"。提升思辨力具有现实必要性。

世界经济论坛2021年发布了《工作的未来：2021报告》，列出未来五年最重要的十五种技能，第一是分析和创新，第二是主动学习和学习策略，第三是复杂问题解决，第四是思辨能力，并且前三种能力很大程度上需要思辨力的运用。另外，现实生活中，网络文化直接影响着人们的表达，无声的"点赞"取代了有声的赞美，轻松的"转发"取代了实质的评价，在这个万物简化的时代，我们的思考也变得浅狭而凌乱。

于是，我们作文也鲜见真实而有深度的思考，或就事论事、泛泛而谈，或无病呻吟、故作高深，甚至思想混乱、表达不清者大有人在。

近些年的高考作文命题也体现了这一问题，试图通过命题改革来引导培养学生的思辨力，具体表现为思辨型、关系型作文大量涌现。单就新高考Ⅰ卷作文命题来看，从2020年的"疫情中的距离与联系"，到2021年引用毛泽东《体育之研究》的论述讨论"强弱之变"，再到2022年借"本手、妙手、俗手"的关系展开论述，无一不在强调思辨能力的发展。

20世纪最著名的英国哲学家吉尔伯特·赖尔在其著作《心的概念》中区分了人类思维中最底层的两种知识——"知道是什么的知识"与"知道如何的知识"。而思辨力的发展显然并不是背诵某些命题或公式就可以掌握的，而是需要了解思维提升的方法，并在此基础上通过运用与练习逐渐改进自身的思维模式。

一、从丰富概念内涵开始

关系型、思辨型作文写作的最大问题就是容易走向机械简单的辩证分析，例如，如果需要分析 A 和 B 的关系，就先强调 A 的重要性，再强调一下 B 的重要性，进而指出二者相辅相成、矛盾统一，最后首尾照应一下，一篇文章就结束了。这固然没有错误，但不深入不具体的分析本身容易造成"隔靴搔痒"之嫌，看似面面俱到，实则言不由衷。所以，解决这类问题首要的也是核心的，就是丰富关键概念的内涵，进而深入解读。

比如 2021 年新高考 I 卷"强弱之变"的论题，可以首先就强和弱作出丰富解读：所谓弱者，即弱小者，一点刚刚冒起的新芽，一只刚刚孵化出的鸡雏，一个经济疲败、国防力量落后的国家……都是弱者，但最可怜的弱者当是精神上的弱者；所谓强者，即强大者，一棵蓊蓊郁郁的参天大树，一头强健有力的壮年雄狮，一个经济繁荣、国防科技高度现代化的国家……都是强者，但真正的强者绝不止步于此；暂时的强、弱，往往取决于历史、基因和先天因素，但强弱绝不是一个永久的状态。

比如"变与不变"的论题，可以是"别人变自己不变"，也可以是"外在变内心不变"，还可以是"环境变但初心不变"，甚至是"时代变，责任不变""世界变，对传统文化的坚守不变"，赋予"变"和"不变"丰富的内涵，进而选择合适的点铺展开来，才能具体而深刻。

又比如"张与弛"的关系方面，"张"可以理解为积极进取、奋发有为的工作态度，也可以理解为勇敢改变、不断创新的人生境界；"弛"可以理解为调节放松、享受生活的态度，也可以理解为恬淡豁达、笑看风云的境界。这样多角度多侧面地对核心概念给予丰富的解读，在此基础上引发深入辩证的思考，才能摆脱简单机械的思辨逻辑。

而对于一些看似宏大的论题，比如"超越与回归"，更要善于把概念具体化，可以从身边体验谈"城市建筑风格的超越与回归"，从自身阅读体验谈

"文学创作风格的超越与回归",从时代发展的需要谈"青年人责任的超越与回归",从自我生命感悟谈"超越时代喧嚣与繁华,回归生命的质朴与纯真"等。还要注意的是,对于思辨型的两个概念要放在同一维度上进行思考,比如"超越"是国家层面的超越,"回归"就不宜谈个人人性的回归。

上面解决的是议论文中常见的"是什么"的问题,然后再解决"为什么"和"怎么办"的问题。

二、进行思辨能力拆解训练

思辨能力包括思维的广阔性、独创性、深刻性、辩证性等,这些都可以进行有针对性的训练。

(一)训练思维的广阔性

苏联教育家赞可夫说:"我们要让学生研究某一事物时,既能从一个角度看问题,又在必要时,改变角度看问题,或者同时从几个角度看问题。"这强调的就是思维的发散性、广阔性。

前几年高考曾考过这样一个材料作文,要求结合材料选择一个角度构思作文。

南太平洋的小岛上,有很多绿海龟孵化小龟的沙穴。一天黄昏,一只幼龟探头探脑地爬出来。一只老鹰直冲下来要叼走它。一位好心的游客发现了它,连忙跑过去赶走老鹰,护着小龟爬进大海。可是,意想不到的事情发生了,沙穴里成群的幼龟鱼贯而出——原来,先出来的那只幼龟是个"侦查兵",一旦遇到危险,它便缩回去,现在它安全到达大海,错误的信息使幼龟们争先恐后地爬到毫无遮挡的海滩。好心的游客走了,原先那只在等待时机的老鹰又飞回来了,其他老鹰也跟过来了。

这就是一个训练思维广阔性的典型。结合材料,可以肯定幼龟冲锋在前,可以提醒龟群不要盲从,可以肯定游客的善良之心,也可以批评游客做事想当然。这几个角度的立意本身没有优劣之分，都可以作为中心论点。

（二）训练思维的独创性

"文章最忌随人后"，"见仁见智"既符合社会常态，也值得鼓励赞赏，更是训练思维独创性的好方法。"班门弄斧"究竟好不好？"开卷"一定有益吗？"玩物"一定丧志吗？失败是成功之母，那成功又是成功的什么？这种思维方法，就是一种打破常规的创新思维方法。如果同学们能够运用逆向思维来作文的话，文章就有一定独创性，正如刘熙载所言："正面不写写反面，本面不写写对面、旁面。"不妨反思自己的过往作文，用思辨思维进行重构，可能会有新的启发。

需要特别指出的是，这里旨在强调思维独创性的可贵和可能，但并不能因此否定一般材料作文本身所蕴含的意旨、方向，更不能故意"反弹琵琶"，要避免为创新而创新的狭隘认知。

（三）训练思维的深刻性

爱因斯坦说过："我没有什么特别的才能，不过喜欢寻根刨底追究问题罢了。"一篇作文对问题的认识不能仅仅停留在表面，而要细加分析事物内部的联系，知其然，更知其所以然，从而得出具有深度的结论。

其中一个有效的训练方式是"预设敌方观点法"。当我们提出某个观点时首先考虑反驳者的立场，也就是站在潜在的反驳者的角度考虑问题，想想自己的看法可能会遭到怎样的批驳，进而反思自己的观点是否严密，是否可以更加深入一层，由此逐渐把思想引向深入。

比如讨论"人生起跑线"话题，我们的观点是"人生的过程和终点的意义大于起跑线"，就可以设想到对方会谈"起跑线"上的优势有助于孩子在学业和人生发展中占得先机，那我们就可以先行肯定对方的预设，然后再论述"起跑线"上的优势不等于人生"全程"的优势，更无法决定人生"终点"的高度。这样的论述就显得严密而深入。

（四）训练辩证思维

"金无足赤，人无完人""学而不思则罔，思而不学则殆"，这是用一分为二的观点全面地看问题。《巴尔扎克葬词》结尾处谈到"另一世界"时议论道:"这不是黑夜,而是光明!这不是结束,而是开始!这不是虚无,而是永恒!"还有"一荣俱荣,一损俱损",这是用联系的观点辩证地看问题。"三十年河东,三十年河西。""李杜诗篇万口传,至今已觉不新鲜。江山代有才人出,各领风骚数百年。"这是用发展的观点看问题。偶然和必然,理论和实践,理想和现实,都存在一定的辩证统一关系。辩证地分析需要力避说"过头话",偏执一词,切忌孤立地、静止地、绝对地看待和分析问题。

2021年高考浙江卷的作文:"有人把得与失看成终点,有人把得与失看成起点,有人把得与失看成过程。对此,你有怎样的体验与思考?写一篇文章,谈谈自己的看法。"

网传的当年一篇满分作文《得失之间尽显人生智慧》就列出了三个分论点:有得必有失,有失才有得;得从失中来,有失总有得;得失难两全,取舍须三思。这样辩证地进行分析讨论,层次清楚,条理严谨,颇有说服力。

三、在具体情境中练习提升

从思维训练,到落笔成篇,还有一个文章结构的问题,思想认识转化为文本有没有可借鉴的作文结构类型呢?这里提供三种基本机构,供大家在日常写作中借鉴练习。

第一种是适用于单话题的基本的认识论流程图:问题本质—问题表现—问题的流变与扩大化—问题的意义或影响。

比如:"小确丧"是微小而确定的负能量(本质),它变现为因生活小事无端的沮丧,偶感安全感与幸福感的丧失(表现),如不加以正确的价值观引导,可能扩大为一种群体情绪,甚至会构成一代人的时代情绪(流变与扩大化),危及我们对于生活的基本信心(意义或影响)。

第二种是适用于单话题的作文六步结构:开宗明义,提出论点—详例剖析,叙议结合—略例排比,强化气势—正反对比,凸显中心—辩证分析,立论周全—联系实际,升华主题。

第三种是适用于多话题(关系型)的作文六步结构:引用点题(引用能

增加亮点，接着点出主题）—分别阐释（对涉及的多话题分别阐释其内涵、成因等）—合并讨论（将相关方结合起来，并结合材料内容，论述两者的相对关系、转化关系）—关联实际（联系社会，联系现实，提出建议，本条可以和后一条合并）—提出举措（可以和前一条合并，也可以单独）—回扣强化（回扣作文材料，给出全文结论，强化全文观点）。

这里提供的作文结构不是限制，只是启发和借鉴；不是僵硬的模式，而是可以互相学习、互相补充的框架。写作效能的提升需要作者在思考清楚问题并结合个人写作习惯的基础上不断完善发展。

人的思想变成语言，语言变成行动，行动变成习惯，习惯变成性格，性格变成新的自己。思辨力的发展不仅仅能提高作文水平，更能使个人在辩证思考中获得成长。

写作训练，不妨从生活化作文开始

高中语文的作文教学一直是个难题，具体表现为对课程标准所提出的"表达与交流"的要求不够重视或者理解不到位、不准确。在教学操作方面，随意性强，计划性不足，作文教学效率低下，教师面对众多的作文教学说法无所适从。

从学生作文现实来看，学生普遍不喜欢写作，对母语缺乏亲近感，作文内容虚假、模式僵化、语言不流畅等现象明显。学生的习作潜能没有得到有效激发与释放。

20世纪初，美国的一些心理学家提出了"经验学习"课题。杜威的实验主义教育改革，提倡"生活即教育"，他说："教学应该是一种过程的经历，一种体验，一种感悟。"后来布鲁纳提出认知结构理论，强调学习过程的体验、内在的动机、信息的提取。这些都指出了生活和教育的密切联系，也为生活化作文提供了学理基础。作文是基于生活的再加工，离开了生活之水，作文将无从谈起。

生活化作文，就是通过创设生活化元素，促使写作主体在观察生活、思考生活和体验生活中自主表达思想和抒发情感的作文方式。生活化作文的内容源于对生活的观察省悟，写作手法遵守"我手写我心"的自由表达，它以随笔为主要写作方式，顺应人的言语生命成长规律，以激发写作兴趣、养成良好写作习惯、提高书面表达能力、丰富和发展言语生命、培养健全言语人格为目标。因为有生活，所以内容不离其"真"；因为生活化，所以表达灵动自然，自有其"美"。

　　生活化作文从再现生活开始，但不能满足于单纯地再现生活，也不等同于对生活认识的片面表现，它应该是对生活体验加工和再创造后的呈现，是主客观的统一。如果说生活是作文的"源头活水"，那么体验的丰富性、深刻性和独特性，才决定了"活水"的营养价值。

　　在具体的实施上，生活化作文体现了写作过程的生活化和写作内容的生活化。

　　写作过程的生活化，即以淡化痕迹的方式让写作成为生活的一部分，自然衔接到日常的学生生活中。可以从小任务着手，培养学生记录生活的习惯。让学生准备作文本比发作文纸更有利于学生进行事后整理和写作质量的自我对比。约定每周一篇，在规定基本长度的情况下（任务不要太难）进行自由写作，提倡学生的自主自由写作，远离教师过多的干预，给学生创造积极写作、乐于写作的良好环境，真正实现写作的生活化和自主化，促使学生自由地表达、有个性地表达、有创意地表达，从而在单位时间内尽快培养其写作兴趣，提高写作水平。然后进行每周一次的课上讲评，讲评方式采取教师批改讲评和学生互相评阅相结合的方式，学生自评时提出明确的点评要求，如不少于两条优点和一条改进建议等。同学自评方式也灵活，同桌互评、分组互评均可，讲评重在激励表扬，每次讲评都要分门别类地进行表扬，哪怕一句话的点评，比如"题目新颖，有视觉冲击力"等，都能激起学生感情的波浪，引发他们情感的共鸣，进而促进他们对作文讲评课的期待，也就促进他们积极投入写作，写出自己满意的作品。这样一个生活化过程，在开始阶段（通常前半个学期），对作文字数、质量的要求都不要太高，学习能乐在其中就是最大的成功，然后逐渐提高写作的要求。讲评方式也逐渐过渡到"小组互评""跨班互评"等方式。

　　生活化作文的内容生活化就是不限主题，不限文体，源于生活，自由抒发。引导学生学会观察生活，学会记录生活的点点滴滴，降低了写作要求的同时，更能让学生有话可说。"我手写我心"，才能写出真实的生活、真实的体验。

写作，说到底写的是思想。而思想的深度、广度、逻辑性等的发展除了源于对生活的直接思考体验外，也离不开阅读。阅读是重要的间接生活体验，阅读不仅仅促进学生积累，更重要的是能使学生在读中感、在感中思、在思中进，这一过程就是锻炼学生思维的有效途径，也是培养写作手感的重要手段。有必要开设阅读课，把阅读课纳入正常课表，并采取"固定时间、固定地点、内容自由、摘抄笔记、定期检查"等方式，使学生重视阅读课，并能有结果保证。然后逐渐创设语文阅读研究课，坚持自主选择的原则，通过兴趣激发，以所学的课文为基础，引导学生选择自己感兴趣的作家作品作为研究对象，成立研究小组，共同开题，资源共享，交流增益，并力争期末形成研究论文。

写作之所以离不开练笔，关键在于练笔是一系列思维的深化、系统化并伴有情感激发、灵感涌动的动态生成过程。这一过程的成效决定了作文质量，而成效又取决于学生的认知程度和情感态度。坚持"过程生活化""内容生活化"原则的生活化作文，能最大限度地调动学生的写作积极性，既符合"兴趣是最好的老师"的规律，又充分尊重学生的主体价值和个体差异。

生活化作文的提出，不仅仅是对学生阅读、表达能力的提高，更重要的是对学生情感的激发，能引导学生关注生活、热爱生活，培养的不仅仅是对作文课的兴趣，更有对生活的热情。进而，学生的人格、情操、品位都能得到升华，因为生活化作文在某种程度上是对当下功利性作文的拨乱反正，使我们的作文教学之路重新走上正途，甚至可以说，这是教育的回归。

这样一个过程对学生来说，解决了学生写作素养得不到提高的问题，激发和释放每个学生的写作潜能，使学生的言语生命得以健康成长，写作表达水平得到提高。对教师来说，短期看，开放了学生，束缚了教师——增加了讲评也就增加了工作量，但从长远来看，对老师也是一种解放，解决了教师长期批改作文疲劳不堪、劳而无功的问题，实现写、读、评、改一体化，提高了作文教学效率。围绕生活化作文而形成的新课型与新作业的处理，促使学校对语文作业的常规管理更趋实用、人性化，在学生乐于互评自改的同时，解放了教师、成就了教师。

附：学生佳作

生命，在千钧之下绽放光芒

济钢高中 谷裕

我只在小时候去过一次大明湖。只那一次，我就认为，公园里最好的景点不是碧波荡漾的一池湖水，而是离湖面不远，位于历下亭东边的"乱棘开石"。

说是景点，不过是一堆破破烂烂的石头中间长出了一株奇形怪状的植物，颜色深红，由于被两块磨盘大小的石头夹在一起，因而极细极长极乱，上面的刺根根笔直如同箭镞，令人望而生畏。整体看上去，如同一个被埋入地下的人因不甘沉沦而伸出石缝的手，五指箕张，妄想把巨石分开。

旁人漠视它甚至厌恶它，我却极是敬畏它，它的每一根刺都好像在疯狂地呐喊，还有对光明的渴望。有时我在脑海中回想它的样子，想起的却是猛志固常在的刑天，压在五指山下的悟空，还有孤独伫立在雪域边疆的苏武。

他们与它一样，身心可以被打压，信念却无法被粉碎。不仅没有被身上背负的千钧重担压垮，而且还在重压之下奋起，爆发出令人深深感叹的生命光芒。

沧海横流方显英雄本色，生命的力量是令人惊叹的，而这力量的源泉，正是那从未放弃的信念，是那千锤百炼的人格。明代的东林党事件，杨连和左光斗被打入诏狱，虽受尽折磨而死，却从未放弃自己那"忠君爱民，天下为公"的政治理念。皮肉剥落能奈我何？白骨露体能奈我何？长钉入脑又能奈我何？且看我用鲜血谱成正气长歌！在幽幽牢狱中，左、杨二人临死仍痛骂奸贼不止，并不忘上书皇上以保万民，奸贼恐慌，终将其杀害。英雄惨死，别人徒感悲凉，我却谓之雄壮！他们的奋起虽注定徒劳，但他们的生命之光却于千百年后的今天绽放光彩。

上苍的千斤重担不仅是大浪淘沙，更是点石成金，因为只有当生命遭受重压时，人反而才会清明，才会明白自己心里到底在坚持些什么。如苏武，原本只是一个籍籍无名的郎官，虽然也明白国格不可辱，但恐怕只有在出使后，面对单于，作出抉择的那一刻，心底的信念才被真正激发出来。在雪域徘徊十九年，他早已不是一个普通的官员，其行为真可称为"国士"！而假如苏武没有担负出使重任，恐怕也就碌碌一生，不会被班固载入史书，更不会千百年来为人传颂。

如此看来，生命只有处在千斤重压下，才会发生质的蜕变，如同被雕琢的美玉抖落身上的玉屑，那一刻，目为之眩，神为之夺，生命，终于绽放出最为瑰丽的光辉。正如罗曼·罗兰所说："伟人的伟大固然来自坚强的毅力，同时，也来自所经历的忧患。"

教师点评：大明湖畔一蓬无人瞩目的"乱棘开石"，引发作者的思古幽情，进而升华出"生命，在千钧之下绽放光芒"的醒悟。由物及人，又由人观物，恰当的分析、精妙的点化在合理的结构安排之下便水到渠成了。杨连、左光斗等人的事迹，罗曼·罗兰的名言，更让我们从中一窥作者阅读视野之开阔，这也再次证明了"阅读—写作"的基本练笔规律。

体验，生活化作文的关键

苏辙云："文不可学而能，气可以养而致。"如果养成了浩然之气，则"文不难而自至"了。养气就是生活实践，就是生活体验。尽可能给学生多种形式的生活体验，让生活引领课堂，让体验引领写作。

也正是在体验中，学生的灵感得以顿悟，学生的思维得以拓展和深刻，学生的兴趣爱好也得以培育和发展。如此，才有了生活化作文优质的保证。

但必须指出的是，并不是一切零星琐碎的体验都能进入写作视野，成为写作素材。生活化作文的体验，也并不是一个"随遇而安""自然而然"的过程，需要我们在培养学生体验的丰富性、深刻性和独特性上作引导和点拨。

体验既包括作文写作准备部分对生活本身的体验，还包括写作过程本身的体验，让他们通过丰富的课堂、课下的活动体验写作的多样和乐趣，通过竞赛和鼓励等体验写作成功的收获。这将使得生活化作文进入一个"体验即作文，作文即体验"的良性循环。

一、多方面、多层次对生活的直接体验

对生活的体验，有直接体验和间接体验之分。关于直接体验方面，可以作多方面有益的探索。

（一）立足本校实际，挖掘校园特色

人们常说，熟悉的地方没有风景，但最熟悉的也可能是最陌生的，最

平凡的有时是最深刻的。学校的食堂、宿舍、每日穿梭的小路，这些枯燥的"三点一线"上未必没有动人的风景。水泥路边的一棵小草，每天按时出现在路旁等待学生的野猫，都有可能带给我们独特的感悟。至于学校的历史、文化特色、育人环境等方面，更是有很多我们不曾注意又值得关注的东西，关键是引导学生拥有发现的眼睛和善感的心灵。

生活化作文也并不是不能指定写作范围而随意发挥，适当的限制写作范围，有助于学生体验的深刻性和写作的针对性。"在学校"，学生可以写在校园生活中学会的求知、做事、做人的方法和道理；"启发了我"这个题目，可以写人，如老师、同学、食堂师傅、门卫大叔等，也可以写物，选取校园生活中让自己深受启迪的人或事物，都能突出主题；"相处"可以以校园生活为题材，写师生之间、同学之间的交往，表现自己的成长和感悟；"有你同行"可以选择在成长中某位老师或同学给自己的启迪和帮助；"分享"，可以从成长、学习等角度来取材，也可以以分享成长的快乐、分享学习的经验为切入点，还可以从"送人玫瑰，手留余香""分享"带来双赢的角度写文章。

青春之歌、师生之情、同窗之谊、素质教育、人物写真、课余生活等，只要用心体验，都可以成为很好的写作素材。

（二）掀开社会的一角，领略生活的丰富多彩

作文应该取材于现实生活，平时要把视野投向社会，关注社会的热点问题，如"生存的环境""民族的复兴""世界的和平"等，把社会问题与自己的生活有机地结合起来，写出自己的真情实感。因而，要提高写作水平，还要养成关注社会热点、留心观察和思考生活的习惯。

社会大舞台，作为个体的人体验得往往太少。一个人成长的过程，实际上就是从自然人变为社会人的过程。在这个过程中，我们要不断地与社会交往，与他人交往，在交往中熟悉社会、了解社会，并不断地学习优秀的思想文化，逐步成为一个融入社会的成熟的人。

我们可以引导学生选择感兴趣的一个切入点，走进社会，领略多彩。泉城的水，泉城的街，泉城的故事，泉城的人物，都可以成为体验社会的良好切入点。学习中的挫折和成功、业余生活中的活动与爱好、社会交往中的经

历和感触、思想上的磨炼和成熟，都可以成为学生的体验对象，丰富他们的情感，深刻他们的认识。可以组织学生一起活动，可以引导学生自主探索，也可以以新闻为材料引导学生关注社会焦点。只要真正做起来，肯定会大有收获。

还要注重培养学生的人文关怀，其要旨是对民族、对人的关怀，对人的生存意义、价值的追求和确认。

（三）走向自然，幕天席地中感受自然之美

自然有大美，但现代人更愿意在水泥丛林里矫情梦呓，即便旅游，也往往限于"到此一游"的虚伪陶醉，结果是"丰富了照片，瘦削了情怀"。走出语文小课堂，走向自然大生活，在玩乐中体验，在纵情中感悟，真实的自然会回报我们自然的真实。

（四）珍惜当下，创造精彩

每个人都是一个小宇宙，每个人都有属于自己的故事和精彩，我们更不应该成为自我"在场的缺席者"。珍惜当下，就要提高此刻的生命质量，珍惜当下的独特体验，关注自我最隐秘的需求，并从中感悟对人生世相的理解。只要愿意，每个人都能发掘自我的精彩。

二、间接体验不可忽视

阅读是丰富学生间接体验的重要途径，这里阅读主要还是传统的书籍阅读。书籍里有最高的智慧、最丰富的情怀，借助前人的体验对自己不仅仅是一种丰富，更是一种提高。

阅读当然还是有选择的。作为一种浸润和濡养，经过时间筛选的名著自然是首选，而在时间、精力有限的背景下，为了实现阅读"效益"的最大化，那些文质兼美、富有情感张力和思想的美文应该是当代中学生的上选。可以采取教师推荐和学生互荐相结合的方式。另外，建立文学社团、创立文学刊物、举办文学沙龙等，对于培养学生情趣、增进生活体验都有积极的作用。

英国的文学教育"强调学生表达在阅读文学作品的过程中的个人反应、自我感受，表达自己感到的和想象出的东西。"在实践中，我们要求学生养成良好的阅读习惯，并用心编织"阅读情感袋"。有同学还为自己的"情感袋"起了个性化的名字，比如"心灵有约""体验转盘"等，内容既有个人感受，也有相关链接，既有片段集锦，也有完整故事。同学们形成了习惯，长期积累必受益。

除了常规的书籍阅读外，还可以从流行与时尚中获得间接体验。这是基于学生特点和面对现实的必然选择。影视、音乐和体育是很多学生的爱好，美术、音乐等艺术门类和文学之间也有着千丝万缕的联系，其实这些元素中，也包含丰富的生活体验的信息，完全可以把这些学生喜闻乐见的素材引入作文中。可以定期举行流行元素的讨论会，分享体验，增进知识。而且这种形式往往是学生乐于接受的，也容易产生积极的效果。

三、重视对写作本身的体验

体验不止于为生活化作文作准备阶段的体验，还包括写作本身的体验，即作文体验课。美国教育家第斯多惠说，教师的任务不在于教授知识，而在于对学生进行激励、唤醒和鼓舞。写作教学也不例外。写作教学的目标，重要的是激发孩子写作的兴趣，培养他们写作的习惯。要让写作成为孩子生命活动的一种方式，成为孩子生活的一种享受，要让孩子在写作中感受愉悦、感受成功，也就是要带给学生全新的"作文体验"。我们有必要通过设置课时的方式来引导孩子开展交流、实践项目、组织评价、进行激励等，以丰富多彩的写作实践活动，促进写作技能、情感、态度和价值观的形成。

美国的课程标准制定者向学生建议："作文写完后，如何让其他人分享你的成果；你可以大声朗读给同学听；读作文之前，请同学们仔细听，并让他们预测结局。你还可以把你和其他同学的作文一起装订成班级作文册。"在写作课程目标中，无论是"为自己写作"还是"为不同的读者写作"，都注重记忆、交流、组织等工具的作用，都注重传达社会信息的功能。因此，交流是为文的本质。为此，我们倡导这样的实践：与自己交流，声情并茂地诵读自己的习作，可以配乐或表演；与同学交流，学生自主开展"心灵时空"交流活动，将与自己交流的成果展示出来；与教师交流，在"作文体验课"上，教师诵读或点评学生的文章，也可以通过作文评语来交流思想；与社会交流，让学生通过阅读报刊、观看影视或参与社会生活，及时了解有关时事信息，选择适合的材料并加以评说，比如，学生就学校门前道路的拥挤状况，撰文寄给政府，最后获得了批示，有关部门还对道路进行了修整，学生就感受到写作在沟通交流信息过程中的价值；与家长交流，把自己的习作读给家人听，也可以邀请部分家长到班上来，进行面对面的交流，比如在开展了"体验一日母亲"活动以后，我们让学生给父母写了一封信，孩子的真情实感感染了很多家长，一些家长还给孩子写了回信，这不仅锻炼了写作能力，还增进了亲子之间的情感。

但凡发表过文章的人，都不会忘记处女作问世时的情感体验，因为那是一种收获式的写作体验。一方面我们鼓励学生向正式的刊物投稿，另一方面，我们还建立了许多发表阵地，如出版"星空文学社"的社刊，《晨曦》是月刊，由学生作为编辑主体，学校提供发行支持，《花开的声音》是年刊，由语文组教师负责编审，学校教务处组织印刷，同时作为校本教材对内使用和对外交流。学生的佳作印刷成册，这当然是对学生莫大的鼓舞。

屠格涅夫说过："注意观察周围的一切，不仅要努力从生活的一切现象里抓住生活，而且要努力去了解它——不管怎样，要完全忠实于真实性，不要满足于表面的研究，避免一切印象与虚伪。"这启发我们，丰富生活化作文体验，也要注意面对现实差异，尊重体验的独特性，不能把教师个人的体验强加给学生；体验性活动要有目标指向，体验活动要有目的，更要提出体验的目标层次，建立在目标基础上的体验才可能深刻丰富。

生活化作文教学，抓住了学生学习的基本规律和教育教学的基本规律，充分调动学生学习的兴趣，坚持循序渐进的规律，坚持激励教育，重视学生真实的体验。我们相信，抓住了"牛鼻子"的生活化作文教学，会结出累累硕果。

附：学生佳作

古镇旧事

济钢高中 唐绍诗

我们在大巴上，有心无心地听着导游对前往地的介绍。其实先前早已通过网络和各色旅游杂志对乌镇了如指掌了。故导游讲的，皆是我得到过的知识。

大巴行驶在道路上，因泥泞不平产生轻微的颠簸，两旁是零散的房屋，街上没有往来的行人。远处有山，披戴着薄雾，一副飘然隐世的姿态，宠辱不惊。车窗被雨丝割成不规则的一块块，才和同伴意识到车外已是雨意蒙蒙，真的是受了眷顾呢，这是江南风轻濡湿的季候的代表性天气，竟被我们这帮让太阳的毒辣眷顾了多日的孩子们给赶上了。

穿着凉鞋，为了应景和同伴都把伞收了起来，踏在咯吱响的木板上。渡口，一排木船紧靠在岸边，船夫蓑衣斗笠沐雨而立。我在瞬间中恍惚了，似是一伸手便能触得这古镇百年来的痕迹。渡至彼岸，期间听到船夫轻轻哼唱民谣，淳朴悠扬。

因是古镇，当地人依旧保有许多遥远的不变的生活习惯。于是上岸后没几步便看到一排排的酱菜坛子，尖尖的顶子状如草帽，整饬却不失风韵。紧挨着的是布纺，架子上挂好了风干的布，如飞舞的经幡，虔诚地诉说着这古镇千年不变的信仰。

于是，当年的繁花如锦、人烟阜盛，似在眼前。

街区两旁是若干被清雨洗刷过的釉质的浑厚树叶，脚下踏着的是长远以来以静默的姿态卧着的青石。仿若一片树叶就是一段风韵往事，一块青石便是一场帝国残梦。

多么遥远沉重但却清新静好的记忆啊。乌镇绝非见证者，乌镇即记忆。

同伴关上了一直放着的《江南》，毕竟再应景的歌，放到这里都是徒劳，亦恐惊醒了这场冗长的见证了兴衰往事的梦。

交错的巷陌。两侧是世代生活的人家。当然也不少顶级的私人会所，但终究是有着传统味道的店铺占据大多数。途经一家油纸伞店，打着暖黄色的灯光，恰与油纸伞的颜色相呼应。伞的架构结实，厚重得仿佛承载了穿越时空的记忆。一行六人就挤满了狭小的店铺，皆啧啧称赞爱不释手。热情的老板娘和我们闲谈。但终究都因了对于自己来说昂贵的价格不得不放弃了买下来的欲望，并愧疚地敷衍着行李太多不好带等，逃也似地离开了。只能自我安慰，能得幸看一下便也是好的。沿着尽头深入，路过了一家卖当地有名糕点的铺子，老板是操着绵柔南方口音的中年男人，有着麻利的办事风格，似与那种绵软的说话方式不符。氤氲逼仄的铺子，刚出炉的定胜糕和黑米饭。我们忙着买下来，品着，四周还缠绕着包黑米饭的荷叶所散发的清新味道，以至于第二天早上在酒店吃早饭时，吃着同头一天同样的食物，依旧能够重温昨日的记忆。

转到一段青石小路，竹子林立在两旁，目及之处，皆是浓郁欲滴的绿，静谧阒然之中，唯余鸟叫啼鸣，婉转如歌。拐角的尽头连接着一座桥，我们坐在石栏上，有着心如止水般的平静心绪。十几米远的地方立着一架兀自转动的水车，吱呀呀的转动声清晰可闻。它遗世独立的姿态一如这镇子般千百年来将世情抛弃在外，潇洒地冷眼旁观世态炎凉。一直以来，如鱼饮水，冷暖自知。

最后一抹清朗的天光跌入地平线的时候，渡口处在遥远的地方传来一串汽笛声，隐约记起回去的时候是要坐汽船的，亦错过了跟随大部队回酒店的时间。入夜的乌镇亮起灯，盘绕的河水映着流光，满目的妩媚风姿，披着远山氤氲的隐绰薄雾却仍不失清雅。我们站起来拍拍屁股，既已错过，干脆优哉游哉顺着原路返回。踏着来时走的路，坐上来时渡的船，冥冥中缘分似的，船夫依旧是来时的那位，还哼着一成不变的民谣。一路骊歌，桨移人远。终究走出渡口时，回眼望了迷醉在夜色中的镇子，它静默如一出不会谢幕的哑剧，如梦似幻。

归途依旧认为是完美的——坐着人力车回的酒店。身旁的同伴望着漆黑如绒的夜空，突然道："童年要是在这里度过有多好。脚踏着古老青石，抬眼便是雕梁画栋。"

脚踏着古老青石，抬眼便是雕梁画栋——确是完美的经过。

但总归是属于臆想之中的，属于匆匆过客里的那一分子。于这场千年古梦来说，会不会留下痕迹都无法确定。

现今意识到，以乌镇的远离做旅途的完美断句。立足岁月长河，抛开回忆斑驳。接下来依旧旅途漫长。记忆一路辗转成歌，终成身外之物了。

是夜枕着璀璨如钻的星河，盖着漆黑如绒的天幕，陷入沉睡。做了甜蜜的梦。

教师点评：本文作为一篇游记，运用了大量的手法来描绘一个有着厚重底蕴的古镇，显得清新自然，让人读来有心如止水的感觉。文笔优美，感情细腻，描写真诚，有一种感人的力量。这是作者体验深刻的见证，文章也见证了生活体验的意义和价值。

如何让标题成为作文加分项

研究近些年的高考作文不难发现,"自拟标题""题目自拟"已成为普遍现象。高考作文评分标准指出,没有题目的要被扣 2 分,看似分值并不高,但从作文阅卷的实际情况来看,缺少了题目,其潜在的影响远远不止 2 分,而那些标题大失水准的——文题不对、没有态度、标题错误、过于俗套等,也在一定程度上影响作文的最终得分。"秧好一半谷,题好一半文",题目无疑是考生提升自我作文质量不可忽视的重要组成部分。

有这样一个小故事:一位摄影爱好者拍摄了一幅少女在林中撑着伞的画面,构图、色彩和角度都不错,起名"少女",结果投稿多个杂志社都被退稿,后来一位专业人士建议作者将题目换为"有约",结果作品不但见诸报端,还获得了一等奖。这个故事不仅说明了题目的重要性,还告诉我们一个好的题目的重要标准,那就是"点化主题,丰富意蕴",这也应该是确立作文标题的基本原则。

"点化主题"对于高考作文的题目拟定来说,显得尤其重要。近些年的作文考查以材料作文为主,虽然审题的难度有下降趋势,但审题立意依然是作文的第一要务。高考作文的评分又存在着"时间紧、任务重"的客观问题,这就要求高考作文在标题中就要呈现观点,增进阅卷者"符合题意"的基本认知,避免误判。

试以 2022 年全国新高考 I 卷为例。

阅读下面的材料，根据要求写作。

"本手、妙手、俗手"是围棋的三个术语。本手是指合乎棋理的正规下法，妙手是指出人意料的精妙下法，俗手是指貌似合理，而从全局看通常会受损的下法。对于初学者而言，应该从本手开始，本手的功夫扎实了，棋力才会提高。一些初学者热衷于追求妙手，而忽视更为常用的本手。本手是基础，妙手是创造。一般来说，对本手理解深刻，才可能出现妙手；否则，难免下出俗手，水平也不易提升。

以上材料对我们颇具启示意义。请结合材料写一篇文章，体现你的感悟与思考。

要求：选准角度，确定立意，明确文体，自拟标题；不要套作，不得抄袭；不得泄露个人信息；不少于800字。

一篇作文首先涉及审题的问题。这道题以围棋的术语作为背景材料，但围棋实质上只是个导引，为的是引出围棋背后为人处世的哲理，再考虑作文审题策略是以稳妥为上，因此要从材料中找到最普遍、最主要的道理。由此不难找到关键的词句："对于初学者而言，应该从本手开始，本手的功夫扎实了，棋力才会提高。""本手是基础，妙手是创造。"材料所强调的是"本手"和"妙手"的关系，也就是"基础"和"创造"的关系，强调脚踏实地、根基扎实才能实现成功的创造，或者说，材料提供的核心信息就是"基础的重要性"。相应地，只要围绕"基础的重要性"做文章就符合题意，只要围绕"基础的重要性"拟制题目就是合格标题。

当然，做好这些只能保证题目不会成为减分项，而我们的任务是要努力让题目成为加分项。这就要求题目在"点化主题"的基础上，还要做到"有意蕴""有意思"，让标题为读者提供窥视文章内容的独特视角，让阅卷老师慧眼为之一亮，让标题成为文章内容和读者情感心理之间的美好链接。那么什么样的题目才是"有意蕴""有意思"的呢？试看下面的几个标题，并自行判断标题的优劣高下。

"论下棋""从围棋谈起""下棋规则，即人生规则""从广积厚土开始""论基础的重要性""打好基础方能创新求变""先培本后逐妙""静默沉潜，行稳致远""人生如弈，本固后妙""欲木之茂必固其本，欲流之远必浚其源""基础不牢，何来创新？""本手和妙手，哪个更重要？"

上面的标题无疑都是符合题意的，都可以，但显然是存在高下之别的。"论下棋""从围棋谈起"等于啥也没说，没有观点态度，这样的标题是要不得的；"下棋规则，即人生规则"已经把下棋的哲理和生活的智慧建立了联系，但道理是什么毕竟没有点化出来；"从广积厚土开始""论基础的重要性"等开始明确了基础的重要性；"打好基础方能创新求变""先培本后逐妙"等，把基础的重要性进一步强化、具体化，论点准确，态度明确，已经是很不错的标题了；"静默沉潜，行稳致远""人生如弈，本固后妙""欲木之茂必固其本，欲流之远必浚其源"则更上一层，在内容具体明确的基础上，形式上又基本构成并列结构，具有相当强的视觉和语言冲击力，"欲木之茂必固其本，欲流之远必浚其源"还糅合了比喻的修辞，略显含蓄，别具风味；"基础不牢，何来创新？""本手和妙手，哪个更重要？"则以疑问的方式命制标题，启人深思，引人遐想，也不失为好的标题。

由此，好的"有意蕴""有意思"的题目到底要符合什么样的标准就呼之欲出了，我们可以概括为"观点准确，态度明确，对称增色，疑问添彩，善用手法，准新结合"，即题目首先要符合"观点准确，态度明确的"的基本要求，如果能进一步运用一定的手法，或者对偶句式，或者比喻修辞，或者问句强化等，使标题别具吸引力那就更好了。

那么，这样的标题是否具有普适性呢？是否符合一般意义上好标题的标准呢？结合近些年时评类作文较为流行的基本现实，我们来看几则来自《人民日报》《光明网》等媒体的时评题目：

"守护技术创新的初心""加快落实核酸检测结果全国互认""把防汛重任牢牢扛在肩上"，态度清晰，旗帜鲜明。"逢考必涨是市场，逢考暴涨是宰客""以奋斗成就使命，用实干撑起梦想""坚定道路自信，建设美好西藏"，不仅观点明确，而且对偶句式的出现让题目更加朗朗上口，别具风采。"'一国两制'何以具有强大生命力？""我们对'教科书式老赖'束手无策了吗？"疑问句做题目，或潜藏态度，或让人深思。

在此基础上，我们可以给出材料类作文标题拟制的一般建议：第一步，在认真审题基础上提取材料的"关键词"或"关键事件"，拟题时要靠拢关键词，让人看了标题能联系上材料；第二步，明确表述观点立场，可肯定、否定、中立，但标题要有立场；第三步，修饰语言，优化升格。

跟着媒体学拟标题，是值得同学们关注的方向。在明确态度方面，媒体善于使用"让""是""用（以）""把"等词汇。比如，使用"让"字的，"让榜样之光照亮前路""让'八项规定'激荡崭新气象""别让权力成为亲情之痛"等；使用"是"字的，"法治是化解社会冲突的正途""适合自己，才是最好的职业""灾难从来都不只是'假想敌'"；使用"用（以）"字的，"用制度破解'换马甲'难题""以翰墨书香养浩然之气"等；使用"把"字的，"把文化种子播入精神土壤""别把企业社会责任当口香糖"等。其中不少题目还使用了比喻修辞的手法，值得借鉴学习。而在句式对称方面，内容上正对、反对、顺承都可以，"用心感动，以爱承担""诚以养德，信以修身"是正对，"生于忧患，死于安乐""借鉴历史，开创未来"是反对，"守得云开，方见月明""没有辛苦，何来甜蜜"则是顺承或因果关系，这些都是可以的。

使用一定的修辞手法是优化题目的好办法，除了上面提到的比喻、对偶等手法，引用和化用也是值得关注学习的。

关于引用，可以引用诗词："横看成岭侧成峰"，引用了苏轼《题西林壁》的句子表达"答案是丰富多彩的"的主题；"为伊消得人憔悴"引用柳永《蝶恋花》的句子表达"不懈追求"的主题。可以引用名言警句："救救孩子"借鲁迅《狂人日记》的句子表达了对素质教育的期待；"让暴风雨来得更猛烈些吧"借高尔基《海燕》里的句子表达不屈服命运的拼搏精神。可以引用歌词或歌曲名："怒放的生命""我的未来不是梦""阳光总在风雨后"，朗朗上口，让人耳熟能详、记忆深刻。甚至可以引用广告词，海尔电器广告语"真诚到永远"让人如沐春风，澳柯玛空调"没有最好，只有更好"体现了永恒的追求，李宁品牌"一切皆有可能"则张扬了自信精神，在合适的时候引用也能成为令人惊艳的作文标题。

化用、仿用，则是把大家熟悉的经典加以灵活变通，让读者体味既熟悉又陌生的别样感觉。"命运不相信眼泪"仿电影题目"莫斯科不相信眼泪","疑人要用，用人要疑"则反"疑人不用，用人不疑"而用之，新鲜独特，耐人寻味。

从体量上来看，标题只是作文很小的组成部分，但作为全文的"眼睛"，又有着独特重要的地位，不容小觑。其实，对题目的用心经营，也是对作文本身认真对待的体现，一篇作文整体的质量往往和题目质量也存在正相关关系。让题目成为作文的加分项，是体现作者水准和态度的"试金石"。

教师下水　学生上岸

教师写下水作文实际上是一种实践性的写作活动，它的意义就像题目所说，教师"下水"才能体验水之深浅，才能准确体会写作过程，进而更好地实现对学生的有效指导。

对待下水作文也有误区，有人认为教师布置了作文自己先写一篇做样子，实际上就是逼迫学生就范，让学生模仿教师的文章，这样会熄灭学生思维的火花。姑且不说这是对教师"示范"一词的窄化理解，何况，下水作文也没有人规定一定要先于学生写作。一般来说，教师和学生共同来写，然后一起评论探究可能会更有意义。

前一阵子就和学生一起写了一次下水作文。作文题目是这样要求的：

阅读下面的材料，根据要求写作。

近来，"躺平"一词蹿红社交网络。

越来越多的年轻人深感心累，只想躺平在地，不再鸡血沸腾。有人说，"躺平"意味着颓废、妥协和放弃；有人说，"躺平"其实不过是一种减少自己生活需求的"不消费主义"，清心寡欲回归最基本的生活，无可厚非；有人说，"躺平"只是降低欲望，淡泊名利，放弃了外在的评价，不追求功利化上进，苟且中不见得彻底放弃诗和远方。

在河南大学毕业典礼上，程民生教授致辞时说："可不敢一直躺平，躺得了初一，躺不到十五啊！"

马克思说："一个时代的精神，是青年代表的精神；一个时代的性格，是青春代表的性格。"

宋儒吕祖谦有言,"天下之势不盛则衰,天下之治不进则退。""自安于弱,而终于弱矣;自安于愚,而终于愚矣。"

以上论述有哪些启示意义?请结合材料写一篇文章,体现你的感悟与思考。

要求:选准角度,确定立意;明确文体,自拟标题;不要套作,不抄袭;不得泄露个人信息;不少于800字。

这是一则材料作文,分析材料不难发现,材料内容可以分为两层,第一层陈述"躺平"现象,从不同角度客观全面表达出"躺平"现象背后的种种心态。第二层是引用程民生教授、马克思、宋儒吕祖谦三人的话语,用意很明显,对"躺平"整体持否定态度,引导考生的立意角度。

这次材料作文的审题难度不大,只要围绕"躺平"做文章就基本不会偏题。但还应看到材料第二层的思想倾向明显偏向于"拒绝躺平",如果完全支持"躺平"势必让人产生消极颓废的情绪,存在巨大的审题风险,选择彻底否定"躺平"或许也会忽视弱势者处于困境的诉求,但从"审题求准,立意求稳"基本指导意见出发,这还是值得大多数学生选择的第一考虑。当然,如果能在"拒绝躺平"大方向基础上适当论及"躺平"有意义的方面,做到既不失关怀的温情又能保持理性的冷静,固然立意深刻,但又不是多数学生所能驾驭的。基于这样的考虑,我的下水作文就选择了"拒绝躺平"的立意方向,课堂上和学生一起进入了写作状态。因为自己教着两个班的语文课,就有时间写了下面两篇下水作文。

拒绝"躺平",积极进取

近来,"躺平"一词很是流行,它一般指的是一种面对竞争和压力放弃积极进取,转而采取一种随遇而安、顺其自然的生活态度。此风甚恶,不可不止。

也有人为"躺平"寻找合理化存在的理由,说什么"躺平"只是降低欲望，淡泊名利，放弃了外在的评价，不追求功利化上进，苟且中不见得彻底放弃诗和远方。这充其量只是一厢情愿的幻想罢了，"不放弃"尚且未必一定追得上诗和远方，遑论"不见得彻底放弃"呢？积极进取才是面对生活的应然选择，躺平本就与诗和远方无关。

拒绝"躺平"，积极进取，符合生命生活的基本规律。

物竞天择，适者生存，这是自然的法则，也是生命的选择，而积极进取无疑是"适者"的共有属性和最大特征，贵为万物之灵长的人类，更是在不断的积极进取中才收获今天的文明成就。达尔文的进化论尽管不能被所有人接受，但关于自然演化的科学认识，迄今还没有任何一部作品能和《物种起源》的影响相提并论。数万年的人类文明发展史尽管崎岖坎坷，甚至充满了血腥和阶段性的倒退，但对更高文明的不懈追求和面对困境的不断抗争，才是人类发展的第一动力。

拒绝"躺平"，积极进取，也是个人实现自我超越，成为更完美的自己的必然选择。

西方现代心理学家马斯洛提出了著名的需求层次理论，他把人的需求分成五个层次，其中，自我价值实现是人类最高层次的需求，人类在满足了安全、生理等基本需求后，人的生命价值问题是摆在每个人面前的现实而极有意义的必答题。"人非圣贤，孰能无过""知错能改，善莫大焉"，而知错改错的动力不就是不断进取的精神追求吗？宋儒吕祖谦也有警告："自安于弱，而终于弱矣；自安于愚，而终于愚矣。"而摆脱"弱""愚"的最佳方法不还是积极进取吗？现代心理学的研究也告诉我们，每个人都蕴藏着巨大的潜能，每个人的生命都有无尽的可能，而拒绝躺平，积极进取，才能让人成为更美好的自己，实现更大的自我价值。

今天，拒绝"躺平"，积极进取，更是时代的新要求。

就在2021年7月1日，习近平总书记代表党和人民庄严宣告，我们实现了第一个百年奋斗目标。小康社会的到来，让全中国人民有了幸福生活的基本保障。当然新的发展阶段，伴随着更高的社会发展层次的到来，人民对未来美好生活有了更高的期待和要求，竞争的压力渗透进生活的方方面面，此时社会上暂时的不满意和抱怨，也是人们在物质需求方面有了巨大满足进而有了更多的精神追求时的必然现象。而面对竞争和压力，以积极进取之心，呈逆风飞扬之势，才是我们的最佳选择，才是实现社会主义现代化强国这第二个百年奋斗目标的必要保证。马克思说："一个时代的精神，是青年代表的精神；一个时代的性格，是青春代表的性格。"我辈青年有责任以积极进取之姿响应时代的要求。

拒绝"躺平"，积极进取，让生活更美好，让自我更美好，让时代更美好。

和"躺平"说再见　做更好的自己

"躺平"何谓？有人说，躺平就是减少生活需求，清心寡欲，回归最基本的生活；有人说，躺平是放弃了外在评价，不追求功利化上进的一种生活状态。在我看来这都是掩耳盗铃、自欺欺人的美丽谎言，说到底，躺平是拒绝压力、放弃努力的自我妥协，是向生活投降的不可取的人生态度。

和"躺平"说再见，做更好的自己，才应该是青年人的选择。

如何和"躺平"说再见？有首歌唱得好："心中种下远大志向，就算逆风远航也能乘风破浪。"这才是青年人应该的生活态度。种下远大的理想是拒绝"躺平"、做更好自己的第一步，因为理想越远大，动力越持久，面对困难才能逆风远航，披荆斩浪。周恩来誓言"为中华之崛起而读书"的故事我们耳熟能详，这不应该仅仅成为教导别人的谈资，更应该成为我们身体力行的理想。

如何和"躺平"说再见？另一首歌里也有答案："做一只笨鸟，试着飞更高，嘲笑里跌倒，也记得微笑。""笨鸟先飞"不就是一种积极努力、做更好自己的绝佳行动吗？坚强乐观不也是做更好自己的必然选择吗？承认自己是一只笨鸟，不是妄自菲薄，恰恰相反，是自重自省，是睿智聪明；跌倒本也是生活的常态，微笑面对才是重新站起来的法宝。

当然，"躺平"也并非一无是处，人都有七情六欲、喜怒哀乐，面对困难，暂时休整，有利于下次更好地冲锋；面对挫折，暂时躺下来自我疗愈，也是让精神更康健的有效手段。但千万记得河南大学程民生教授的话："可不敢一直躺平，躺得了初一躺不到十五啊。"暂时调整，是"躺"而"不平"，尚可；一"躺"即"平"，一"躺"不起，是为堕落，切忌。

和"躺平"说再见，发展自我，完善自我，做更好的自己，这也是时代对青年人的要求。马克思说："一个时代的精神，是青年代表的精神；一个时代的性格，是青春代表的性格。"革命先驱李大钊也号召青年"以青春之我，创青春之宇宙"。青年人是未来，是希望，是一切发展进步的最大力量，拒绝躺平，强国有我，才应该是当代青年不负时代、不负国家的最好回答。

第一篇下水文的意图很明显，就是努力呈现评述类议论文的一种基本结构。

先看第一段文字："近来，'躺平'一词很是流行，它一般指的是一种面对竞争和压力放弃积极进取，转而采取一种随遇而安、顺其自然的生活态度。"借材料引出话题并迅速呈现观点态度"此风甚恶，不可不止"。其实这也是考场类作文需要特别注意的一点，在"审题立意"特别重要的背景下和高考阅卷时间有限的现实面前，作文开头迅速摆明观点是有益且必要的。接下去第二段承上启下，在对中心论点作适当解说的基础上，引出下文以并列结构呈现的三个分论点："拒绝'躺平'，积极进取，符合生命生活的基本规律""拒绝'躺平'，积极进取，也是个人实现自我超越，成为更完美的自己的必然选择""拒绝'躺平'，积极进取，更是时代的新要求"。并列结构既让文章结构清晰，学生借鉴学习起来也比较容易。

第二篇的下水文则力求较第一篇有所变化。首先在结构上变并列式为递进式，从"是什么""为什么""这么办"三个维度展开，论述重点也从第一篇的"为什么"转移到"怎么办"上来。第二篇下水文还有一个强烈的动机，就是在素材使用方面给学生一个"活用素材"的示范。

很长时间以来，针对学生写作时苦于没有素材的现象，笔者一直引导学生注意素材的活用，通过语言的转换，实现对熟悉素材的"一料多用"。前一阵学校的"每日一歌"播放的是《把未来点亮》和《少年时代》，笔者还和学生分享过歌词，并引导大家学会引用化用歌词，因此在这次写下水作文的时候，有意识地把这两首歌的歌词用到文章中。后来和学生分享文章的时候才发现，两个班的学生居然没有一个人能想到这样的活用，这样一来，学生对笔者一直强调的"一料多用"有了直观而深切的理解，这就是下水作文最直接、最有意义的影响吧。

教师写作下水作文和学生写作一起进行，然后把师生的作文放在一起进行讨论评述，学生自我就会进行对照反思，下水作文的意义就不言而喻了。

命题作文"生命的选择"导写及例文

一、命题原创

作文题目需求如下:

生命的历程就是一条不断选择的过程。"重要的不是现在所处的位置,而是未来所朝的方向",这是励志的选择;"走自己的路,让别人去说吧",告诉我们选择要忠实于自己的心灵;"条条大路通罗马"则显示了选择的洒脱和智慧……其实,不光我们的人生,自然界的一朵花、一只鸟、一粒种子也莫不在遵从自然法则的基础上作着自己的生命的选择。

选择带给你哪些丰富的想象联想呢?请以"生命的选择"为题目写一篇作文。

要求:自定立意,明确文体;不要套作,不得抄袭;不得泄露个人信息;不少于 800 字。

二、命题意图

本题目设计,采取"材料+命题"的形式,符合全国高考作文命题的趋势。题目"生命的选择"给了学生广阔的自由发挥的空间,材料能启发思路、扩散思维,但并不会对学生形成严格的限制,既符合素质教育的要求,也符合"给学生发挥创作的空间"的新时代命题要求。题目本身和学生的生活实际、和飞速发展的社会现实相衔接，使得学生都能有话可说，也利于出精品佳作。文体方面，"明确文体"继续显示了对文体规范的要求，但题目本身没有明显的文体导向，记叙类、议论类、抒情类的文章都适合写，选择的余地较大。这样，有利于展示考生的实际写作水平，更充分地体现了高考的选拔功能。

三、思路点拨

题目"生命的选择"浅显易懂，偏正结构的题目，较容易就能把握住中心词"选择"。"生命"二字与其说是限制，不如说是提示，是一种关乎"生命"的开放的"选择"。

材料可分为两部分，第一部分着重人生的各种选择，可以谈"心灵的选择""选择的智慧"，也可以谈"选择的方向决定人生的高度"，还可以谈其他。省略号后的第二部分，由人生的选择扩大到一切生命的选择，草木之春荣秋枯，鸟雀之春来秋回，自然万物面对自然变化或迎风怒放，或黯然凋零，或搏击长空，或低回放纵，细心品味，其中依然蕴含着丰富的关乎"选择"的启迪。生命的历程就是一条不断选择的过程，放眼当下，着眼生活，当生命于跌宕起伏中延续，每一个个体都绕不开"选择"这个天赋的命题，这些感悟都可以让我们于洞悉心灵之后流泻于笔端，凝铸成丰富多彩的文字。所悟所感，或叙或议，都能成为考生发挥才智、文思的载体。

在具体构思上，可以选择一点，深入开掘。

"生命的选择"可以彰显智慧，可以彰显品性等，不同的选择成就不同的人生，也就成就了不同的生命的意义，可以选择一个突破点深入分析。例如立意为"生命的选择，选择永恒"：楚大夫沉吟泽畔，九死不悔；魏武帝扬鞭东指，壮心不已；陶渊明悠然南山，饮酒采菊……他们选择了永恒——纵然谄媚污蔑蒙蔽视听，也不随其流扬其波，这是执着的选择；纵然马革裹尸魂归关西，也要扬声边塞尽扫狼烟，这是豪壮的选择；纵然一身清苦终日难饱，也愿怡然自乐，躬耕陇亩，这是高雅的选择……在一番番选择中，帝王将相成其盖世伟业，贤士迁客成其千古文章。

在此基础上可以进一步反面说理：物欲横流流尽了血汗，歌舞升平平息了壮志，阿谀逢迎迎合了庸人，追名逐利害苦了百姓！千百年民族精神魂大气磅礴还有谁唱？五千年传统美德源远流长还有谁传？选择永恒，不是要我们抖落千年文明摔碎道德瓷罐；选择永恒，不是让我们漠视生命，麻木不仁。最后以深沉呼吁总结，文章就显得深入厚重，并有现实的积极意义。

可以辩证分析，从容不迫。

很多时候，选择没有对与错，甚至也未必有高与下之别。在"文革"中，一位老音乐家被下放到农村为牲口铡了整整七年的草，等他平反回来，人们惊奇地发现他没有憔悴衰老。他笑道："怎么会老呢？每天铡草我都是按4／4拍铡的。"而另一位音乐家——杰出的女钢琴家顾圣婴，在"文革"初期便自杀了。隐身在音乐的象牙之塔中，当风暴袭来，她心目中神圣美好的东西被践踏时，她选择了用死亡来抗争。一种坦然选择面对艰难苦中作乐，一种选择为维护理想尊严以死抗争。我们固然叹服于老音乐家的坚强与乐观，但顾圣婴的选择也有高贵的生命意义。死亡不是结束，而是生的开始，顾圣婴们的可贵是因为他们没有让自己心灵的美好受到践踏，他们以一种极端的方式，去昭示自己心灵的美好神圣不可亵渎。难道，这种死亡的抗争不值得赞许吗？

当然，故事新编，未为不可。

"分明怨恨曲中论""公主琵琶幽怨多"，昭君出塞的故事流传甚广，学生也比较熟悉。有考生就铺陈昭君出塞的故事，也能成就佳作。作者展开丰富的想象联想，设想当年，和亲的消息传来，身居后宫、孤苦清冷的昭君"想到了宫廷的阴森，想到了和亲的艰险，还想到了异域的清冷、两国永久的安宁""宫廷的猜忌、冷落、倾轧、空虚像阴影死死揪住她的心，让她颤抖；异域的寂寞、无助、排挤、思乡却又像寒流时时侵袭她的心，让她惊骇"，经过痛苦的思考挣扎，她终于作出了自己"生命的选择"，远嫁西域，留给后人无尽的遐思和猜想。

也可以幻想自己化身为荒山上的一棵幼苗，独立矗立，抬眼望不见一位同伴的身影，孤独、寂寞油然而生，心中撕裂的痛只能埋藏在脚边的土地里。但选择坚强，选择沉默，终于有一天枝头挂满了沉甸甸的果实，身边也早已伙伴结群,一棵树的生命的选择给我们上了一节生动的生活课。

四、经典素材

1. 嵇康也许天生一副傲骨,不屈于俗,不慕于官,过着自己的田园隐士的生活。一代名将钟会,慕名往谒,结果被拒门外。钟会在临走时,不忘记恨恨地瞪了两眼。于是嵇康便上了刑台,理由是谋乱。行刑前,执刑官问他还有何话说,他抬起头,看着台下三千太学生稽首向着一个高高在上的人。司马昭也看着嵇康。嵇康知道,以他的名望,只要向司马昭说一句恳求的话,往后则皆大欢喜。他的心在动,心在痛,屈服吗?不,他知道自己并没有错。于是他说了句:"把琴拿来。"他勇于赴死的从容给了历史一个隽永的背景,于是,那后来成为绝响的《广陵散》余音绕耳。

2. 岳飞应募参军,因战功累累不断升职,宋高宗亲手写了"精忠岳飞"四个字,制成旗后赐给他。又召他到寝阁,对他说:"中兴的大事,全部委托给你了。"金人攻打拱州、亳州,刘锜向朝廷告急,宋高宗命令岳飞火速增援,并在赐给岳飞的亲笔信中说:"设施之事,一以委卿,朕不遥度。"岳飞于是调兵遣将,分路出战,自己率领轻装骑兵驻扎在郾城,兵锋锐气十足。

但是,后来高宗和秦桧决定与金议和,向金称臣纳贡。就在岳飞积极准备渡过黄河收复失地的时候,高宗和秦桧却连发十二道金字牌班师诏,命令岳飞退兵。后岳飞被以"莫须有"的罪名毒死于临安风波亭,时年仅39岁。

胸怀"精忠报国"担负中兴大任是岳飞的选择,面对十二道金牌的催逼,听命班师还是岳飞的选择。岳飞的选择决定的不仅有自己的姓名,还有大宋江山的命运,不同时期的岳飞的选择,留给后人无限的感慨唏嘘。

3. 《元史》载,宋元之际,世道纷乱。学者许衡外出,天气炎热,口渴难忍。路边正好有棵梨树,行人都去摘梨止渴。惟许衡不为所动。有人问:"你为何不摘梨呢?"

许衡道:"不是自己的梨,岂能乱摘?"那人笑他迂腐:"世道如此纷乱,管他谁的梨?它已没有主人了。"许衡说:"梨虽无主,但我心有主。"

关键时刻心灵的选择才显示了心灵的纯洁，选择了忠于心灵和原则也就选择了高贵和完美。

4. 有一天，几个侵入维也纳的拿破仑的军官，发现了大名鼎鼎的音乐家贝多芬，就要求贝多芬给他们演奏。贝多芬拒绝了，可是，李希诺夫斯基公爵为了逢迎这些侵略者，竟强迫贝多芬演奏。贝多芬愤怒到了极点，他一脚踢开大门，回到住处，立即把公爵送给他的像摔在地板上，然后留下一封信："公爵，你所以成为公爵，只不过由于你偶然的出身；我所以成为贝多芬，却完全靠我自己。公爵在过去有的是，现在有的是，将来也有的是，而贝多芬却只有一个！"

贝多芬的选择，体现了一名爱国者的个人尊严及民族气节。

五、教师下水作文

生命的选择

窗外风的怒号冲破窗子的缝隙撞击我的耳膜，让人不由心生烦躁。伴随寒风的还有那已经下了两天的冷雨，凄风苦雨里谁还能有什么好心情。

踱步到窗前，我的目光再一次停留在窗外那一排法国梧桐上，不，不是一排，是一棵。

它就是那样特别，一如去年的这个时候。其他的法桐已经普遍换上了黄褐色的秋装，只有它一袭绿衣，在风雨中摇曳，连几片枯叶也难觅得。

我再一次受到感动，我也不得不认真打量起它来，试图弄明白究竟是什么使它作出这样的生命的选择。

它比别的树显得更加挺拔，树干直插苍穹，这几乎使我怀疑它究竟是不是法桐——作为行道树的法桐我一直以为它们只是喜欢旁逸斜出而无法长高。想必，那地下的根系也是比别的树木发达得多吧？大概，它也是懂得只有深深植根于大地才能茁壮生长、脱颖而出的道理吧。

在感动的同时，我想，这也是一棵值得尊敬的树啊。

未来的一段时间，我一直留意着窗外那棵树，它也总是以固有的挺拔和一如既往的绿衣回敬我的瞩目。

毕竟已到了冬天，北风吹起来，又一阵雨过，皑皑白雪便在一夜之间覆盖了人们的眼睛。还没有心思欣赏冬天里的第一场雪，转瞬它已经消融在大地的怀抱里。

又一个下午，我站在窗口探视，目力所及的一瞬，我再一次感到了惊诧——

窗外，红日将落，日晖遍撒，秋风横扫着树叶，萧瑟依旧，而那往日的一袭绿衣早不见了踪影，连几片干枯的叶子也难觅得，很使我怀疑它们是没有经过枯萎的过程而是直接委身于泥土，而旁边的树上，稀疏的叶子依旧做最后的挣扎。

我不得不感到惊诧——它又作出了一次超出我预料的选择。

我难以想象，这种生命的选择是一种怎样的毅然决然。它贮存起一个夏天的能量在寒风中作英勇的抗争，本色不变，固守顽强，当终究抵不过宿命，它们也不愿做风中无法自持的枯叶蝶，而选择以最简单而又最壮烈的方式向世界告别，一夜之间，木叶尽落。

这是一棵让人心生敬畏的大树。

想起了刚刚和学生一起学习过的傅雷。一代著名的翻译家，求学时因反迷信反宗教被学校开除，北伐战争时积极参加示威游行，即便身处国外，也不忘对北洋军阀的猛烈抨击。但多少年后，当"文化大革命"袭来，不堪受辱的他和夫人朱梅馥以两片布条悬窗自尽。

抗争，抗争，当抗争变成徒劳，便毅然选择永诀，这是怎样的一种不屈和英勇。

窗外狂风又在嘶鸣，无数的树叶依旧在枝头瑟缩着。有一种生命，坚定自己的选择，无牵无绊，兀自直面苍穹。

评析：这是笔者的一篇下水文。首先，文章选择了一个独特的切入点——冬日里的一棵法国梧桐树，通过观察这棵树的独特性，进而深入理解其"生命的选择"的不平凡意义。其次，对这棵树的"叶绿""叶陨"的选择作出恰如其分的解读——它贮存起一个夏天的能量在寒风中作英勇的抗争，本色不变，固守顽强，当终究抵不过宿命，它们也不愿做风中无法自持的枯叶蝶，而选择以最简单而又最壮烈的方式向世界告别，一夜之间，"木叶尽落"，这种生命的解读深刻又新颖，让人读之动容。另外，傅雷的事迹信手拈来和点拨深化，也为文章增色。

六、学生例文赏析

生命的选择
济钢高中 安雯

诚然，生命的历程就是选择的过程。中国古代"塞翁失马，焉知非福"蕴含的是面对选无所选的达观，西方"没有卖不出去的豆子"的谚语则揭示了多重选择的灵活与变通。选择的意义不仅如此。

生命的选择彰显智慧。我一直很欣赏跳棋艺术，迂回前进，游击进攻，攻守相助。这是一种哲学。一般的人玩跳棋，尤其是初学者，只是一味地找取四通八达的通道一路向前，以便快速占取对方的阵营，殊不知，退一步，也是一种选择，说不定还能带给你海阔天空，或许倒退是另一种行进的方式，能帮你更快地到达前方。正如卖豆一般，卖不出去豆子可以等，或许再等个几日，豆芽会有更大的价值。多一条道路，多一点选择，多一点变通与灵活，智慧或许会引领你到达另一种成功。

生命的选择体现品性。我一直很欣赏陶潜，淡泊宁静，甘于躬耕，以文取胜，这是一种恬淡的态度。古来学者"学而优则仕"，陶潜跳出了那样的世俗。南山上，一方田，耕出流光品性；一支笔，写下了千秋文章，以一句"采菊东篱下，悠然见南山"而闻名千年。同时代的士人们多在历史的车轮中行销迹灭，他却另辟蹊径，选择了豁达与淡定，也就选择了超脱与安静，既成就了千古美名，又铸就了另一种中国士人的风范。换一种思维，选择另一条路，或许就能迎来"沉舟侧畔千帆过，病树前头万木春"的欣欣向荣。

会卖豆子的犹太民族，在多难与坎坷中成就了自己光辉的历史和精彩的今天。中国古往今来的仁人志士，虎门销烟的林则徐、决不向敌人低头的方志敏、不吃嗟来之食的朱自清，各自以自己独特的生命选择，在中华民族的历史上，谱写下可歌可泣的伟大篇章。

生命的选择，可以是以退为进、欲擒故纵的战略战术，可以是运筹帷幄、决胜千里的高瞻远瞩，可以是条条大路通罗马的智慧与通达。

生命的选择可以是"我自横刀向天笑"的高贵，可以是"我以我血荐轩辕"的纯粹，可以是"为伊消得人憔悴"的执着。

于千万条路前选择，但不要忘了，选择什么，就能成为什么。生命的选择多变，但不可忘记心灵的指引，生命的选择各有各的自由，但不要迷失自己坚守的底线。今天更是一个多元交融的开放的时代，每一个个体生命在享受天赋的自由的同时，更需要谨慎选择。

评析：文章着眼于不同"生命的选择"的不同意义进行解读。文章开门见山，中西两则谚语提示了"生命的选择"的意义。"生命的选择彰显智慧""生命的选择体现品性"，论证有说服力，然后由具体的举例分析，到下一段的排比用例，再到"可以是"引起的两个排比段，层次清晰，递进深入。尾段落脚于现实，呼吁人们"坚守底线""谨慎选择"，使得文章更显厚重，更有现实感。文章语言表达流畅，排比增强气势，引用启人深思。事例和名言名句的引用恰当而及时，也可见作者广博的阅读视野和独立思考的精神品质。

材料作文"人生路上的小门"导写及例文

一、命题再现

作文题目要求如下：

据说，凡是报考印度孟买佛学院的学生，进校的第一堂课就是由该校教授把他们领到该学院正门一侧的一个小门旁，让他们每人进出小门一次。这个门只有1.5米高，0.4米宽，一个成年人要想过去，必须弯腰侧身，不然，就只能碰壁撞头了。进出过这个小门的人几乎无一例外地承认，正是这个独特的行为，使他们顿悟，让他们受益终身。

在人生之路上，常有需要我们弯腰侧身才可以过去的小门。请结合你的思考写一篇文章。

要求：自定立意，自拟标题，明确文体；不要套作，不得抄袭；不得泄露个人信息；不少于800字。

二、思路点拨

人生路上，人们要出入的地方，并不是都有壮观的大门，或者有大门也不是随便可以出入的，尤其是通向成功的路上，几乎所有的门都要弯腰侧身才可以进去。人固然需要刀剑般的锋利，但也需要柳条一样的坚韧，柔中带刚,刚里带柔,方里显圆,圆中显方,面对人生的障碍、成功的入口,要学会变通,学会改变自己。

这则材料的审题难度不大,蕴含的哲理启人深思。人生路上的"小门"可以理解为在人生路上遇到的限制、束缚、困难、坎坷、挫折、屈辱等,在面对它时,人们应该学会"侧身弯腰",即要有策略,学会变通,学会适应,学会改变,学会忍一时之屈。在人生之路上,常需要我们弯腰侧身。

注意避免对材料的理解狭隘、肤浅。有的以门写"门",不能做到化虚为实;有的仅是强调"要有推开门的勇气"而没有写怎样过"小门";还有的把"小门"理解为走向成功的"终南捷径";也有人片面地认为我们应该昂首挺胸走小门,哪怕是头破血流;更有甚者将"小门"错误地理解为"后门"——"后门"走不得。还要区别过小门的大智大勇与低三下四、奴颜婢膝。

三、经典素材

1. 富兰克林年轻时曾去拜访一位德高望重的老前辈。那时他年轻气盛,挺胸抬头迈着大步,一进门,他的头就狠狠地撞在门框上,疼得他一边不停地用手揉搓,一边看着比他的身子矮一大截的门。出来迎接他的前辈看到他这副样子,笑笑说:"很痛吧!可是,这将是你今天访问我的最大收获。一个人要想平安无事地活在世上,就必须时刻记住:该低头时就低头。这也是我要教你的事情。"

2. 《古兰经》上有一个经典故事:有一位大师,几十年来练就一身"移山大法",一天,有人找到大师央求其当众表演一下。大师在一座山的对面坐了一会儿,就起身跑到山的另一面,然后说表演完毕。众人大惑不解,大师道:"这世上根本就没有移山大法,唯一能够移动山的方法就是:山不过来,我就过去。"

3. 他是个农民,但他从小便树立了当作家的理想。为此,他十年如一日地努力着。他坚持每天写作500字,一篇文章完成后,他修改了又修改,然后端端正正誊写好,再满怀希望地寄往远方的报刊社。可是,多年努力,他竟没有只字片言变成铅字,甚至连一封退稿信也没有收到过。29岁那年,他总算收到了第一封退稿信。那是他多年来一直坚持投稿的刊物的总编寄来的，总编写道："看得出，你是一个很努力的青年。我不得不遗憾地告诉你，你的知识面过于狭窄，生活经历也显得相对苍白。但我从你多年来稿中发现，你的钢笔书法越来越出色。"他的名字叫张文举，现在是有名的硬笔书法家，记者们闻讯去采访他，提得最多的问题是："你认为一个人走向成功，最重要的条件是什么？"张文举答："一个人能否成功，理想很重要，勇气很重要，毅力很重要，但更重要的是，人生路上要懂得舍弃，更要懂得转弯。"

4. 鲁迅面对半殖民地半封建的黑暗的中国，改变志向，弃医从文，决心救治国民的精神，终成一代伟人；韩信忍受胯下之辱，才有了日后的叱咤风云；勾践一时俯首称臣，才实现了越国的复兴大业。

5. 鳄鱼为了适应环境的变化，由水生动物变为水陆两栖动物；海龟为了躲避险恶的环境，长出了龟壳；青蛙为了躲避断粮与寒冷的威胁，学会了冬眠；变色龙为了隐藏自己，学会了改变颜色。人类的祖先不断地改变自己：由四肢行走变为直立行走，毛发系统衰退，脑容量变大。

6. 河流自知不可横跃山峰，所以他绕山而走，便能到达大海；小草自知不可俯视大树，所以他落地生根，便能芳草遍天涯；皓月自知不可与红日争辉，所以他深夜铺光，便能清辉朗照……

四、例文赏析

人生的路上，请学会"弯腰"

网传一考生

人生是一条多岔的山路，不尽的崖坎，不尽的艰险，于是便有了坠落深渊的悔恨，迷失方向的悲愁；人生是茫无涯际的海洋，不尽的风浪，不尽的旋涡，于是便有了惊涛骇浪的危险，搁浅沙滩的烦忧。

人生的路上，太多太多的羁绊，太多太多的阻碍，有时，忍耐与低头并不意味着屈服，而是积聚力量准备着下一次的成功。所以，面对人生路上的小门，请学会弯腰。

"忍一时风平浪静，退一步海阔天空。"也许突如其来的暴风雨会使原本心情不佳的你悲哀，但你不需要以在暴雨中伫立的方式来表达你的反抗，为何不撑起一把伞，静待雨季的离去；也许突然降临的寒冬会使衣袖单薄的你寒冷彻骨，但你不需要以整个身躯去撞击冬天的大门来表达你内心的不满，为何不裹上厚重的棉被，笑看春天的到来。

人生有许许多多我们始料不及的事情，真是"欲渡黄河冰塞川，将登太行雪满山"，要不，怎么有"行路难，行路难，多歧路，今安在"的感叹。但是，如果你能够在人生的路上，弯下自己的腰，那你还会咏出"乘风破浪会有时，直挂云帆济沧海"的壮志凌云、万千豪气。

想当年西楚霸王项羽在败于刘邦的手下乌江自刎，为后人留下"至今思项羽，不肯过江东"的哀叹。若是以项羽的才智，天下还有一争，只是他倔强的心不愿承认自己的失败，不愿苟活于人世，只愿成为江边一缕怨魂。

一个同样失去天下的王者，一个沦为阶下囚的男人，越王勾践，忍辱偷生，最终"苦心人，天不负，三千越甲可吞吴"。

弗洛伊德说："人生就像一盘弈棋，一步失误，满盘皆输。"这是人生的可悲之处，但是人生还不如弈棋，不可以重新再来，也不可以悔棋。

那么，在这仅有一次的生命中，我们要怎样做呢？为自己一次次的失败而懊丧吗？我们应该学会弯腰，侧身通过人生的小门。

人生不是风平浪静的大海，你也不是鱼，不要希冀海阔凭鱼跃。

人生不是万里无云的天空，你更不是鸟，不要企盼天高任鸟飞。

人生是严格的老者，不会容忍你的放任不羁。

在人生的路上，请学会"弯腰"。

评析： 文章洋溢着文才和理性的光辉，不愧为一篇优秀的议论性散文。第三段精彩的言论，既让人深悟其哲理，又不禁为其语言的智慧和魅力所折服。文章既有西楚霸王和越王勾践的例子对比作证，又有李白和弗洛伊德的警句为辅，还有丰富的名言警句的引用，这些材料信手拈来，可谓游刃有余，收放自如，使得文章深刻而不僵化，灵动而不放纵。文章是不可多得的优秀作文。

话题作文"等待"导写及例文

一、命题再现

作文题目要求如下:

请以"等待"为话题写一篇文章。

要求:自定立意,比拟标题,明确文体;不要套作,不得抄袭;不得泄露个人信息;不少于800字。

二、思路点拨

"等待"在《现代汉语词典》(第7版)中的解释是:不采取行动,直到所期望的人、事物或情况出现。

在现实生活中,"等待"有多种含义,有时它是一种消极姿态;有时它是一种等待时机、静观其变的冷静姿态。"等待"也是爆发前的蓄势、积累和默默耕耘;"等待"还是一种对世事的洞察、对自己的克制和约束,是一种生存策略。而等待的心情,或是自由的、自信的、乐观的、浪漫的、憧憬的、悠闲的、快乐的、平和的,或是压抑的、犹豫的、悲观的、无聊的、绝望的、焦急的、忧郁的、灰色的。

显然,这篇文章在审题立意上没有太大难度,关键是如何避免千人一面,做到人无我有,抒发自己的个性。

文体上，可以写成议论文，从"等待"某方面的意义出发谈开去，但尽量避免面面俱到。也可以写成叙事类文章，叙述一段有关"等待"的故事，但一定要注意细节描写的恰当运用和文章详略的处理。

三、经典素材

1. 艾金森长得憨头憨脑，经常遭到同学们的嘲笑，老师、父亲都对他评价很低，曾经他也因为找不到工作而整天躲在屋里喝闷酒。在母亲的鼓励下，他懂得了要耐心等待属于他"花开的季节"，终于等到机会，他因饰演"憨豆先生"而深受观众喜爱，迅速走红。

2. 凡·高早年进行绘画创作曾被别人骂成"疯子"，生活的拮据与不幸没有让他停下创作的脚步，他静心等待，等待一个完全属于他的心灵自由地，在那里一幅幅让世界惊叹的画作最终被孕育出来，并流传至今。

3. 烛之武在年轻时并未得到重用，可他并没有因此就放弃自己、不再努力，他在等待。终于在郑国遇到秦晋围攻、有灭国之灾时，他等到了展现才能的机会，在历史上留下了千古佳话。

4. 正是因为等待，楚庄王、齐威王才有了"不飞则已，一飞冲天；不鸣则已，一鸣惊人"的佳话。没有二十多年牢狱中的艰难等待，就没有南非人民的精神领袖曼德拉。

5. "何当共剪西窗烛，却话巴山夜雨时"是亲人的等待，"待到重阳日，还来就菊花"是朋友的等待；"衣带渐宽终不悔，为伊消得人憔悴"是等待希望，"春风又绿江南岸，明月何时照我还"是等待归途；"大鹏一日同风起，扶摇直上九万里"是等待后的爆发，"沉舟侧畔千帆过，病树前头万木春"是等待后的新生。

6. 等待是一种充满希望的心态。种子在泥土中等待，因为它渴望光明；太阳在云层中等待，因为它渴求辉煌；青果在枝头上等待，因为它期盼成熟；我们在今天等待，因为我们向往明天。

四、例文赏析

执着等待　终会花开

济钢高中　王雪菲

南美洲海拔四千米的高原上生长着一种普雅花。它的花期只有两个月，而为了这两个月的绽放，它必须经历一百年的等待。一百年间栉风沐雨，普雅花以叶吸收太阳的光辉，以根吸收土壤的养分，努力蓄势，只为那两个月的绚烂绽放。

对于普雅花而言，等待的时间固然漫长，但正是因为这等待中的坚守与努力，才造就了世间这一绝美的风景。

人生又何尝不是如此？人们渴望功成名就之时、一鸣冲天之日，而这一切的到来，无不需要执着的等待。

等待是一个过程。并不是简单的静止与停滞，在歌舞升平中平息壮志，在庸庸碌碌中蹉跎光阴；而是动态的积势，努力与坚持，为冲天之日汲取养分，将梦想化为信念与动力，不因斗转星移的更替而放弃希望，不因沧海桑田的变化而使信心剥蚀。以乐观积极而平和的心态一直走下去，等待着成功之日的降临。

越王勾践在亡国为奴之后并未消沉沮丧，而是在经历多年卧薪尝胆、努力积势的等待后终于发兵灭吴，一雪前耻；日本少女木藤亚也在身患绝症后坚持努力创作，虽然经历的是生命的痛苦而感受到的却是存在的明朗与快乐，她所著的《一公升眼泪》中所表现出的对于每一个明天的乐观的期许与等待感动了无数人。若不能坚韧地等待，勾践又怎能完成复国大业？若不能乐观地等待，亚也又怎能微笑着面对新一天的第一缕阳光？

正所谓："欲从容而不迫，需厚积以薄发。"为了每一次的薄发，为了从容不迫地面对生活中的挑战，自然就需要我们日复一日年复一年地用心积累，而积累的过程即是我们等待的过程。突然降临的成功与好运并非没有，但若只是为了这难以预测的事件而消极地蹉跎时光，最终亦只能如守株待兔的古人一般，不会有收获。所以我们需要的是积极的努力，将今日执着而用心的等待转化为通向明日成功的阶梯。

　　普雅花若没有一百年间的栉风沐雨、努力积蓄的等待,又怎能有最终令登山者眼前一亮的绚烂?人若没有努力"厚积"的等待,又怎能有最终的一鸣惊人?等待是一个过程,可以无比漫长,亦可以如白驹过隙般短暂,但无论如何,它都是我们生命中不可缺失的历程。

　　所以,请怀着梦想与信念,坚持脚踏实地地努力、执着地等待吧,只为自己人生中绚烂绽放的一刻的到来。

　　评析:本文立意明确,思路清晰,由自然界的现象引出对人生的感悟,首尾呼应,结构完整。举例有一定新意,叙议结合,分析准确到位,感悟丰富而深刻。尤其难得的是辩证分析:"突然降临的成功与好运并非没有,但若只是为了这难以预测的事件而消极地蹉跎时光,最终亦只能如守株待兔的古人一般,不会有收获。"展现出了超越多数同龄人的缜密的思维。语言表达的功夫也很好,是一篇不错的感悟类议论文。

第五辑　PART FIVE

◎ 古诗文教学

古诗文教学呼唤"有效性"研究

古诗文教学历来是中学教学的重头戏,篇目多、分量重、学习难,《普通高中语文课程标准》(2017年版 2020年修订)对古诗文的学习又提出了新的要求,同时,我们的古诗文教学还存在这样那样的问题。新的时代,结合国内外"有效教学"的相关理论对古诗文教学进行重新审视是一件极有现实意义的事。

一、新课标对古诗文教学提出了新要求

2018年1月16日上午,教育部召开新闻发布会,宣布历时四年的普通高中新课程方案和语文学科等学科课程标准修改工作已全部完成,并将于2018年秋季开始执行。2020年6月,《教育部关于印发普通高中课程方案和语文等学科课程标准(2017年版 2020年修订)的通知》(教材〔2020〕3号)对外发布,《普通高中语文课程标准》(2017年版 2020年修订)在千呼万唤中姗姗而来。

高中语文新版课标新增了语文学科核心素养的要求。新课标明确指出:"语文学科核心素养是学生在积极的语言实践活动中积累与构建起来,并在真实的语言运用情境中表现出来的语言能力及其品质;是学生在语文学习中获得的语言知识与语言能力,思维方法与思维品质,情感、态度与价值观的综合体现。"新版课标把语文学科核心素养凝练整合成四个方面:语言建构与运用、思维发展与提升、审美鉴赏与创造、文化传承与理解。基于此,新版课

标突出强调对中国优秀传统文化的继承和发扬,在附录部分把古诗文背诵推荐篇目增加至 72 篇,在课内外读物的建议中,也强调文化经典著作、古代小说、古代剧本等的阅读。语文学科核心素养的提出,为今后的语文教学提出了新的方向,在一定程度上,意味着对古诗文教学的加强。

新课标也提出了一些新的教学建议,比如,通过创设综合性学习情境,开展自主、合作、探究学习,强调探究信息化背景下的教学方式的转变,要求教师通过提高课程的开发与设计能力达到与课程共同发展的目标。无疑,这些也为古诗文教学的"有效性"研究提供了指导性方向。

二、"有效教学"的理论依据和发展现状

有效教学(effective teaching)的理念源于 20 世纪上半叶西方的教学科学化运动,在美国实用主义哲学和行为主义心理学影响下的教学效能核定运动后,有效教学引起了世界各国教育学者的关注。从 20 世纪 90 年代初到现在,国外对有效教学理论的研究和实践开始呈现多元化、多角度的趋势,出现了"百家争鸣"的局面。具体来说,研究主要包括:对有效教学的内涵、原则的研究,对有效教学标准的研究,对有效教学和无效教学表现的研究,对有效教学评价标准的研究等方面。湖南大学姚利民教授曾经在《国外有效教学研究述评》中系统地讲评了国外有效教学的研究文献,他认为自从有效教学理念提出以来,国外的有效教学从理论到实践都进行了广泛的研究。从教学实践的发展历程来看,有效教学主要经历了寻求"教学规模"的有效教学、建构"教学模式"的有效教学和走向"教学设计"的有效教学三个阶段。我们不难发现,国外有效教学的研究最初都没有探索实际的教学,之后的研究则是单单考虑到教学行为对教学效率的影响而缺乏学生角度的分析,但这些都为以后研究的深入打下了基础。

研究高中古诗文教学有效性的文章数量比较有限,如李方明的《文言文课程与教学论》探讨了实践高中文言文有效教学的基本策略,钱梦龙的《文言文教学改革刍议》为探讨古诗文有效教学提供了一些新思路,闫颖的《文言文有效教学》和唐海波的《浅析文言文教学的有效性》两篇文章从有效教

学的基本理论入手，阐释了有效教学的内涵、起源和发展历程，探索文言文有效教学的策略。这些为数不多的研究文言文的文章可以为我们研究高中古诗文有效教学提供参考。综上所述，把有效教学的理念与具体学科教学结合起来是可研究的方向，尤其是高中古诗文教学有效性的研究才刚刚起步，还没有总结出一套系统的理论基础和可行的具体策略，需要我们持之以恒地探索下去。

另外，目前古诗文教学的现状不容乐观。学生整体的课业负担较重构成古诗文教学的外部大环境特征，教学中依然存在片面追求考试成绩的现象，效果有明显窄化倾向；在实际的古诗文教学中，手段单一，效率低下，学生学习兴趣不高，学生主动参与课堂机会少，能动性差；教师的教学"重言轻文"倾向明显，重文言知识传授，轻文化内涵探究。这些问题都值得我们去研究去破解。

所以，以"有效教学"理论指导我们的古诗文教学，是落实新课标要求的需要，更是促进古诗文教学发展的需要，一定程度上还能丰富"有效教学"相关理论，是一件值得研究的有意义的事。

高中古诗文教学现状分析

高中古诗文难度大、分量重的现实决定了古诗文教学有着举足轻重的地位，而古诗文教学的变革、发展无疑要先从弄明白古诗文教学的现状入手。

一、基于课堂观察、经验总结和文献查证的高中古诗文教学现状分析

通过日常观察每周一次的学校层面的集体备课，敏锐地把握古诗文教学的实际情况，结合自己课堂教学实践和相关资料学习，分析古诗文教学现存的问题。

古诗文教学现状既包括高中教学的整体的环境因素，也包括语文古诗文教学本身的基本状态。现状分析着重发现存在的问题，以期在此基础上寻找有效的突破方法。

（一）学生整体的课业负担较重构成古诗文教学的外部大环境特征

高中阶段，从家长到学校到社会，已经形成微妙的共识，那就是竭尽全力提高成绩，争取上一个好大学。虽然在严格的课程设置控制下，学校基本能保证开全课程，但高考科目在教师和学生眼里都有着绝对的统治地位，因此，在一片"课时紧张"的氛围里，大量的作业席卷而来，课上讲、课下练成了高中教学的基本面貌，学生的课业负担不但没有丝毫减轻，在生活竞争

和教育焦虑日渐加剧的背景下倒有"不退反进"的迹象。

课业负担重是高中教学的基本环境特点，也是高中古诗文教学必须正视的外部大环境特征。提高教学有效性因此具有了特别的积极意义和实际价值。

（二）古诗文教学片面追求考试成绩，效果有明显窄化倾向

上面已经提到，片面追求高考升学率，必然引发平时过度重视考试成绩的问题，考试成绩成了评价古诗文教学效果如何的最主要指标，古诗文教学的效果明显被窄化、异化。好的成绩就意味着好的教学效果，至于这一成绩是如何取得的，以及除此之外学生还能有什么收获——人格的养成、文化的积淀等，就少有人关注了。

无论如何，我们不能否认对高考成绩的追求，现今的高考问题依然是我们必须要面对的教育现实，否认高考不客观，但眼里只有高考，对考生确实会有伤害，急功近利就会忽视学生长远的发展，目光短浅就无法审视学生未来的需求。学生、家长、社会都需要高考，但高考不是学习的唯一目标，哪怕在高中阶段，也不应该是这样。

（三）古诗文教学手段单一，效率低下，学生学习兴趣不高

古诗文教学的基本手段还是以教师讲、学生记的简单灌输为主，有的教师有时候会让学生参与进来，主要是翻译字词句等，再好一些的做法，是让学生先讲然后请其他学生补充或评价，但这种方式也只是课堂上临时性的一种调剂手段。传授式的教学方式，短期内，对于解决集体性疑难确实效率不错，但作为教学的常态手段并不合适，剥夺了学生能动参与的机会和欲望，长此以往，学生缺乏学习兴趣，学习效率低下，甚至可能产生厌学情绪。

传统讲授式课堂当然有其可取之处，但实际情况是，我们往往会习惯性地夸大其效果，而忽视了长此以往的危害，短期的"效果好""效率高"会成为蒙蔽我们的假象。因为，一个简单的事实是，没有多少学生能长期背负"任务""责任"而苦学不倦，而这种以讲授为主的课堂恰恰是建立在"学生都认真专注"的幻想基础上的，这就决定了这种有效性是短期内效果明显、

阶段性效果明显，而不是一直效果都良好。

美国国家培训实验室关于平均记忆率的统计表明，在讲授、阅读、视频、表演、分组讨论、实践等学习类型中，讲授方式的记忆效果最差。

不堪重负、没有乐趣的后果，就是效率低下、兴趣降低。短期的高效反倒导致长期的低效甚至无效。

（四）古诗文教学"重言轻文"倾向明显，重文言知识传授，轻文化内涵探究

古诗文是以文言为载体传播传统文化的绝佳素材，但实际教学中有明显的"本末倒置"的问题，那就是教学侧重于文言知识的传授，而缺少对文化内涵的探究。

字词句反复讲，反复学，一遍遍讲，一遍遍练，基础知识不可谓不扎实，但如果让学生自己鉴赏一篇诗文，大多数同学就会茫然无措，无从下手，即便勉力为之，也不过寥寥数语，浅尝辄止。丧失了鉴赏力，鉴赏就成了"无源之水"了。古诗文学习，我们不能迷失在故纸堆里。

不是说文言知识不重要，对依然属于基础教育阶段的高中来说，文言知识的落实依然是重要的学习内容，但是文言知识本身不是文言诗文学习的全部内容。如何通过细节分析人物，如何通过词句体会意境美，如何多角度开掘文本潜藏的文化元素，并借此实现对优秀传统文化的继承发扬，是摆在古诗文教学面前的大课题。

（五）古诗文教学中，学生主动参与课堂机会少，能动性差

教师讲、学生记的方式必然限制了学生主动参与课堂的机会，而积极、投入、专注的主动参与式学习才是有效提高学习效果的重要手段。学生主动参与了学习的过程，才会在头脑中积极主动、全神贯注地对学习对象进行深度的思考和加工，以及构建和体验，达到对知识的内化吸收，并最终转化为自身的素养。课堂学习被动、缺乏能动性是当下古诗文教学效果差的主要因素。

二、基于学生调查问卷的高中古诗文教学现状分析

2019年9月，在和同事研讨的基础上，笔者形成了《高中古诗文教学现状调查问卷》，并选取了当时高二的四个平行班级作为实验班进行了问卷调查。

因为新的高考改革，意味着学生在高二要重新分班，如果在高一上进行实验，学生对于高中古诗文学习状态的理解还不够准确，如果在高一下进行，将面临因分班而无法进行进一步跟踪对比的尴尬。所以在高二上学期进行调查，一年后再进行调查对比才有令人信服的数据。第一次的调查问卷如下。

高中古诗文教学现状调查问卷

同学你好，本问卷主要针对高中古诗文有效教学情况进行调查，请你根据自己的具体情况，如实作答，本次调查不记名，调查内容不涉及任何隐私，结论仅供研究使用。

真诚期待你认真完成这份问卷，你的意见对我们很重要，非常感谢你的配合！

1. 你喜欢古诗文吗？（　　）

A. 非常喜欢

B. 比较喜欢

C. 无所谓

D. 不喜欢

2. 你喜欢古诗文教学课吗？（　　）

A. 非常喜欢

B. 比较喜欢

C. 无所谓

D. 不喜欢

3. 你认为古诗文对你的学习和生活重要吗？（　　）

A. 非常重要

B. 比较重要

C. 无所谓

D. 不重要

4. 相比较于现代文阅读和作文的学习，你投入在古诗文学习方面的时间多吗？（　）

A. 非常多

B. 比较多

C. 一般

D. 不算多

5. 你学过的古诗文你都能理解并背诵吗？（　）

A. 都能理解并背诵

B. 大多能理解并背诵

C. 喜欢的或简单的能做到

D. 基本做不到理解并背诵

6. 你学过的古诗文能在作文等生活中引用吗？（　）

A. 经常能熟练引用

B. 比较经常引用

C. 偶尔能引用

D. 基本做不到

7. 你对现在的古诗文教学方式满意吗？（　）

A. 非常满意

B. 比较满意

C. 无所谓

D. 不满意

8. 在你的学习过程中，教师能经常运用各种不同的教学策略调动学习的积极性、营造良好的教学氛围吗？（　）

A. 教师教学方式多样，学生学习积极性高

B. 教师教学方式比较多样，学生学习积极性较高

C. 教师教学方式不多，学生学习积极性一般

D. 教师教学方式单一，学生学习积极性差

9. 所谓有效教学，即从学生学习结果的角度分析教学的效果，不强调表面过程的快慢，强调知识的掌握内化和能力的构建情况。基于这种理解，你认为现在古诗文教学方式的有效性如何？（　　）

A. 非常有效

B. 比较有效

C. 一般

D. 低效甚至无效

10. 古诗文教学和学习有多种方法和途径，请从下列选项中选出你过去在古诗文学习方面常遇到的四种方法，并按照常用程度自高往低排序（写出序号即可）（　　　　）

A. 老师串讲通讲　B. 老师重点点拨　C. 创设学习情境　D. 课堂兴趣激发

E. 课前充分自学　F. 学生课堂展示　G. 小组合作交流　H. 课后作业、检查反馈

11. 针对以下常见古诗文学习的方法，请选出你理想中最有效的4种方法，并按照你认为的有效性程度自高往低排序（写出序号即可）（　　　　）

A. 老师串讲通讲　B. 老师重点点拨　C. 创设学习情境　D. 课堂兴趣激发

E. 课前充分自学　F. 学生课堂展示　G. 小组合作交流　H. 课后作业、检查反馈

12. 就提高古诗文教学的有效性，你还有哪些合理化建议？

（1）_____

（2）_____

（3）_____

本次调查分发问卷140份，收回有效问卷138份。

问卷从"对古诗文的基本认识""古诗文学习效果""古诗文教学有效性"3个基本层面开展，共设计了12个题目，其中，11个客观题、1个主观题。

1. 对古诗文的基本认识。"古诗文对你的学习和生活重要吗？"，63%的同学认为"非常重要"或"比较重要"，可见大多数学生能认识到古诗文的重要性。

"非常喜欢"或者"比较喜欢"古诗文的占比70%，而"非常喜欢"或者"比较喜欢"古诗文课的比率却下降到61%。可见，大多数学生都喜欢古诗文，但喜欢古诗文课的比例有所下降。这就给我们当下古诗文教学敲响了警钟，让我们反思自己的教学现状。

2. 对古诗文学习效果的认识。关于学习古诗文的时间投入，71%的同学自认为时间投入"一般"或"不算多"，说明学生的时间投入并不理想。

对于学过的古诗文"都能理解并背诵"或者"大多能理解和背诵"的占到65%，这个数据表面看还不错，但背诵作为古诗文学习的基本任务，数据显示的背诵效果不能算理想；而进一步涉及运用层面就更差了，只有40%的能"经常"或者"比较经常"在作文等生活中运用。

3. 对古诗文教学有效性的认识。对现在的古诗文教学"非常满意"或"比较满意"的只占到53%，与此相对应的是，在"老师能经常运用各种不同的教学策略调动学习积极性、营造良好的教学氛围"方面，认为"教师教学方式不多，学生学习积极性一般""教师教学方式单一，学生学习积极性差"的占到48%。基于"有效教学，即从学生学习结果的角度分析教学效果，不强调表面过程的快慢，强调知识的掌握内化和能力的构建情况"的理解，对于古诗文教学的有效性，只有44%的学生认为"非常有效"或"比较有效"。说明学生对当下的古诗文教学的整体状态不太满意，对古诗文教学的有效性满意度不高。

针对当前古诗文学习的常见方法，由学生进行了选择排序，排在前四位的是"老师串讲通讲""课堂兴趣激发""小组合作交流""老师重点点拨"，而相比之下，学生更愿意接受的古诗文课堂学习方式，排在前四位的是"课堂兴趣激发""创设学习情境""小组合作交流""老师重点点拨"，可见，学生并没有否认教师的作用，但同时更期待主动参与课堂。学生更希望古诗文教学寓教于乐，课堂充满趣味，同学们充分动起来，成为课堂的主角，而教师的讲解侧重有针对性地重点点拨。

作为唯一的主观题，旨在倾听学生的建议。根据学生提高古诗文教学有效性的建议，梳理总结出以下5种基本情况：

1. 强调突出背诵。比如"多读多背多写""学习古诗文的吟诵方法，学习古人摇头晃脑的吟诵方式""多听名家的诗歌朗诵""在学之前就要求背熟，有助于体会理解"等。

2.手段更多样，让课堂更有生机。比如"创设教学情境，将学生带入古诗文的氛围""增加课堂趣味性，不要只中规中矩地讲解""可以利用视频、乐曲等多种辅助手段""学生在课堂情景表演，体会诗人情感"等。

3.注重参与实践。比如"举办诗词大会等古诗文活动的比赛""学生自己动手写诗""根据诗词内容，写读诗感悟，情境故事"等。

4.必要的补充和拓展。比如"补充作者的相关故事，增加趣味性""多补充古诗文的写作背景""补充相关诗词，进行拓展延伸""联系现实生活""将诗歌改编为歌曲"等。

5.寻求方法指导。比如"教授一些古诗文的鉴赏方法""分享名人对于古诗的点评"。这些意见无疑对我们今后拟定参考标准、改进教学有效性的措施具有重要的参考意义。

通过以上"基于课堂观察、经验总结和文献查证的高中古诗文教学现状分析"和"基于学生调查问卷的高中古诗文教学现状分析"，我们不难对当下的古诗文教学现状有一个比较清晰的把握。

古诗文教学"有效性"的参考标准是什么

要想进行古诗文"有效教学",首先要拟定一些参考性标准(制定有效教学标准是一个浩瀚工程,非我等可以作为),这就有必要对有效教学的"有效"二字作出科学的界定。而实际上,有效教学的思想虽然中外都有悠久的历史,而作为一种学理概念提出的有效教学,并没有达成一致理解。近些年对于有效教学的研究,其基本特征国内外也有不同的看法。国外学者从一开始着重于教师特征或品质的角度,发展到后来对教师行为的研究,再到对于学生学习行为的研究。而国内学者更侧重于从影响有效教学变量的角度来考虑有效教学的特征,既要考虑过程变量,也要考虑结果变量。

罗森赛因和福斯特综合多年研究,发现以下教学行为与学生的学习成绩之间存在着一致性相关:清晰明了,充满变化和灵活性,以教学和学习任务为中心,热爱学科,充满热情和激励学生,给予学生机会,运用有条理的争论,多种水平的提问或讨论等。

鲍里奇通过研究发现,促成教师有效教学的关键教学行为,包括清晰授课、多样化教学、任务导向、引导学生投入学习的过程、确保学生理解和完成练习的成功率等。

基里亚库的研究认为,有效教学的思想不仅考虑教师的特点,还应该考虑师生之间的课堂教学活动中的互相作用以及由此产生的教学效果,对此他提出影响有效教学的三个主要变量:背景变量、过程变量和结果变量。而最重要的过程变量又包括教师的热情、解释的清晰程度、提问的运用、鼓励与批评的运用、管理与策略、纪律要求、课堂气氛、课的组织、对学生行为反馈的类型、师生的互相作用、学生学习的策略等,而结果变量包括基础知识与技能的增加、学生对学科学习兴趣的增加、对学科学习的自信与自我批评能力的增加、自我管理能力与社会性品质的发展等。

姚利民教授认为,有效教学的基本特征有:正确的目标,充分的准备,科学的组织,清晰明了,充满热情,促进学生学习,以融洽的师生关系为基础,高效利用时间和激励学生。

李森等人认为有效教学最基本的特征包括:多样性、生命性、智慧性、科学性、高效性、和谐性和平衡性。

综合以上种种,我们认为:有效教学既是一种教学形态,也是一种教学思维,是理念和方法的统一;古诗文有效教学的参考性标准,既应该包括核心的教学过程变量,也应该包括学生学习的结果性变量;教学设计要突出教师的主导地位,课堂学习要突出学生的学习主体。

由此我们认为古诗文有效教学的参考性标准可以从以下方面考虑。

一、教师对古诗文有热情,并能激励影响学生

提高古诗文教学的有效性,当然首先要求教师要有相当的古诗文专业素养,尤其重要的是,要有对古诗文的热爱。这一要求看似苛刻,好像我们不能要求每个教师都喜欢古诗文一样,其实不然,正如既然热爱教育是做教师的必要条件,热爱中国传统文化、有对古诗文的热情理应成为对中学语文教师的要求。而且,热情可以传染,是一种巨大的感染力量。点燃学生的学习热情离不开教师的付出和热情。

二、教学目标清晰,并善于把教的目标转化为学的目标

"我总是愿意学习,但我不喜欢被教导。"(丘吉尔)这是普遍的共同的规律,学习是一般人的天性,但教育不是,我们的教育教学应该从教转向学,这是提高有效性的重要手段。教学目标写在备课本上,教师并不能感到可操作性,更不能和教学过程的环节相对应,这样的目标仅仅停留在教

师的大脑里，而学生也浑然不觉，更何况由于表达的歧义，学生也很难明确学习目标，因此无论教师还是学生，都应该明确同一个目标，即学生的学习目标。

三、善于发挥学生主动性，能调动学生已有古诗文的知识储备

主动的学习才是真正的学习，也是最有效率的学习方式，调动了学生的学习主动性，在古诗文教学的过程中，学生已有的知识储备才能被灵活调动，构成新知识的"最近发展区"，促进学习有效提高。当然，如何调动学生的主动性，考验的不仅仅是教育者的智慧，更是一种爱心和耐心的生活体现。管理中，信任是一种巨大的力量，教学中同样也是，给予学生充分的信任，让学生体会到教师对他们的尊重和认可，学生内在的主动性就会觉醒。

四、师生有效对话，教学方式多样

生生对话，师生对话，对话是有效的教学方式，通过对话从平常中发现新奇，从新奇中发现疑惑，从疑惑中走向豁然开朗，教育的效果在其中也就水到渠成了。多样的教学方式可以增进学生参与的积极性：善于设置合适的教育情境，增进学生的情感体验；引导学生质疑，锻炼思维品质；甚至可以在整合单元教学中通过对比教学的方式，引导学生发现别样的洞天。多种方式参与，引导学生在不断地获得新知的体验中增进成就感。而成就感又可以转化为新的学习动力，使学习过程走向良性循环。

五、学生参与面广，课堂气氛融洽，能有效互助，提高不同层次学生的古诗文基础

我们需要特别强调指出的是，我们的有效教学是面向全体学生的有效，使不同古诗文学业基础的学生都能得到有效的发展，只有那些拥有良好基础的学生的有效提高并不是我们追求的目标。一般来说，学生的古诗文基础是

有巨大差异的，这也是增进学生学习普遍有效性的难点所在，而课堂教学的特点又使得很难实施因材施教、分层教学。抓住课堂这个学习提高的核心场域，引导学生广泛地参与其中，让学生之间做到有效互助，就能提高不同层次学生的古诗文基础。

六、学生学习兴趣增加，学习自信心增强

增进学习兴趣，增强学习信心，这既是提高古诗文教学有效性的手段，也是目的，是方法和目的的统一。

七、学生学业水平有明显提高

学生学业成绩是最大的社会现实。实践证明，有了以上几条保证，学生的学业水平理所当然会得到有效提高。

这样的参考性标准，既包括了教师特质（第一条），又包括了教学设计要求（第二条），突出强调优化课堂教学过程变量（第三至第六条），也不忽视从结果变量去考查（第六、七条）。综合起来，我们认为，以上作为古诗文有效教学的参考标准是有说服力的。

创设情境，增进情感体验

——古诗文有效教学策略

语文课程具有工具性与人文性相统一的特质，古诗文教学也应该体现语文课程这一特点，通过创设情境，调动学生的日常经验，引导他们主动体会语言的优美、情感的丰富。

按照建构主义的观点，学习过程是学习者在已有背景的基础上使已有经验与当前环境互动的一个加工过程，它倡导学习发生在真实的情境之中。所以在古诗文教学中，我们可以通过设置生动的场景，为学生带来丰富的情感体验，促进学生更好地理解教材，提高学习的有效性。

一、利用多媒体技术创设情境

多媒体技术在语文的教学应用中一直是有争议的，争议点主要在于借助多媒体的声音、图画构建的具体场景固然具有鲜明生动的形象性，但是否同时消解了学生的主观想象力。这里需要说明的是，多媒体教学是一种辅助手段，它只是一种工具，效果如何主要看如何使用，而不能因为使用不当就否定工具本身的价值。

比如陶渊明的经典作品经常会构筑一派怡然自得、超脱世俗的田园风光。而这种风景对于久居城市的学生来说，并不太容易产生合理的想象，学生也不太好理解田园之乐。而借助于多媒体技术，我们可以和学生一起走进田园风光，体验田园生活，并进而在陶渊明的带领下感受田园之乐带来的情趣。苏轼在有关赤壁的作品中，呈现出了瑰丽神奇、气势奔放且富有变幻的赤壁美景，这种场景也不是每个学生都会有比较真切的体验的，这种情况下多媒体技术同样可以带来良好的感染效果。也可以在《念奴娇·赤壁怀古》学习之前插播《三国演义》的主题曲《滚滚长江东逝水》，烘托教学气氛，让学生提前感受一种悲壮苍凉的氛围。尤其是当学生有限的生活体验不太容易和文学作品中的情景产生共鸣的时候，就是多媒体技术大显身手的时候。我们不能因为多媒体技术可能会带来问题，而无视它在情境创设方面所具有的巨大优势。

二、借助想象和语言描摹创设情境

想象是一种调动已有的经验储备并和当下的文本内容实现对接的巧妙方式，它在人的头脑中创设出来的情境，具有无限的开放性和丰富性。对于相同的文字，因为生活体验的不同，学生也会产生不同的想象，此时通过语言描摹，把各自的想象场景互相分享，那么情景的创设将会变得更加丰富和完整。

在这样一个过程中，教师可以运用优美的语言，预先营造合适的情境，然后引导学生用散文化的语言，把诗文作品中的场景描摹出来，让现场的同学置身于情境之中，而这种情景创设不仅仅适用于景物描写方面，还可以运用于对于价值观的理解方面。

比如在《师说》的教学中，我们可以通过语言描摹，引导学生在自己的心灵屏幕上投射"天地君亲师"的牌子，给学生营造庄重严肃的氛围，当内在的体验情感变得真实丰富，那么作者对作品中"师道之不传也久矣""弟子不必不如师，师不必贤于弟子，闻道有先后，术业有专攻，如是而已"等价值呈现，也就可能有了更深刻的体会。

三、创设情景和诵读相结合

诵读是古诗文教学中的必要手段，诵读也可以和情景创设相结合，通过多种诵读方式，深化情景体验，促进有效理解。

诵读实际上是一种文本对话的有效方式，是实现当下口头语和古文言的书面语有效沟通的途径，也是一种技术性极强的创造性活动。诵读也是一种对作品中的价值观进行思考、接受、认可的过程。诵读的形式可以多样，而通过变换诵读内容、体味语言变化之后的效果反差也能很好地促进理解。例如对于经典篇目《师说》的教学，有些看似简单的句子，通过个别词语的变换，也有助于我们更深刻地理解。"爱其子，择师而教之"，理解起来并没有太大难度，如果我们把这一句中的虚词"而"去掉呢？"爱其子，择师教之"，读起来会有什么不同呢？表面上是缓急的变化，内在是情感的区别。"而"字的加入舒缓了语气，让情感不再急促，背后强调的是为孩子择师得慎重。去掉"而"以后，这种情感就不再强烈，而是变得索然无味，也就无法和下文自身不从师的做法构成强烈的对比。"惑而不从师，其为惑也，终不解矣"句中的虚词"也""矣"，有和没有效果也截然不同，通过对比诵读就可以体会到，虚词加入更能表露作者的无奈与惋惜之情。

说到底，创设情境是为了让古老艰涩难懂的文字更加易于接受和理解。创设情境在降低理解难度的同时还能丰富人的情感体验，进而使人对文本的理解更加深入透彻。创设情境还有很多方法，但归根结底离不开读者现实的生活基础和丰富的想象，二者一旦嫁接，体验愈加丰富，则理解更加透彻。

引导质疑，锻炼思维品质

——古诗文有效教学策略

锻炼思维品质，发展思辨能力，既是语文课程的目标，也是文言文学习的重要目的。《普通高中语文课程标准》（2017年版2020年修订）明确指出，学生的思维发展与提升、审美鉴赏与创造、文化传承与理解，都是以语言的构建和运用为基础，并在学生个体言语经验发展过程中得以实现的。所以在古诗文教学中引导学生质疑，既可以进行语言训练，又可以进行思维训练。

一、教师引导质疑

我们的很多语文课堂就是由一系列的问题支撑的，而教师问、学生答的授课模式，其有效性的前提条件就在于问的价值。质疑实际上是一种合理的反思性的思维，其目的在于引导我们挖掘思维的深度、拓展思维的广度，于常态中发现不平常，于无疑处存疑，教师的引导质疑能激发学生思维的火花。

老人教版必修四传记单元有一篇《苏武传》。苏武守节而不移、坚贞爱国的品质是我们重点学习的对象。为了塑造这一形象，作者还用卫律和李陵等人物作为陪衬进行侧面描写，当然，主要的还是正面描写。苏武回国后依然不求封赏，其高风亮节令人称叹。在深入分析苏武这一人物形象时，有教师就设置了这么一个问题：苏武出使之前，官职不可谓不卑微，但是他为什么能够"威武不能屈，富贵不能淫"，坚持19年对汉朝、对武帝的忠贞如一呢？

按说，如果一个人没有得到朝廷的高度重视的话，在面临如此巨大的挑战的时候，怎么可能超越常理，有如此让现代人无法理解的举动呢？

这的确是一个很有意思的问题，一下子激发了学生的探究兴趣。有学生说，作为传统文化濡养的读书人，有这种举动也在情理之中；还有同学推测，这可能是由苏武的性格决定的。这些虽然能对这一问题作出解释，但终究还不是太令人信服。

终于，通过对信息的收集得到了新的论据：原来汉武帝一向非常爱马，甚至曾经亲自下到马市去挑选良马，他创作的《天马歌》还曾经在宗庙祭祀大典中演唱并引起争议，而他任命苏武为管理马厩的官，实际上体现了汉武帝对苏武的偏爱。有了皇帝对他的偏爱，"留胡节不辱"就可以视作对知遇之恩的报答，当然他也做到了忠君和爱国的高度统一。这样一来，区区一个管理马厩的小官，为了国家而不惜牺牲自己生命的精神就有了更加接地气、更加令人信服的解释，这种解释非但不能有损苏武的高大形象，反倒让我们感受到苏武有血有肉、真实可爱。

《廉颇蔺相如列传》同时塑造了廉颇和蔺相如两个高大的人物形象。仔细研读就会发现，廉颇反复自称为"我"，而蔺相如自称则愿意使用"吾"字。这又是为什么呢？

这同样是一个容易激发学生兴趣的问题。这种有价值的质疑、思考、探究，不仅能让学生在对这一问题的探寻中有新的认知、新的突破，更重要的是，教师一系列有价值的质疑、探究的引导，能激发起学生潜在的对未知探究的欲望，学习将不再是简单的输入与接受的过程，而拥有了不断享受新发现的欢乐，这对于提高文言文教学的有效性无疑具有巨大的推动作用。

有的同学结合自己的理解，给出了非常朴素的解释："我"更加口语化，符合廉颇的武将身份，而"吾"偏书面语，更雅，更符合蔺相如作为文臣的身份。

在此基础上，我们通过对语言学的探究找到了新的解释：按照宋代赵真在《四书笺义》中的解释，古代"我""吾"二字用法有别：言于己则曰"吾"，言于人，则曰"我"。从这一点上来讲，廉颇的"我"，表达的是内心的骄傲情绪，而蔺相如的"吾"则是一种谦虚有礼的表现。这样两者的人物形象有了新的对比，也变得在更加立体丰富。

　　教师的质疑引导，重要的在于培养一种敢于提出有价值问题的勇气，背后其实培养的就是学生的思辨能力，但在开始的时候教师也需要注意，不要急于给出明确的结论。例如高二年级有一篇《长恨歌》，对于它的主题历来有不同的说法，到底是爱情说还是讽喻说，需要深入文本，探究溯源找到合理的依据。有理有据、言之成理就值得鼓励，而结论并不是最重要的。《长恨歌》打破了传统的君王和妃子之间不对等的关系，更多地描写了唐玄宗和杨玉环琴瑟和谐、互相酬唱的场面，难得的是，作者以一种对待普通人的眼光来看待帝王，明白了这一点，我们才能理解作者对笔下的人物是充满了感情、也充满了希望的，因此他对他们的悲剧命运发出深沉的惋惜。长恨，是恨有情人相爱却难相聚，爱得越深，恨得越切。"恨"是全篇的诗眼，前半部分对爱的描写，恰恰是为后半部分作铺垫。理清了前后的关系，更多的学生同意了讽喻说的主题，前边的爱的描写是为后文的批判作铺垫。而这一观点并不是教师强加给学生的，而是学生在不断地整理材料、互相讨论、推倒对方观点的过程中构建起来的，从而学生的探究意识得到有效提升，思辨能力得到增进。

　　随着教师的质疑引导，学生也逐渐释放出敢于质疑的信心。虽然一开始这种质疑并不见得每个问题都有价值，但学生思维品质，尤其是探究、思辨思维的养成，就在潜移默化中形成了。

二、鼓励学生大胆质疑，小心求证

　　无疑，引导学生在无疑处生疑，锻炼他们思维的批判性，是行之有效的方法，所以我们要鼓励学生善于发现问题、提出问题。

　　《雨霖铃》是柳永的代表作，在这一宋词的学习中就有学生提出一个简单而又不普通的问题：作者为什么要写"今宵酒醒何处？"这一问题看似简单，但探究下来背后却有值得思考的深层问题。毕竟这是一种虚写，是对于未来的展望，我们惯常仅仅是从艺术手法的角度来进行分析，但很少思考这背后究竟有何用意。

这是一个连教师也没有预料到的问题，所以可以先让学生自己思考作答，一开始当然是学生各执一词、互不相让，讨论得非常热烈。作者这样写的目的恐怕是表达深沉的离愁别绪，这一点很容易达成统一的意见。我们可否通过对作者知人论世的理解，有一种更真切的解读呢？考虑到柳永在少年时代曾立鸿志读遍天下书，他的思想也带有传统文人光耀门楣、功成名就的普遍心志。只不过由于科举多年不能及第，不得已他才留恋于烟雨红楼之间，纵情于笔墨游戏之中，尤其是当朝皇帝"且去填词"的戏谑基本上封堵住了他科举再上的门路。这样一来，我们对于作品有了更深的理解：这并不是一首普通的离别词，而是交织着对功业未酬、情感失意的深沉痛苦的表达。由此解答了学生的问题，也得以领略到作品深沉厚重之美。

类似的问题还有很多，比如在辛弃疾著名的《永遇乐·京口北固亭怀古》的学习中，就有学生问：为什么辛弃疾的作品中多用典故？尤其是这篇作品的典故又为何多用历代帝王？在《苏武传》的学习中，有学生问：为什么苏武之前"引佩刀自刺"求死，后来却"掘野鼠去草实而食之"以求生？陶渊明《归去来兮辞》中，为什么一而再再而三地反复提出问题："田园将芜，胡不归？"这些问题都极有探索的价值。而学生能提出有价值的问题本身已经说明，我们的古诗文教学的有效性是得到了提高的。

古诗文有效教学中的质疑探究，最开始的力量往往是小而微的，收效慢，教师和学生都普遍存在畏难的心理。而在继承优秀传统文化的今天，我们理应有这种培养学生思辨思维的担当。这种训练不仅仅增强了当篇课文学习的有效性，更大的意义在于培养了学生的思维能力。爱因斯坦也强调："学习知识要善于思考、思考、再思考。"于漪老师也说："学生独立阅读把问号装进脑子里，是思维积极的表现，大大有助于阅读的深入。"学生独立思考的过程就是思维品质提高的过程。

善用对比，发现别有洞天

——古诗文有效教学策略

随着新版普通高中课程标准的颁布，围绕着课堂教学这一中心，新一轮课程改革的一个突出特点，就是项目式任务型的单元教学的加强，就是对单元内的多篇课文进行整合教学，以提升单元整合能力和文本梳理能力，当然单元整合教学也是建立在对单元内单篇课文的学习基础之上的。

研究的古诗文有效教学，更指向教学的效果，而非单位时间内的效率。单元教学的一大优势就是通过对比不同篇目的相同点或不同点，对教学内容进入更深的思考和学习。实践证明，以对比为基本手段的单元整合教学有利于提高教学有效性。

一、对比分析人物

新版统编教材必修下的第一单元的核心任务是"思辨性阅读与表达"，强调思辨思维，培养学生分析、论证、权衡与判断的思维能力。这一单元一共编选了五篇文言课文，文中塑造了个性鲜明的人物形象。为了相对减少学习的难度，我们对《烛之武退秦师》和《鸿门宴》两篇课文中的人物进行典型对比，期待通过有效的对比方式，能够在矛盾冲突中建立起对人物形象更全面、更丰富、更立体的认知。

首先，教师通过事例找出两篇文章中具有一定可比性的人物，比如：

同为诸侯国国君的秦穆公、晋文公与郑文公；

同为郑国大夫的烛之武和佚之狐；

同为谋士的张良与范增；

同为内奸的曹无伤和项伯；

同为主帅的刘邦和项羽；

同为部将的樊哙和项庄。

然后，教师示例通过表格的方式，将对比人物的主要特征进行对比分析。对项羽和刘邦的用人态度进行对比，如对待部将、对待内奸和对待谋士的不同，先提炼原文的句子进而进行概括其不同点。这样一来，对于人物形象特征的认识，就会比较清晰而深刻。

也可以通过对比不同人在战争中的不同谋略来分析其不同特征。对比《烛之武退秦师》和《鸿门宴》中"战争局势""典型人物""表现方式""占据影响""成败原因"等不同的要素，也能更深刻地分析人物的不同特征。

这种对比鉴赏，教师只是起到示范引领的作用，学生自己的活动更加重要，这就需要学生提供自我评价的量规，这对于学生来说也是更高的要求和挑战，可以以小组为单位交流，推荐不同小组的对比表格，利用多媒体的方式展示。比如对人物评价的优秀标准可以是人物性格对比鲜明，能够依据文本分析人物，人物对比鉴赏的角度合理，表达清晰，对人物能形成全面立体的认识等。

二、对比分析语言艺术

新版统编教材必修下的第五单元，有两篇值得对语言进行比较鉴赏的篇目《谏逐客书》和《与妻书》。二者因为写作的时间和对象不同，写作的目的有异，因而呈现出不同的语言风格。可以从修辞特点、句式特点、表达方式的角度对比赏析它们的语言风格。

在活动设计上，可以引导学生找出《谏逐客书》中最有说服力的语段，先朗读赏析，然后分析其句式特点、修辞手法。这样一来，学生就能关注到文中对偶句、排比句和散句的交错运用，体会到正是这些手法，使文章酣畅淋漓、富有气势，具有了无可辩驳的说服人的力量。

同样的，在《与妻书》中，先引导学生找出最能打动人的语段，在朗读赏析的基础上，体会文章句式的灵活多变，以及文中对偶、排比修辞和反问、感叹等句式的运用，正是这些手法的综合运用，让读者深刻地体会到林觉民对于妻子哀婉伤感的情感和正气浩然的爱国之情。

在此基础上可以设计对比的表格，通过对比两篇文章"写信人""收信人""两者关系""写作目的""语言风格"等要素的不同，完成对两篇文章语言艺术的对比赏析。这样，气势浑厚、潇洒奔放、雄辩滔滔的《谏逐客书》和情意缠绵、伤感动人、荡气回肠的《与妻书》的不同风格，就会给学生留下直观深切的印象。

三、对比学习论证方法

新版统编教材必修下的第八单元是四篇论述类的文言文：《谏太宗十思书》《答司马谏议书》《阿房宫赋》和《六国论》。这四篇文言文是学习不同论证方法的绝佳素材。

开始环节可以引导学生回忆上册学到的《劝学》《师说》《孟子三章》中不同的论证方法，找到相应的句子，明晰不同论证方法的特点。比如："骐骥一跃，不能十步；驽马十驾，功在不舍"是比喻论证；"圣人无常师。孔子师郯子、苌弘、师襄、老聃。郯子之徒，其贤不及孔子"是举例论证；"得道者多助，失道者寡助。寡助之至，亲戚畔之，多助之至，天下顺之"是对比论证。

在此基础上引导学生完成对比表格，分别找出四篇文章中的典型例句，分析它们的论证方法和论证目的有何不同，进而体会不同的论证方法所呈现出的不同的论证效果。这里还可以通过对比"去掉运用论证方法的相关文段"来加深对论证效果的认识。

  不得不指出的是，这种对比学习其实是有相当难度的，对部分学生来说有时候也会比较枯燥。可以考虑设计一些趣味性的小活动，让学生承担不同篇目中的某个角色，增加学生主体的参与性，进而能在一定程度上激发兴趣，这也是提高学习有效性的手段。

古诗"四结合"热情教学模式初探

古诗文教学有没有必要创设一种"有效教学"模式，恐怕是有一定争议的，但也不能因为争议而放弃尝试。

古诗和古文一般来说因为教学容量和风格特点不同，并不宜采取一样的教学模式，因此在调研、实践的基础上，我们提出了古诗"四结合"热情教学模式的构想，并在实践中不断发展完善。

那么，"四结合"指的是什么呢？

一、趣味预习和情境导入相结合

古诗的有效教学特别强调激发学生兴趣。已有知识储备的相对不足和古诗学习本身客观上的难度决定了，大多数学生对古诗并没有浓厚的学习兴趣，古诗学习历来是学习的重点，也是教学的难点。我们通过对中外有效教学理念的学习和对学生阶段性特点的充分评估清晰地意识到，增进学生的学习兴趣是提高古诗学习有效性的重要条件之一。

因此，在学生课前预习阶段的设计上，就要降低难度，淡化知识，增进趣味。同样的，在课堂导入环节，教师也要以激发学生兴趣为目的进行情境式导入，为新课程的学习营造良好氛围。

二、学生有效参与与教师有限讲授相结合

学生参与的有效性有四个基本点：参与面广，参与方式多样，主动性参与，有深度地参与。这是评价课堂上学生有效参与情况的四个指标。其中最重要的是因课制宜的多样的参与方式，只有提供多样的参与方式，才可能面向更多的学生展开活动，只有这样，学生才能真正地参与课堂，其参与的主动性和参与的深度才能真正实现。统一授课前学生的自主预习，统一学习后的及时复习，共同学习中的生生互动、合作探究、师生互动等方式，在每一节课中基本都可以呈现。

强调教师的有限讲授是打破过去古诗教学中教师满堂灌方式的必然要求，也是提高古诗教学有效性的必然选择。教师讲得头头是道，学生一片昏昏然，这是要坚决摒弃的，眼里没有学生的课堂绝不可能有效。"不愤不启，不悱不发"，学生自己能学好的不需要讲，学生已经学好的不需要讲，学生互助合作能学好的也不需要讲，不具普遍性的问题不必统一讲。教师只有清楚哪些不需要讲，才能把需要讲的讲清楚、讲透彻。这就是教师有限讲授的内涵。

三、多方式诵读相结合

这里的诵读是广义上的诵读，包括听读、自由朗读、分角色朗读、齐读、背诵等多种形式。多种途径的诵读有利于提高古诗教学的有效性。

书读百遍，其义自见。诵读是古诗学习的必要手段，这已经是广泛的共识。名家示范诵读，或者教师本人声情并茂地诵读，都可以激发学生的兴趣，设置良好的情境体验。自由朗读、分角色朗读，在增进学生学习兴趣的同时，也有助于实现学生个人体验式学习。而背诵，无疑是实现语言文字积累的必要手段。

四、课堂即时训练和课下有限作业相结合

当下教学有一个普遍性的、本末倒置的问题，就是学生作业负担太重，

各科都习惯性地给学生布置大量的课下作业，而又忽视了课堂学习的有效性。

"四结合"热情教学模式提供了高中古诗有效教学的新思路。这种教学模式的最大意义在于一种新的启发，但绝不是对教师课堂的限制。这种模式只是提供一种基本的框架，但并不构成一种僵化的结构。它允许并欢迎教师在这种框架内，尤其是如何让学生有效地参与课堂方面有个人特色的发挥，并给教师提供了充分调动学生主动性的空间，毕竟教师的个人特色也是构成热情教学的有效元素。

基于有效教学之古诗"四结合"热情教学模式的案例设计
——以《雨霖铃》为例

【教学设计理论依据】

古诗有效教学之"四结合"热情教学模式，特别强调教师的热情投入、人格魅力对学生古诗文学习的影响。我们必须正视古诗对大多数学生来说具有难度这一客观现实，而学习热情就是打破这一坚冰的有力武器。因此，古诗有效教学特别强调用教师的热情激发学生的热情，用教师的激励点燃学生的信念，用教师的肯定增强学生的信心。有感情地投入课堂，有感情的师生对话是提高古诗教学有效性的必要手段。

【教材分析及设计步骤】

《雨霖铃》出自人教版高中语文必修四第二单元，上阕细致描摹离别的场景，借助景物渲染离别的悲伤之情；下阕动情想象离别后的生活，将别后的孤独、痛苦表达得淋漓尽致。全词情景交融、虚实结合，堪称抒写离别之情的千古名篇。

为了引导学生品味"伤离别"的情感内蕴，渲染悲伤孤寂的氛围，本设计采用了趣味预习和情境导入相结合、多方式诵读相结合、学生有效参与和教师有限讲授相结合、课堂即时训练和课下有限作业相结合的"四结合"教学模式。这种教学模式不仅有利于学生探寻"伤离别"的情感内蕴，还能培养学生的诵读习惯，提高诵读能力，提升诗词鉴赏水平，从而提升古诗文教学的有效性。

【教学目标】

1.补充柳永的身世之悲和创作之由,引导学生作好课前预习,培养学生"知人论世"的诗词鉴赏能力。

2.通过指导朗诵技巧,多方式诵读相结合,帮助学生掌握诗词朗诵的方法。

3.通过小组合作探究,引导学生了解景中含情、虚实结合的表现手法。

4.引导学生通过反复品味,理解词人真挚深婉的伤离别之情,感受别前、别时、别后逐层加深的离别之伤。

【教学重点】

1.赏析词中意象,体会其中蕴含的离别之伤。

2.能够有感情地朗读乃至背诵。

【教学难点】

探究虚实相生的艺术手法。

【教学方法】

诵读法;探究法;情感体验法。

【课时安排】

一课时。

【教学过程】

一、趣味预习和情境导入相结合

有这样一位词人,凡有井水饮处,就有人唱他的词。秦楼楚馆唱着,宫廷内院唱着,贩夫走卒唱着,文人雅士唱着。他用词创造了一个又一个动人的情感世界,抚慰了一代又一代人孤独的心灵。他,就是柳永。今天,我们就一起走进柳永的《雨霖铃》,品一品词中的情韵,听一听词人的心曲。(课前预习任务即了解柳永生平。)

设计意图:

以柳永词的影响导入,有效建立学生与词人的亲近感,激发诵读兴趣,并以诗意的语言打动学生,营造品词的情感氛围。古诗文的有效教学特别强调激发学生兴趣,增进学生的学习兴趣是提高古诗文学习有效性的重要条件之一。因此,在学生课前预习阶段的设计上,就要降低难度,淡化知识,增进趣味。一般课前预习不涉及纯粹课文知识层面的问题，更侧重引导学生了解作品时代背景、作家的趣闻轶事、风格特点等边缘性问题。同样的，在课堂导入环节，教师也要以激发学生兴趣为目的进行情境式导入，为新课程的学习营造良好氛围。

二、多方式诵读相结合

（一）初读

提出要求：请同学们自由读一读这首词，注意读准字音和断句。

正音：暮霭（ǎi） 凝噎（yē） 那（nǎ）堪

断句：初步指导朗读技巧，让学生依据意义划出停顿。例：对/长亭/晚 杨柳岸/晓风/残月 便/纵有/千种风情

设计意图：

正字音、识断句，这是读好诗词的大前提，也是学生诗词朗诵必备的基本功。

（二）齐读

设问：这首词写了什么内容呢？（注意引导学生从原词中找依据）

明确：写的是，仕途失意后，离开汴京，和恋人离别的情景。

补充词牌由来：《雨霖铃》这一词牌，来源于唐玄宗和杨贵妃的爱情故事。《长恨歌》中有相关的诗句："蜀江水碧蜀山青，圣主朝朝暮暮情。行宫见月伤心色，夜雨闻铃肠断声。"夜雨闻铃，唐玄宗思念起杨贵妃，创作了这个曲调。

设计意图：

考查学生对这首词的初步理解程度，培养学生提炼概括能力和知识迁移能力，并引导学生回顾《长恨歌》中的相关诗句，巧借旧知，贯通新知。

（三）再读

设问：词中哪个句子直接抒发了词人离别时的心情呢？

备答：多情自古伤离别。

追问：哪个字直接点明了离别时的心情？

备答：伤。

备答:"伤离别"就是词人因与恋人离别而感到悲伤。"伤离别"既是词人直接抒发的情感,也是全词的感情基调。

设计意图:

从宏观上把握全词的情感基调,为下一步具体指导诵读作好铺垫。这种感情决定诵读时语速要缓慢、语调要低沉。

(四)赏读

词人借助哪些景物如何表达"伤离别"之情的呢?请结合具体的词句来赏析。

备答:

1. 寒蝉:秋蝉气息衰弱,叫声凄凉急切,哀鸣不已,易引起人的感伤。一个"寒"字,既照应下阕清秋节,点出季节的寒冷,又衬托出词人因离别而引起的内心的寒凉,渲染了凄凉的氛围。

指导诵读:"寒"重读,"凄切"重读,"凄"读得低沉缓慢,拉长音调,"切"读得短促有力。

2. 长亭:自古以来,长亭就是送别场所,也是送别诗中的常见意象。词人一想到,长亭连短亭,十里相送,终有一别,便悲从中来,不可断绝。

指导诵读:对/长亭/晚,每一个停顿都拖长音调。

3. 骤雨:阴雨连绵,本就易引起人的伤感之情;此时,阵雨骤停,意味船发在即,离别就在眼前,词人内心自然悲伤不已。

指导诵读:"歇"字重读。

4. 兰舟:舟上船夫,催促赶快出发;恋人之间,正浓情蜜意,依依不舍。听到催促声,词人心里一紧。一"留"一"发",两相对比,欲留而不得,词人内心怎么能不悲伤呢?

指导诵读:"留恋"慢读,读得拖延柔情;"催发"快读,读得急促有力。

5. 烟波:江面水雾弥漫,江上波涛汹涌。词人仕途坎坷,屡试不中,再次失意后,与恋人离别,到江南游历。一想到,这一去,千里迢迢,前路漫漫,不知何处是归程,内心更加迷茫伤感。(引导学生联系诗句:烟波江上使人愁)

指导诵读:"千里"放慢语速。

6. 暮霭:傍晚天空,阴云密布,沉沉压下来,压得人喘不过气,压得悲伤之情堵在胸口,难以排遣。

指导诵读:"沉沉"重读,音调要拖长,声音要往下压,读得低沉有力些。

7. 楚天:南方的天空,广阔无边。词人漂泊在江上,天阔地远,渺小孤单,深感身世之悲;而与恋人天各一方,远隔万水千山,不知何时才能再见,又寄托离别之悲。

指导诵读:"阔"轻读,声音要往上提,读得阔远缥缈些。

8. 杨柳岸晓风残月:"柳"的谐音是"留",取留恋的意思,自古以来,便有折柳送别的传统;"晓风"是冷秋时节清晨的风,凉意阵阵,再加词人孤身一人,独自承受离别之苦,更觉凄凉悲伤;"残月"对应圆月,"人有悲欢离合,月有阴晴圆缺",圆月寓意团圆,残月寓意分离。

指导诵读:杨柳岸 / 晓风 / 残月,每一个停顿都较前一个停顿拖长音调,逐步放慢。

小结:王国维说,一切景语皆情语。柳永笔下的景物正是如此,景中含情。词中的每一个景物都蕴含着词人的悲伤,共同营造了"伤离别"的情感氛围。

(五)情读

提出要求:请同学们带着你对词中景与情关系的理解,融入悲伤的情感来放声诵读全词。

设计意图:

书读百遍,其义自见。诵读是古诗文学习的必要手段,这已经是广泛的共识。本环节注重培养学生的朗读能力,听读、自由朗读、分角色朗读、齐读、背诵等形式多样,初读、齐读、赏读、情读等层层体悟,由此,通过多种途径的诵读有利于提高古诗教学的有效性。名家示范诵读,或者教师本人声情并茂地诵读,都可以激发学生的兴趣,设置良好的情境体验。自由朗读、分角色朗读,在增进学生学习兴趣的同时,也有助于实现学生个人体验式学习。而背诵，无疑是实现语言文字积累的必要手段。

（六）伤读

提出要求：请大家想象着诗人别后的孤独落寞，读出更深的伤痛来。

设计意图：

强调教师的有限讲授是打破过去古诗教学中教师满堂灌方式的必然要求，也是提高古诗教学有效性的必然选择。学生参与的有效性则有四个基本点：参与面广、参与方式多样、主动性参与、有深度地参与。这是评价课堂学生有效参与的四个指标。其中最重要的是因课制宜的多样的参与方式，只有提供多样的参与方式，才可能面向更多的学生展开活动，只有这样，学生才能真正参与课堂，其参与的主动性和参与的深度才能真正实现。

本环节在细致赏析实景的基础上，由实入虚，引导学生赏析虚写的部分，运用小组合作探究的方式，设计疑难点或者激趣点，激发学生进一步探究的热情，理解词人离别之情的层次，由悲伤递进为更深的痛苦之情，并且通过有感情地朗读指导，达到生生共悟、师生共鸣、师生与词人共情的目的。

三、学生有效参与与教师有限讲授相结合

（一）合作探究

词人亲眼看到的景物，这是实写；想象未来的景物、未来的生活，这是虚写。下阕中，还有哪些是虚写呢？结合词句自由谈谈，词人为什么虚写那些离别后的生活呢？（个人标画景物，独立思考，然后小组合作交流。）

备答：

1. 今宵酒醒何处？杨柳岸晓风残月：深夜酒醒后，词人独自一人，家人不在，只有杨柳依依、晓风习习、残月淡淡，何等的孤独与痛苦！难怪这一句被词评家贺裳称为"千古俊句"！

指导诵读：多情/自古/伤/离别，更/那堪/冷落/清秋节，依次停顿，"伤离别"读得低沉哀婉，"清秋节"可适当加入咽声和颤音。

2. 此去经年，应是良辰好景虚设：恋人不在，再美的风景、再美的生活，都没有任何意义了。此后年复一年的分离，让词人想与恋人共度美好生活的愿望彻底破灭了，日复一日的思念，更加深了离别的痛苦。

指导诵读：此去/经年，应是/良辰好景/虚设，依次停顿，"虚设"重读，读得痛心苦楚。

3.便纵有千种风情，更与何人说：千种风情，无人可诉；万般思念，无人可说。恋人是唯一知己，却不在身边，词人陷入了深深的孤独之中，无限的孤独放大了词人的痛苦。

指导诵读：便/纵有/千种/风情，更/与何人/说，依次停顿，特别注意，"便""更"一字领起，重读强调，"何人"加重疑问语气，读得沉重无奈。

小结：词人离别时，看到眼前的景物，已经悲伤不已；而想象离别后的孤独寂寞，悲伤的情感更进一层，传达出离别的痛苦之情。

（二）总结全词，伤离别情

《雨霖铃》全词紧扣主题"伤离别"，既有景中含情，通过寒蝉等一系列景物渲染离别之情，又有虚实结合，由眼前离别之景想象离别后的孤独痛苦，层层递进，把离别的悲伤表达得淋漓尽致，构建起了一个以"伤离别"为主题的情感世界。

四、课堂即时训练和课下有限作业相结合

（一）一曲《雨霖铃》，千古离别情

"伤离别"不仅是古诗词中的永恒主题，也是我们日常生活中最动人的情感。请大家回想自己生活中的离别之伤，写成300字的小随笔。

（二）背诵全词

设计意图：

古诗教学相对于其他类型的语文学习有着更繁重的知识任务，而把这些知识的复习及时在课堂上完成，反倒能起到事半功倍的效果，课下仅仅布置少量的以背诵为主的任务。整体来看，这样一来减轻了学生的作业负担，提高了课堂学习的有效性。

五、板书设计，新颖直观

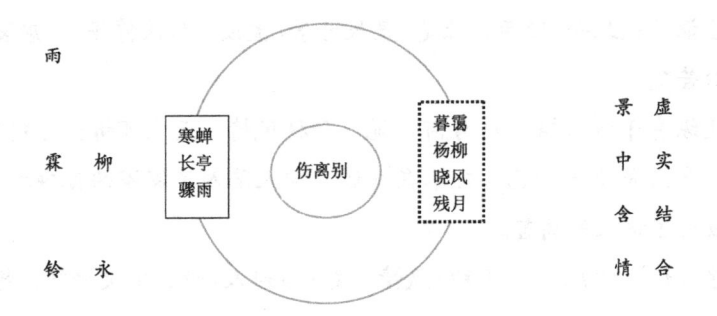

```
雨                     景 虚
霖   寒蝉       暮霭   中 实
柳   长亭  伤离别 杨柳   含 结
铃   骤雨       晓风   情 合
永                     残月
```

设计意图：

以"伤离别"为中轴线，左右对称。两个同心圆形象地表达了景中含情这一艺术手法，外面的大圆是景，里面的小圆是情；两个方框表达虚实结合这一表现手法，实线的方框代表实景，虚线的方框代表虚景。由此，本节课的重难点便全部呈现出来，达到了清晰明了、新颖美观的效果。

【教后反思】

"四结合"热情教学模式提供了高中古诗有效教学的新思路。这种教学模式最大的意义在于其是一种新的启发，但绝不是对教师课堂的限制。这种模式只是提供一种基本的框架，但并不构成一种僵化的结构，它允许并欢迎教师在这种框架内，尤其是在如何让学生有效地参与课堂方面有个人特色的发挥，并给教师提供了充分调动学生主动性的空间。从《雨霖铃》教学设计不难看出这一模式的有效性，它既激发了学生古诗词诵读的兴趣，也提升了学生古诗词鉴赏的能力，还让学生获得了充沛的审美体验，实现了跨越千年与古人进行精神交流和心灵共鸣的目的。

"五步四程三循环"古文教学模式的探索

古文相对来说需要理解掌握的文言知识更多，提高学生学习的有效性至关重要。相对于古诗"四结合"热情教学模式，古文"五步四程三循环"更加强化了对有效课堂各教学环节的科学梳理。

"五步"即整个教学过程分成"预—导—学—探—固"五个教学环节。

一、课前预习淡化知识，重在调动学习兴趣

这一设计的理由同古诗教学一样，已有知识储备的相对不足和古文学习本身客观上的难度决定了绝大多数学生对古文并没有浓厚的学习兴趣，因此，在学生课前预习阶段的设计上，就要降低难度，淡化知识，增进趣味。一般课前预习不涉及纯粹课文知识层面的问题，更侧重引导学生了解作品的时代背景、作家的趣闻轶事、风格特点等边缘性问题，如果学生在课前自主预习阶段能发现别的同学不曾发现又能引起其他同学兴趣的东西，教师就有必要给予高度肯定和热情鼓励。

二、激趣导入，营造良好课堂氛围

在课堂导入环节，教师也要以激发学生兴趣为目的进行情境式导入，为新课程的学习营造良好氛围。

三、"文本诵读—自主学习—质疑辩难—生生互助"的四程式小组学习

按照语言学习的一般规律，学习开始阶段强调熟读，可以采用多种诵读方式，听读、自由朗读、分角色朗读、齐读等。名家示范诵读，或者教师本人声情并茂地诵读，可以激发学生的兴趣，设置良好的情境体验。自由朗读、分角色朗读，在增进学生学习兴趣的同时，也有助于实现学生个人体验式学习。而背诵，无疑是实现语言文字积累的必要手段。其实诵读是贯穿整个学习过程之中的。

自主学习的要义在于明确学习任务，教师提出具体要求并限时完成，这样学生带着压力学习，效率就会提高。自主学习过程中，学生势必会产生问题，引导学生敢于质疑、勇于辩难是发展学生思维的重要契机。而自主学习出现的问题以小组合作的方式来解决，这既是对学生主体积极性的调动，又能调动整体课堂的氛围，热烈的课堂感染力也有助于提高学习有效性。

四、"生疑生释—师疑生释—生疑师释"的三循环探究学习

面对更深层次的探究问题，主张先调动学生自己的积极性来解决，甚至有时教师可以抛出有价值的问题引发学生思考探究，对于学生自己确实不能解决的问题，才由教师给予解释或指导，从而最大可能地实现"参加面广、参与方式多样、主动性参与、有深度地参与"的目的，这也是评价课堂学生有效参与的四个指标。

强调问题解决中学生的主体地位。基于母语的古诗文教学，学生的问题自己解决存在相当大的可行性。强调先由学生自己解决问题，学生自己确实解决不了的才由教师解答，而教师的解答又强调教师的有限讲授，这是打破过去古文教学中教师"满堂灌"方式的必然要求，也是提高古文教学有效性的必然选择。

五、课堂即时巩固和课下有限作业相结合

古诗文教学相对于其他类型的语文学习有着更繁重的知识任务，而把这些知识的复习及时在课堂上完成，反倒能起到事半功倍的效果，课下仅仅布置少量的以背诵为主的任务。整体来看，这样一来，减轻了学生的作业负担，提高了课堂学习的有效性，而学生的学习效果并不差。

基于有效教学之"五步四程三循环"古文教学模式课例设计
——以《师说》为例

【教学设计理论依据】

古文是相对于白话文而言的，即古代汉语中以先秦口语为基础而形成的上古汉语书面语以及后代用这种书面语写成的作品，是先人留给我们的一份珍贵遗产。文言文在为学生的不同发展倾向提供更大的学习空间、弘扬和培育民族精神、增强民族创造力和凝聚力等方面具有不可替代的重要作用。

古文相对来说需要理解掌握的文言知识更多，提高学生学习的有效性至关重要。因此，古文有效教学特别强调教师根据古文学习的重点难点作出层层推进的有效设计。相对于古诗"四结合"热情教学模式，古文"五步四程三循环"更加强化了对有效课堂各教学环节的科学梳理。科学的、有层次的设计，是提高古文教学有效性的必要手段。

【教材分析及设计步骤】

《师说》是鲁人版高中第一册第一单元第二课，是韩愈的代表作之一。这是一篇抨击时弊、宣扬尊师重道的论文，主要运用对比论证的手法，有力地批判了士大夫的愚顽可笑。虽然课文篇幅不长，但文言知识如词类活用、文言句式等比较典型，并且本课是高考背诵篇目，所以在文言文教学中我们不可等闲视之。

为了提高学生学习古文的有效性，本课教学设计采用了"五步四程三循环"的古文教学模式。"五步"即整个教学过程分成"预—导—学—探—固"

五个教学环节。"四程"即"文本诵读—自主学习—质疑辨难—生生互助"的小组学习。"三循环"即"生疑生释—师疑生释—生疑师释"的探究学习。这种教学模式不仅可以增强课堂的趣味性，还可以有效落实文言知识点；不仅可以调动学生的学习主动性、积极性，还可以提高课堂教学的有效性。

【教学目标】

1.通过阅读和翻译课文，积累文言知识。

2.教师点拨，学生自主探究，学习借鉴本文正反对比的论证方法。

3.分析文章的整体思路，引导学生背诵全文。

4.古为今用，学习树立尊师重教的思想，培养谦虚好学的风气。

【教学重难点】

1.鉴赏分析本文说理方式和方法。

2.正确把握韩愈关于尊师重道的论述和本文的思想意义。

【教学方法】

诵读法；探究法；点拨法；自学法。

【课时安排】

一课时。

【教学过程】

一、课前预习，轻知识重兴趣

（一）关于古代大文豪韩愈，大家好好预习了解一下

（二）韩文公，名愈字退之，说起这名和字，倒有一段佳话，同学们可以提前准备、了解

备答：韩愈父母早亡，从小由哥嫂抚养。转眼到了入学年龄，嫂嫂郑氏一心想给弟弟起个又美又雅的学名，这天，郑氏翻开书，左挑一个字嫌不好，右拣一个字嫌太俗，挑来拣去，过了半个时辰，还没有给弟弟选定一个合意的学名。韩愈站在一旁观看，见嫂嫂为他起名作难，便问："嫂嫂，你要给我起个什么名呢？"郑氏道："你大哥名会，二弟名介，会、介都是人字作头，象征他们都要做人群之首，会乃聚集，介乃耿直，其含义都很不错，三弟的学名，也须找个人字作头，含义更要讲究的才好。"韩愈听后，立即说

道:"嫂嫂,你不必再翻字书了,这人字作头的'愈'字最佳了,我就叫韩愈好了。"郑氏一听,忙将书合上,问弟弟道:"愈字有何佳意?"韩愈道"愈,超越也。我长大以后,一定要做一番大事,前超古人,后无来者,决不当平庸之辈。"嫂嫂听后,拍手叫绝:"好!好!你真会起名,好一个'愈'字!"

二、激趣导入,营造良好课堂氛围

"说"是一种议论文的文体,关于这种文体,同学们之前学过哪些课文呢?

备答:"说"这种文体可以先叙后议,也可夹叙夹议。"说"与"论"相比要随便些。像《捕蛇者说》《马说》都属"说"一类文体。"说",古义为陈述和解说,因而对这类文体,都可按"解说……的道理"来理解。《师说》意思是解说关于"从师"的道理。

设计意图:

在课堂导入环节,教师也要以激发学生兴趣为目的,新旧知识的迁移进行情境式导入,为新课程的学习营造良好氛围。

三、"文本诵读—自主学习—质疑辩难—生生互助"的四程式小组学习

(一)文本诵读,多种朗读方法,初识文本

自读:默读,结合课文注释,扫清读音障碍。

朗读:出声读,读准读对断句。

备答:愚(yú) 句读(dòu) 谀(yú) 经传(zhuàn) 郯(tán) 苌(cháng) 聃(dān) 蟠(pán) 巫(wū)

(二)自主学习,疏通文义,查找文言知识障碍

1.请学生根据课文中的注释,疏通文字,初步弄清文章的含义,把理解的难点勾画在课本里。

2.请学生统计本课的生难字词和难以理解的句子,整理通假字、词类活用、文言句式,可将重点难点的内容整理在笔记本上,教师请两位同学投影出自己整理的内容,然后全班同学一起订正、补充。

(三)质疑辩难,生生互助,解决文言知识障碍

引导学生自己发现问题,提出问题,解决问题。

1. 通假字

①师者，所以传道受业解惑也。"受"通"授"。

②或师焉，或不焉。"不"通"否"。

2. 词类活用

①耻学于师（形→意动）

②吾从而师之（动→意动）

3. 特殊句式

句读之不知，惑之不解（宾语前置句）

四、"生疑生释—师疑生释—生疑师释"的三循环探究学习

引导学生自己思考提出问题，自己合作解决问题。教师也可以提出有价值的问题，引导学生自我找寻答案，必要时，教师作提示和知识延伸。

思考：

（一）文中"之""其"出现的频率很高，它们都有哪些意义和用法？

（二）从师的风尚不再流传，是因为士大夫之族"耻学于师"，为了批评"耻学于师"的人，作者从哪三个方面进行了对比论证？

备答：

1. "之"在课文中出现了25次，它的用法：

①作代词，有两种情况：

指代人或事物，如"择师而教之"。

连接定语和中心词，表示统一关系，相当于"这类""这些"，如"郯子之徒""巫医乐师百工之人"。

②作助词，有四种情况：

放在定语与中心词之间，如"古之学者"。

放在主谓之间，取消句子独立性，如"师道之不复，可知矣"。

表示宾语前置，如"句读之不知"。

在动词、形容词或表示时间的词后，凑足音节，无意义。

③以前学过的课文中还有三种情况：

作代词，指代自己，如"君将哀而生之乎"。

作助词，表示定语后置，如"蚓无爪牙之利"。

作动词，相当于"到""往"，如"吾欲之南海"。

2."其"在课文中出现了17次，它的用法：

①作代词，有四种情况：

在主谓短语中作主语，如"生乎吾前，其闻道也，固先乎吾"（他）。

"惑而不从师，其为惑也，终不解矣"（那些）。

复指，作主语，如"古之圣人，其出人也远矣"（他们）。

作兼语，如"余嘉其能行古道"（他）。

作定语，如"夫庸知其年之先后生于吾乎"（他们的）。

②作语气副词，有两种情况：

表猜测，如"圣人之所以为圣……其皆出于此乎"（大概）。

表感叹，如"今其智乃反不能及，其可怪也欤"（多么）。

（三）从师的风尚不再流传，是因为士大夫之族"耻学于师"，为了批评"耻学于师"的人，作者从哪三个方面进行了对比论证？

备答：

1."古之圣人"和"今之众人"。

结论："圣益圣，愚益愚，圣人之所以为圣，愚人之所以为愚，其皆出于此乎？"

2."爱其子"和"于其身也"。

结论："句读之不知，惑之不解，或师焉，或不焉，小学而大遗，吾未见其明也。"

3."巫医乐师百工之人"和"士大夫之族"。

结论："师道之不复，可知兴。巫医乐师百工之人，君子不齿，今其智乃反不能及，其可怪也欤！"

五、课堂即时巩固和课下有限作业相结合

布置作业：反复朗读课文，背诵全文。

【教后反思】

古文需要理解掌握的文言知识非常多，"五步四程三循环"强化课堂各教学环节的科学梳理,通过科学的、有层次的设计,提高古文教学有效性,提高学生学习的有效性。《师说》这节课的教学设计,我们可以看到从文言知识到文章文化,既有对于文言知识点的循序渐进的引导整理,也有对文章文化的引领深层理解。它既激发了学生学习古文的兴趣,也提升了学生自主学习古文的能力,还让学生获得了"尊师重道"理念的审美体验,实现了中国传统文化的传承。

第六辑　PART SIX

◎ 课例评析

在发现共同点的基础上深入探究

——《窦娥冤》《雷雨》单元整合教学实录评析

一、导入新课

当年明月说:"知道结局是悲剧,也无法改变,却依然要继续,这就是人生最大的悲哀。"然而,我却认为,能够在明知悲剧的情况下,依然前行,这是一种生活的勇气,是一种精神。就如悬崖上的花朵,即使生存环境恶劣,依然向阳生长,这就是他们的闪光点。今天,我们一起学习两大悲剧《窦娥冤》和《雷雨》,看看文中的主人公有哪些闪光点。

评析: 从当年明月的话导入,然后话锋一转,这让我们想起了罗曼·罗兰的一段话:"世界上只有一种英雄主义,那就是在认清生活的真相后依然热爱生活。"教师的引用和表述语言富有人文气息,且引人深思:面对生活中的困境,我们应当采取一种怎样的人生态度?

二、明确目标

课件出示以下内容,并请同学们自由阅读。

《高中语文课程标准》中关于"文学阅读与写作"的要求:本任务群旨在引导学生阅读古今中外诗歌、散文、小说、剧本等不同体裁的优秀文学作品,使学生在感受形象、品味语言、体验情感的过程中提升文学欣赏能力,并尝试文学写作，撰写文学评论，借以提高审美鉴赏能力和表达交流能力。

学习目标：

1. 能够结合课下预习梳理文本，初步把握故事情节，找出戏剧冲突。

2. 能够在诵读中感受戏剧语言的魅力，概括人物形象，分析悲剧人物身上的"生命力感"。

3. 能够在情境任务微写作中，走进人物内心世界，探究悲剧原因，体悟生命之美。

评析：在这一环节的设计中有一个要不要出示学习目标的问题。随着课程改革的推进，很多教师已经开始有意识地把教学目标转化为学习目标，这应该是一种进步。有的教师认为，将学习目标呈现给学生实际上是一种任务驱动，有利于学生明确任务、提高效率，不无不可，甚至是理所应当的，而另外有一些教师则提出了反对意见。笔者的意见是"没必要"。河南省新郑市第一中学徐国平老师《每课都需要向学生展示"学习目标"吗？》一文中的一段话很有道理："语文学科是诗意洋溢的学科，在品读文章的过程中，学生在教师的引导下享受文化盛宴，体味语言美感，揣摩思想精髓，而备课中机械地概括出所谓的'学习目标'并展示给学生，无疑会使语文的美感丧失殆尽，无疑会使本应不着痕迹的语言训练、美感熏陶等学习变得'面目狰狞'。正如，你想进电影院看一部大片，但当你落座，银幕上却打出了电影应该如何观赏的'观影指南'，你还有看下去的兴趣吗？电影所呈现的故事的浅薄或丰盈是需要观者在体验中感悟的，电影所揭示的教育意义和主题思想也是需要观者在体验中感悟的。正如导演不能把他拍片的努力和感受一股脑地塞给观众，语文教师也不能把自己读过文本的体验和认知一揽子地让学生认同和接受。"提前出示学习的目标，固然有利于学生明确学习目的，但也同时可能消解学生的学习兴趣，学习中可能的乐趣仅仅变成了学习的目的，内部动机反倒变成了外部动机。同时，师生太明确的目的性还可能忽略了学习过程中的生成性，而没有生成的课堂是乏味的。以目标为导向的教学也不应该牺牲课堂的灵动性，否则课堂将会变得机械和呆板。

三、梳理文本，初步把握文本内容

明确学习任务，课件同步出示：请同学们结合课下注释梳理文本，以思维导图或图表方式展示《窦娥冤》《雷雨》的主要人物、主要情节和主要矛盾。

学生活动：自主诵读课文，完成思维导图或者图表。然后请两位同学分别到黑板上展示成果，请学生点评、补充。（过程略）

评析： 这一设计很有必要，让学生先对整个文本有一个整体的把握，理清文中的主要人物、情节及冲突，为后文的探究打下基础。思维导图设计是一种值得借鉴学习的方法，学生读懂再写下来、画下来，需要进行思维再加工，实际上是思维的条理化和深化。

师：请同学们思考，两位女性主人公身上有什么共同点？

师生分析，师总结：生活在社会底层，身世悲苦，又有闪光点。那么，她们的闪光点到底是什么？结合以下材料思考。

课件出示材料"名家谈悲剧"的内容。鲁迅："悲剧将人生有价值的东西毁灭给人看。"黑格尔："悲剧作为艺术美的一种特殊形式，是人类崇高的生命力之体现，是人类心灵的归宿。"朱光潜："悲剧化悲痛为快乐，把悲观主义本身也变成一种昂扬的生命力感。"

师生交流，师总结：通过三位作家的话我们会发现，他们都认为悲剧带给人的不仅仅是悲痛，还有一些有价值的东西或者生命力感，那么这种有价值的东西或生命力感在人物身上具体是如何体现的？下面我们在诵读中感受经典，去分析人物形象身上的这种有价值的东西或生命力感。

评析： 单元整合教学很重要的一点就是发现共同点，关键是把共同点的发掘定位在哪里。作为戏剧，不可忽视的重要因素是人物和矛盾冲突。教师引导学生从人物角度开掘是没有问题的。用三位名家有关悲剧的叙述自然引出这节课要解决的关键问题"有价值的东西和生命力感"，手法是巧妙的，问题设计上教师显然是下了功夫研究的。

四、在诵读中感受经典，分析人物形象

教师明确任务，课件同步出示。

任务一：你认为《窦娥冤》哪一段台词最能表现窦娥身上"有价值的东西"或者"生命力感"？任意节选一段，有感情地诵读。

任务二：把任务一台词再用白话文表达出来，可适当改编，比较两种表达哪种更好？（动笔写）

任务三：任选《雷雨》节选戏剧一部分，以鲁侍萍为主要人物，小组合作分角色朗读，要求读出鲁侍萍身上"有价值的东西"或者"生命力感"。

评析：课堂一定要让学生动起来，动起来才能真正激发主动性。而能不能动起来，关键看任务设计是否符合文本和学生实际，是否有挑战性、针对性，是否能激发学生兴趣。这里的任务设计是成功的，并成功地融合了语文学习的根本方法——读写训练。

学生活动：全班分为两个大组，分别完成任务一和任务二。四人为一小组，合作交流完成任务。

学生展示。

生诵读《窦娥冤》文段[鲍老儿]：念窦娥伏侍婆婆这几年，遇时节将碗凉浆奠；你去那受刑法尸骸上烈些纸钱，只当把你亡化的孩儿荐。婆婆也，再也不要啼啼哭哭，烦烦恼恼，怨气冲天。这都是我做窦娥的没时没运，不明不暗，负屈衔冤。

师：非常好，诵读非常有感情。这一段你想表现窦娥身上哪些有价值的东西？

生：窦娥的孝顺、善良、反抗精神。

师：你再用白话文转述一刚才那段，好吗？品味一下不同语言表达形式的特点。

生：（白话表述略）感觉原来的戏剧语言更加简洁，并且更能够体现这个人物的情感，它无论是从节奏上还是从表达方式上都能够更好地体现出周

围氛围。

师：其他同学还有补充吗？

生：原文抒情性更强一些，我觉得原来的戏剧的语言更加有节奏感，所以读起来情感比较强烈。

师：非常好，大家体会都很具体。

生有感情地诵读《窦娥冤》文段[一煞]：你道是天公不可期，人心不可怜，不知皇天也肯从人愿，做甚么三年不见甘霖降？也只为东海曾经孝妇冤。如今轮到你山阳县，这都是官吏每无心正法，使百姓有口难言。

生：依然表现的是窦娥的反抗精神。

师：请再把你读的部分用现代文表述一遍，然后和原文戏剧语言比较有什么不同特点。

生：（生用现代白话文表述略）这个白话文就是把这个事儿陈述了一下，不如原文有节奏，原来表达的情感也能更强烈一点，更能突出窦娥对官吏的不满和请求坚持正义的一种感情。

师：大家发现没有，这篇文章大量采用了什么样的手法来强化抒情性？

生：这里面有对偶、反复的手法，强化了感情。

师：好，窦娥虽然身处社会底层，她依然具有反抗精神。她的话很符合她的身份特征，这叫戏剧语言的什么特点？戏剧语言的个性化，对吧？同学再想一想，原文语言实际上是接近于白话文的，所以她的语言还有一个什么特点？

生：通俗易懂或者口语化。

师：好，实际上这就是关汉卿戏剧语言的特点，抒情性比较强，语言比较朴素本色，并且符合戏剧语言的个性化特征。

课件总结《窦娥冤》的语的言特点：①抒情性强（采用了对偶、反复、对比、用典等手法），反复渲染人物的感情。②朴素本色，贴合人物的性格和处境。③戏剧语言个性化。

补充关于"本色派"的语言特点：元杂剧的语言历来有"文采派""本色派"之分。关汉卿是后者的代表。其杂剧语言清新质朴、通俗自然、明白如话，大量使用方言、俗语，很少有典故的堆砌和字句的雕琢，适合于舞台演出，易为广大群众所接受。

评析：任务设计能让学生在诵读中带入角色，感受人物情感，同时，能够在比较阅读中体会古典戏剧的语言特点及魅力。反复读、读反复是语文学习的基本方法，可惜在现在的课堂上，这一方法有被淡化的趋势，因为方法是好的，但不如做题、教师直接讲来得"更有效率"。殊不知语文学习不能一味追求快和效率高，表面上的高效率未必一定有好的效果。

就本节单元整合教学来说，语言的赏析似没有必要。一是一节课内容有限，单元整合教学更需要集中相同点、关键点；二是语言的赏析是个大文章，草草触及难以深析。可能教师也认识到了这个问题，并没有花费太多精力，并以课件的方式补充关于"本色派"的语言特点，这样的设计也能提高授课效率。这里的多媒体手段运用得很恰当。

两生有感情地诵读《雷雨》节选：

鲁侍萍：不是有一件，在右袖襟上有个烧破的窟窿，后来用丝线绣成一朵梅花补上的？还有一件——

周朴园：（惊愕）梅花？

鲁侍萍：旁边还绣着一个"萍"字。

周朴园：（徐徐立起）哦，你，你，你是——

鲁侍萍：我是从前伺候过老爷的下人。

周朴园：哦，侍萍？（低声）是你？

鲁侍萍：你自然想不到，侍萍的相貌有一天也会老得连你都不认识了。

周朴园：不觉地望望柜上的相片，又望侍萍。半晌。

周朴园：（忽然严厉地）你来干什么？

鲁侍萍：不是我要来的。

周朴园：谁指使你来的？

鲁侍萍：（悲愤）命，不公平的命指使我来的！

周朴园：（冷冷地）三十年的工夫你还是找到这儿来了。

鲁侍萍：（怨愤）我没有找你，我没有找你，我以为你早死了。我今天没想到这儿来,这是天要我在这儿又碰见你。

周朴园:你可以冷静点。现在你我都是有子女的人。如果你觉得心里有委屈,这么大年纪,我们先可以不必哭哭啼啼的。

鲁侍萍:哼,我的眼泪早哭干了,我没有委屈,我有的是恨,是悔,是三十年一天一天我自己受的苦。你大概已经忘了你做的事了!三十年前,过年三十的晚上我生下你的第二个儿子才三天,你为了要赶紧娶那位有钱有门第的小姐,你们逼着我冒着大雪出去,要我离开你们周家的门。

学生读完后进入师生共同讨论分析阶段。

师:你们为什么选择了这一部分?

生:这一部分是为了表现鲁侍萍勤劳、朴素、吃苦耐劳的品质和斗争精神。

师:这里面尤其是哪一句话最能突出反抗精神?

生:"不公平的命指使我来的。"

师:大家有没有发现鲁侍萍和窦娥身上共有的特质?是什么?

生:她们都是贫困出身,都遭受不公平的待遇,受到压迫,再一个主要是她们都具有反抗精神和斗争精神。

师:很具体。还有吗?

生:她们两个人身世比较凄惨,但是她们身上都有一些美好善良的品质。

师总结:真正意义上的悲剧是与崇高的表现相联系的,因而,表现就是由恐惧转化为振奋,由痛感转化为快感的、强烈的、激动不安的尊严和力量。悲剧人物虽然在冲突中遭到失败、毁灭,但欣赏者所看到的是人的胜利,是人的生命的顽强、精神的坚毅、力量的强大。悲剧在描写人的渺小的同时,也表现人的伟大和崇高,因此,悲剧总能提高人的品格,激发人的意志,促进人的行动,并使人以悲为美。

评析:通过活动任务,学生自己去比对、找寻,从而发现窦娥和鲁侍萍身上共同的富有生命力的东西,那就是虽然身处底层,但依然坚守善良的品质。当面对外界压力压迫,她们首先选择了隐忍,当忍无可忍,又表现出可贵的反抗精神。教师的总结又深化了悲剧的意味,肯定了人的生命力量。

五、探究主题，走进人物内心世界

课堂微写作：我是被谁毁灭的？——假如我是悲剧主人公（200字左右）

情境任务一（任选一个）：

①假如给窦娥一个临刑前申辩的机会，她会对现场的官吏百姓说什么？请以第一人称的口吻写一篇发言稿，展示窦娥的内心世界。

②以临刑前窦娥的口吻，写一封给父亲的信。

情境任务二：

以鲁侍萍的口吻给女儿四凤写一封语重心长的信，叙述课文节选部分中她的经历和感受，给四凤作出正确的人生指引。

评析：这一设计极富创新精神，能够让学生深入情境，带入主人公身份，以便学生能够深入理解窦娥和鲁侍萍的身世经历，理解人物心理，从而更好地明白在这样不公的社会中，主人公难能可贵的精神品质。

微写作也是值得在语文课堂广泛推广的学习方法。听说读写的训练是语文学习的根本方法，可惜，写的训练有淡化的趋势，原因就在于，写对于语文成绩的提高效果不是那么明显，所以"练"才大行其道，这是危险的信号。语文素养的提高需尊重基本的学习规律，急功近利不可取，一味求快不可取。

学生活动：学生练笔，交流。

针对同学微写作，师生共同品鉴。（过程略）

教师总结：《窦娥冤》作者通过窦娥蒙受的千古奇冤，揭露了元代吏治的腐败、残酷，反映了当时社会的黑暗，同时歌颂了窦娥的善良心灵和反抗精神。《雷雨》以20世纪20年代的中国社会为背景，通过描写一个带有浓厚封建色彩的资产阶级家庭内部的尖锐冲突以及周、鲁两家之间复杂的矛盾纠葛，在反映社会现实的同时，也展示了以鲁侍萍为代表的下层人民的勤劳、善良和反抗精神。这些都是"有价值""有生命力"的可贵的东西。

六、拓展阅读——《红楼梦》整本书阅读

师：在我们整本书阅读任务《红楼梦》中，也有很多富有反抗精神的人物，比如晴雯和鸳鸯。

同时课件出示以下内容：

晴雯：晴雯最大的特点就是她不被束缚，她心直口快，任性鲁莽，她勇于斗争，不屈服，反对谄媚迎合他人，希望活出自己。因此，她不被封建家长所接受。在王夫人眼里，她就是一个狐媚子，最后被人以莫须有的罪名告发，在病中被撵出贾府，最后悲惨死去。

鸳鸯：鸳鸯是贾母的大丫头，深得贾母的信任，可是她从来不会恃宠生娇，也不会仗势欺人，所以她在贾府的口碑和人缘都很好。贾母的大儿子贾赦看上了鸳鸯，还非要娶她不可。她却另有一番见识，坚决拒绝："别说大老爷要我做小老婆，就是太太这会子死了，他三媒六聘地娶我去做大老婆，我也不能去！"贾赦逼得紧了，她就在贾母面前表示了死的决心："就是老太太逼着我，一刀子抹死了，也不能从命。"贾母了解到贾赦的所作所为便力保鸳鸯，鸳鸯也得到幸免不用嫁给贾赦。

思考：你如何看待她们的不同结局？

学生活动：学生自主发言，言之成理即可。（活动过程略）

师总结：晴雯和鸳鸯二人的结局不同，关键在于背后的靠山不同，悲剧依然是社会的因素。当然，她们身上也有很多美好的品质，有着敢于反抗现实的不屈服的精神，这些都是美好的品质和力量，值得我们学习。张爱玲说："短的是人生，长的是苦难。"在短短的人生旅程中，每个人都要饱尝苦难。但也正是苦难，让我们学会了承受，学会了承担，学会了在泪水中挺立自己的灵魂，在坚韧中亮化自己的人格。我们坚信，视苦难为人生的财富，才能于苦难中奋发，于苦难中崛起，于苦难中成功。

评析：这一部分的设计意图是好的，让学生能够理解悲剧所具有的震撼人心的力量，体会底层女性的无奈及人性之美。但是，本节课的容量已经够大了，能通过师生互动把核心问题解决好已经是成功的了，这一活动拓展反

倒有"画蛇添足"之感。因为，课堂时间有限，必须聚焦核心任务才能深入而不流于形式。旁逸斜出，脱离这节课的文本再去生发确实没有必要了。

总评：《窦娥冤》《雷雨》选自部编版教材必修下第二单元，是戏剧单元，本单元只有三篇课文——《窦娥冤》《雷雨》《哈姆莱特》，但是这三篇课文非常重要，都是古今中外戏剧精华节选。对于高一学生来说，这是第一次正式接触戏剧，有一定难度，本节课主要从中国古典戏剧和现代戏剧入手，借助多媒体技术，引领学生围绕文本进行分析、创作，从戏剧冲突、人物语言、人物形象等角度入手，深入分析文本，理解作品的时代主题。这也是新课程对中学生的要求。目标定位准确，把两节课进行对比，有创新精神，从实际内容看又很务实。

因为是单元整合教学，意味着之前对两篇课文已经有了较为充分的学习准备，这样就能比较好理解一些教学环节的设计了，比如，开始画思维导图的环节，并没有留给学生多少时间，因为课前已经让学生作了准备。

这是一节非常优秀的单元整合教学课，其最大的亮点在于单元整合教学的设计，敢于把两篇不同时代的戏剧作品进行整合教学，以人物形象的分析作为重要的突破口发掘其相同点，进而围绕着悲剧的有价值、有力量这一核心要素引导学生分别从《窦娥冤》和《雷雨》两篇作品中寻找主人公身上那种令人敬服的力量、高贵的生命力。更好的是作者的整个设计，遵循一个由浅入深的基本认知原则，第一个问题通过让学生画思维导图的方式，比较二者的共同点，然后上升到悲剧的价值上，寻找主人翁的共同点，问题的设计巧而细，通过有感情地朗读关键章节的方式，给了学生理解和表达的把手，不知不觉地就把课堂引向深入。而围绕"我是被谁毁灭的"主题的微写作又进一步把学生的理解引向更深层次，探究两个悲剧的社会价值和现代意义。

整节课我们看到有多次朗读安排和多种情境任务设置。语文教学的诗歌教学特别强调朗读，朗读本身就是深化理解的手段，本节课是戏剧教学，朗读同样能起到深化理解的作用。好的情境任务设置是把核心问题和学生的兴趣点实现巧妙对接，让学生在乐于参与的氛围中完成"任务"也完成了自我理解的升华，本节课的情境任务设置显然发挥了这样积极的效用。

在设计上也有遗憾之处。课堂最后一个环节，关于整本书阅读《红楼梦》中鸳鸯和晴雯人物的对比赏析，似乎有画蛇添足之感。课堂上对《窦娥冤》和《雷雨》进行对比赏析容量已经足够大，能把这个核心任务解决好，已经成功了，再作延伸确无必要。

整节课综合运用了诵读法、讨论法、点拨法等方法，手法多样，充分调动了学生的积极主动性，表现出高超的课堂驾驭能力和设计能力。设计新颖，重点突出，师生有效互动，学生敢于发言，言之有物，教师提醒及时，总结富有启发性。上面提到课堂最后有一点小瑕疵，毕竟瑕不掩瑜。

立足人物形象　拓展现实意义

——《装在套子里的人》教学实录评析

一、课堂导入

有一首诗是这样写的:"生命诚可贵,爱情价更高,若为自由故,二者皆可抛。"自由是永恒的话题。法国启蒙思想家卢梭在《社会契约论》中说:"人生而自由,却无往不在枷锁之中。"那么究竟是什么样的枷锁将别里科夫牢牢困住,让他最终落得被人"笑死"的悲剧命运?那么现在就让我们走近"套中人"别里科夫。

评析: 由"自由"这一话题导入,富有新意。自由是最宝贵的东西,有的人却"心甘情愿"地抛弃自由,这不是很奇怪吗?再叠加上"人生而自由,却无往不在枷锁之中"的普遍的现实困境,一开始"自由"和"套子"的关系就引人深思。

教师通过课件出示本节课的学习目标,并由学生齐读:
学习目标:
1.分析别里科夫的人物形象。
2.认识这一典型形象的现实意义。(重、难点)

评析: 关于在课堂上出示学习目标的做法是否得当的问题,在笔者的

《在发现共同点的基础上深入探究——〈窦娥冤〉〈雷雨〉单元整合教学实录评析》一文中已经有了分析。笔者认为，这种做法是弊大于利的。当然便于师生彼此更明晰目标，但不良影响更大，不仅会弱化学生的兴趣，还影响课堂的生成性。课堂，尤其是语文课堂，不应该仅仅是完成所谓"学习任务"的场所，还应该是情感激荡、智慧滋长、生命丰盈的过程。

二、创设情境，整体感知

社会现实复杂多样，人间世相千姿百态。今天大家将化身为新闻记者，来到19世纪90年代俄国的一个小镇，听说这里有一个非常有名的"套中人"，我们这次的采访任务就是去了解这个人，并以他的事例做一期深度报道。（学生结合课本搜集资料，小组讨论）

下面请一个小组来跟大家分享一下我们这次采访的背景资料。

学生回答略。

评析：请学生化身新闻记者去小镇上采访，这种情境创设富有新意，别具吸引力。请学生来分享这次采访的背景资料，实际上就是对文本内容的概括。这既是对学生预习效果的检测，也能通过阐述故事梗概，让学生重温文本基本内容，并引导下面学习环节的顺利进行。

三、文本研习，涵泳深潜

任务一：调查与发现

将学生分成四个小组，分别去采访布尔金、华联卡、科瓦连科和城中其他居民，找到负责的采访对象，了解别里科夫身上有哪些"套子"。小组成员合作完成，边调查边整理答案，时间5分钟。

学生活动略。

师：首先请采访布尔金的一组同学回答，你们了解的别里科夫是什么样子的？

生：他是封闭的。他总是套着雨靴，带着雨伞，而且一定穿着暖和的棉大衣，他的雨伞、怀表也总是装在套子里，就连他的脸也好像装在套子里，他戴黑眼镜，耳朵里塞棉花，他总给自己包上一层外壳，给自己做一个所谓的套子。

师：回答得很具体。其他同学还有补充吗？

生：他还是一个胆怯、畏首畏尾的人。从文章第五段可以看出来，拉过被子，蒙着脑袋，在被子底下一个劲地叹息，生怕出事，生怕小偷进来，等等。

生：他还害怕变革，极力维护现状。

师：能结合文本分析，很具体，很好。下面有请采访华联卡的第二组发言。

生：华联卡一开始对别里科夫充满好奇，认为他很神秘，整天沉默寡言。

师：好，我们注意两人之间的关系。下面请第三组同学说说科瓦连科眼里的别里科夫。

生：科瓦连科说"谁敢管我的私事就让他滚"，在科瓦连科看来，别里科夫是个喜欢告密、爱管闲事的人。

生：他还是一个保守固执的人，男生和女生在路上一起骑自行车他也不乐意。

师：第三组的同学采访得也比较完整。下面请第四组的同学说一说，在城里的其他居民看来，别里科夫还有哪些特点？

生：第四段中提到，全城都受到他的辖制，全城的人因为他都战战兢兢地生活了很多年，什么事都怕，这说明了居民对别里科夫的怨恨和无奈。

师：下面我们把城里人对别里科夫怨恨的段落读一读，读出对他怨恨、害怕又无奈的情感态度。

生齐读。

评析：这一部分通过让学生化身记者进行采访的情境设计，引导学生对别里科夫形成全面的认识和分析。教师在其中穿针引线，适当评价，比如，"回答得很好，很具体。""能结合文本分析。""其他同学还有补充吗？"教师语言并不多，放手给学生自由发现、自由表达，效果良好，这是一种自然、平易、真实的师生互动，也比较好地完成了学习目标，为下面进一步分析造成别里科夫现状的原因作了铺垫。

小组合作探究也是值得肯定的做法。学生的智慧与潜力是一座金矿，需要教师挖掘出来，它才会在太阳下闪闪发光。我们引导学生把独学没有解决的重难点问题进行群体交流、讨论，相互间思维的砥砺、碰撞，肯定会比课堂教师单方面的知识灌输更有效果。

小组合作往往存在"形式大于内容"的问题，需要教师在"如何分组""分组干什么""分组怎么干"等方面思考清楚，科学引导。

师：通过大家的采访对别里科夫形成了比较全面的认识，但是作为一名记者，我们是不是还要挖掘一下这背后的原因呢？我们知道别里科夫最终走向了死亡，造成他死亡的原因又是什么呢？下面我们看下一个任务。

任务二：思考与辩证

（一）以小组为单位，自由采访城中的居民。利用你对新闻事件敏锐的洞察力，去进一步挖掘别里科夫死亡的原因，思考他的悲惨命运究竟是必然还是偶然。

学生活动：小组成员合作完成，边调查边整理答案，时间5分钟。

师：下面请同学回答，你找到哪些别里科夫死亡的原因？

生：我找到的原因有三个，其一是他生性多疑，胆小怕事，这是他自身性格原因；其二是因为"漫画事件"，他的恋爱问题被人画成了漫画，增加了他的心理负担；第三是因为他到华联卡的弟弟那里去说明原因的时候，被华联卡的弟弟推下了楼梯，他担心这件事儿可能被很多人知道，包括会被传到校长那里。

师：你分析得很有条理。前两条都是个人原因，第三条是个人原因还是外在原因？

生：也属于个人原因。

师：那好，除了个人原因呢？

生：还有社会原因。第一段中就提到现实生活不安定，刺激他，闹得他心神不宁，社会上经常会出现一些奇怪的事，让别里科夫感到害怕。

师：这和沙皇的统治有关系吗？

生：沙皇的统治造成了社会的黑暗，他又因循守旧，极力想维护封建的秩序，没有办法走出这个社会现实。

师：沙皇的统治有什么特点？

生：封闭，黑暗，没有自由。

师：那么，除了个人原因和社会原因，还有别的因素吗？

生：因为他的套子，城市居民对他非常厌恶，不喜欢他。

师：从哪些具体事件可以看出来？

生：他的死去大家认为是一件大快人心的事儿，送葬后，高高兴兴地从墓园回来。

师：不错。大家还要注意一个细节，他在家里死去是多长时间以后？

生：一个月。

师：一个月也没有人关心他，足以说明大家的态度了。所以，他的死除了个人因素、社会因素以外，还有群体的因素在里面。

评析：分析别里科夫的死因是这节课的核心问题，也是对教师主导性的考验。有了前边别里科夫现实生活中种种表现的铺垫，问题的解决基本上水到渠成。他的死首要的是个人原因，除此之外，如何过渡到社会原因上是个难题。教师问："这和沙皇统治有关系吗？""沙皇统治有什么特点呢？"社会问题原因就迎刃而解。进而引导大家思考别里克夫死在家里无人关心的现实，又引出故事悲剧的群体性原因或者叫他人的原因。

学生能结合文本进行具体探究，问题没有架空，这是难得的。教师有问询、有补充、有引导，问题的解决有层次而又自然。

（二）为了拓宽新闻报道的广度，大家讨论一下，我们熟知的人物中，有没有和别里科夫有着相似悲剧命运的人物形象？

视频资料呈现祥林嫂的悲剧原因：祥林嫂的悲剧也是由个人原因、他人原因和社会原因共同造成的。就个人方面来说，她思想守旧，寄希望于神灵，处处被动；他人原因方面，镇上的人对她有浅淡的同情，但对她的命运走向又推波助澜，无形之中成了帮凶；而社会原因主要是封建礼教和封建迷信。

评析：这是一个貌似有点不相干实则很有意义的教学设计。《装在套子里的人》作为文学名篇，其社会意义当然不容小觑，它反映了沙皇统治下的封闭、黑暗和腐朽，作为一篇作品，其对于社会意义的揭示已经反映了作品的价值，但作为现代的我们对文本的学习理解，如果仅仅停留于这里的话又有什么现实意义呢？所以在这里的教学设计上，把别里科夫和《祝福》中的祥林嫂进行对比，猛一看显得非常突兀，但是恰恰能引导我们反观"不同的时代，不同的国度，都有装在套子里的人"的普遍性问题，这节课的现实意义就得到了进一步升华。

师：不同的时代不同的国度，装在套子里的人其实有很多，那么反观我们今天的自己又是如何呢？列夫·托尔斯泰说过："艺术是生活的镜子。"那么现在大家想一想我们的现实生活中，我们每一个人的身上，又有哪些"套子"呢？

生：这是一个看脸的时代，过于注重外表也是一种认识上的套子。

师：所以我们依然要不断增进自我的涵养和修养。

生：人的自尊心和虚荣心也是套子，影响了自己的情绪，甚至让人碍于情面，无法实现自我发展、自我解放。

师：认识到这一点，我们就需要不断自我调适，迎接挑战。

评析：把话题进一步引申到现代人身上、引申到自我反思上是非常有意义的一种设计，增加现实性的同时，让学习更有深度。

任务三：批判与启发

卢梭说："人生而自由，却无往不在枷锁之中。"雨果说："人生下来不是为了拖着锁链，而是为了展开双翼。"面对生活中的枷锁与困境，我们又该何去何从？请你认真思考，把你的想法写下来。

评析：这又是对上一个问题的继续引申发展，上面讨论了现代人可能面临的套子，接着讨论如何突破枷锁与困境。"写下来"的要求是练笔的训练，更有助于学生思维的深刻化、条理化，当然这也是很重要的思维训练的方式。

师：下面请大家分享你的所思所想。

生：面对生活中的套子，首先要分析原因，才能在现实生活中找到解决问题的办法，进而摆脱枷锁。

师：先分析原因再想办法，这是一种非常理性的态度，很好。

生：面对枷锁和困境，把自己装在套子里，也是一种变相的保护，能让我们暂时逃避，免受伤害，当然这终究不能解决问题，更重要的是要跳出舒适区，跳出圈子，抱着"你敢试，世界就敢回答"的态度，积极进取，打破常规，打破束缚。

师：你这里有一个很重要的词"逃避"。逃避一时好，逃避终究不能解决问题，所以还是要迎难而上。说得很好。还有吗？

生：生活中我们还需要开解，生活中经常说"压死骆驼的最后一根稻草"，当然压死骆驼的肯定不是这最后一根稻草，面对生活中的种种压力，眼界有多宽、思想境界有多高，格局就能有多大。解放自我，以更开放的心态来看待世界，"世界以痛吻我，我却报之以歌"，这才是好的态度。

师：说得非常好，面对压力，找到发泄的途径，运动或者唱歌，这样的方式都可以帮助我们摆脱困境。

评析：这一段师生对话非常精彩，但也有一点遗憾。精彩在于学生的发言，几个同学的回答都针对问题，并呈现出层层深入的理解，像"生活中经常说'压死骆驼的最后一根稻草'，但压死骆驼的肯定不是这最后一根稻草""眼界有多宽，思想境界有多高，格局就得有多大"，还有对"你敢试，世界就敢回答""世界以痛吻我，我却报之以歌"的引用，信手拈来，准确深刻，可谓精彩纷呈。遗憾就在于教师对于学生发言中的精彩部分，缺乏针对性回应，"说得非常好"，这样的点评过于平淡，一定程度上错失了教育的良机。

四、课堂小结

米兰·昆德拉："小说反映的不是现实，而是存在。"《人民日报》也说："察势者智，顺势者赢，驭势者独步天下。"我们生活处处受限，但我们可以不被定义，我们每个人都能够在法律要求的前提下成长为一个有自我思想的、自主的、独立的现代公民，这就是最重要的事情，对国家来说也是最有意义的事，这也是本节课老师想和大家共同分享的。

评析：教师的课堂小结显然也是用心准备的，有针对性，有新的引领。这就是好的小结。

总评：《装在套子里的人》选自统编版教材必修下第六单元，是俄国作家契诃夫讽刺批判现实的代表作。文章通过塑造别里科夫这一"套中人"的形象，深刻地揭露了帝俄的专制统治对人们思想和灵魂的钳制与束缚，透露出呼唤自由的热望。本课例最大的亮点在于教学设计本身。

第一个亮点就在于把"提出问题"变化为"创设情景"的创新形式，通过创设一定的情境，让学生化身为新闻记者到19世纪90年代俄国的一个小镇去探访，从而形成对别里科夫的认识，让课堂变得有趣，富有吸引力。激发学生的学习兴趣，兴趣是最好的老师，"有兴趣不是负担"，这句话饱含深刻的道理。

第二个亮点在于情景创作所呈现出的问题的层次性。从认识了解别里科夫身上有哪些套子，到思考他悲剧命运的原因，到祥林嫂和别里科夫的类比认识，进而拓展到寻找现代人自己身上的套子，再到引导学生思考现代人面对生活中的枷锁和困境应该何去何从。问题设计层层深入，富有强烈的逻辑性，这既促进了思考深入也是思考的拓展，并使问题解决具有了强烈的现实意义。这堂课还有很多精彩的学生回答，应该说学生的精彩一定程度上得益于教师设计问题的巧妙和科学。

　　学生主动参与课堂也构成这节课的一个亮点。新课程提倡自主、合作、探究的学习方式，教师应着力构建自主的课堂，让学生在生动、活泼的状态中高效率地学习。为此，教师鼓励学生主动参与，着力唤醒学生的主体意识，让学生在教学实践过程中学会选择、学会参与；组内探究、合作学习一定程度上也发挥了积极的作用。应该说，学生对课堂的参与是认真的、真诚的、热情的、有效的，这和教师"平等中的首席"的角色定位是分不开的。

　　本节课值得肯定的还有注重课程与实际生活的关联性。教师抓住契机对教学内容作了有效拓展，挖掘了文本的现实意义，并努力提升学生的语言运用能力，拓展学生的眼界。

　　师生对话中，如果教师的点评更有针对性，尤其是多一些针对性的个性化肯定，那就更好了。教师点评是对教师专业水准和课堂应变能力的考验，也是一种非常重要的教育力量。

自然平易、有效互动就是常态课该有的样子

——《琵琶行》教学实录评析

一、学习目标

1. 赏析白居易用诗歌的语言形式描写音乐的艺术。

2. 通过分析白居易和琵琶女的相似经历，理解作者的情感，感受惺惺相惜的知音之美。

二、学习重难点

重点：赏析白居易用诗歌的语言形式描写音乐的艺术。

难点：通过分析白居易和琵琶女的相似经历，理解作者的情感，感受惺惺相惜的知音之美。

三、学习方法

诵读法、点拨法、探究法。

四、教学手段

多媒体辅助。

五、课时安排

两课时。

六、课前预习

1. 预习课文，结合课下注释，标注重点字词并释义。
2. 结合资料，了解诗人生平和创作背景。

评析：本课例虽然是教学实录，但因为也有本节课的教学设计，所以把"学习目标""学习方法"等也放置在前面，以便读者对本节课有更全面清晰的掌握。

七、教学过程

（一）导入新课

两千多年前，一个文人雅士，一个山野樵夫，是音乐将他们联系了起来，于是世上便流传着知音的佳话。一千多年前，一个文人骚客，一个天涯歌女，又是音乐让他们共同演绎了一首千古不衰的知音绝唱。现在，我们就一起来体会琵琶女的高超技艺，欣赏作者化琴声为美妙诗句的非凡本领，探究作者泪湿青衫的原因。

就让我们一起来学习白居易的《琵琶行》。（板书课题）

师：琵琶行的"行"是什么？

生：诗歌的一种体裁。

师：古代诗歌的一种体裁，它是一种以铺叙、记事为主的歌词。

（二）诵读小序，概括情节

师：下面请一位同学读一下诗前的小序，哪位愿意尝试一下？（生读小序）

师（纠正个别读音）：诗前小序主要写了什么内容呢？谁能用简单的话概括一下？

生：它主要写了琵琶女的身世。

师：写身世，也就是介绍了写《琵琶行》的原因。

评析：导入语简洁、流畅、优美、准确。用不多的语言、优美的表达，把学生引入新课，令人感觉很舒服、很自然，这就是一种好的导入语。接下来简单点化"行"这一文学体裁的特点，再往后学生读小序，教师进行正音，提示学生进行概括，每一个环节都干净利索、自然顺畅，没有一点拖泥带水。

课堂开始环节的节奏很重要，它会影响师生的情绪，进而影响整节课的节奏。

（三）初读文本，抓关键句

师：著名的作家、教育家叶圣陶先生说："国文本是读的学科。"我们首先走进文本，放声地、自由地来读一下这首诗，好不好？下面请大家自由地放声来读。

播放《琵琶行》琵琶曲音乐，学生放声自由读。5分钟左右。

师：好，刚才大家已经读过了这首诗，我们都沉浸在诗的境界里。那么，我问大家一个问题，这首诗最能体现诗人情感和主旨的句子是哪一句？

生："同是天涯沦落人，相逢何必曾相识！"

师：对，同学们，"沦落"是什么意思呀？

生：落魄失意。

师：对，遭遇坎坷，落魄失意。那么，"沦落人"又是谁呀？

生：指的就是琵琶女和诗人自己。

（四）再读文本，学生质疑

师：好，那么下面我们就来看一看"谁解沦落人"（板书）。琵琶女的沦落经历是怎样的？咱们首先请一位同学感受一下琵琶女的感情，为我们读一下琵琶女的身世遭遇，好吗？你现在就是琵琶女，要把你的感情带出来。

生（读第三节）："沉吟放拨插弦中……梦啼妆泪红阑干。"

师（请另外一生评价）：你觉得她的感情把握怎么样？

生：我觉得读得挺好的。这一节主要讲琵琶女的身世，诗人对琵琶女应该比较同情，读的时候读出了同情的感觉。

师：你是站在诗人的角度讲吧，现在如果是站在琵琶女这个角度，你觉得她应该用一种什么样的感情去读？

生：悲凉。

师：对，悲凉的感情。我们读诗歌首先是读准字音，读清句读，读得抑扬顿挫，但更要注意把握诗歌中诗人所蕴含的感情。刚才同学读的这一节感情把握得比较到位。

评析：这里值得肯定的有三点：一是引导学生有感情地朗读反映琵琶女身世遭遇的段落，强化了诵读的作用；二是学生读完之后接着请另外一位学生进行评价，因为评价是建立在理解基础上的再提升，请其他同学评价有利于调动更多同学的积极性；三是当意识到学生是从诗人的角度进行有感情朗读的时候，及时进行提醒："如果是站在琵琶女的这个角度，你觉得她应该用一种什么样的感情去读？"但同时也有三点值得改进：一是当学生回答从琵琶女的角度应该读出悲凉感的时候就戛然而止了，可以顺势引导学生按自己的理解再读一读，争取读出悲凉感来；二是这里有必要进行一些诵读技巧的指导，而不能简简单单的"抑扬顿挫"一笔带过，道理学生都懂，但如何能读出抑扬顿挫感才是关键，这时的针对性指导是对教师能力的考验；三是还有一点令人迷惑，前一学生读出的是诗人的同情感，教师引导学生应该读出琵琶女的悲凉感，后面怎么又评价"刚才同学读的这一节感情把握得比较到位"呢？到底是应该从谁的角度进行朗读呢？令人迷惑不解。

师：就这一节，同学们有什么疑问吗？把你最想提的问题提出来，我们大家共同讨论。

学生自由组合，小声交流，讨论质疑，教师巡视发现。

师：同学们主要提了两个问题：一是琵琶女的形象及悲惨命运的原因，二是运用了什么手法来写她的身世。咱们周围同学自由组合议一议，由一位同学记录小组讨论要点，两个问题可以任意选。（学生自由组合，讨论）

生：我代表我们小组想说第一个问题。前几句写她少年的时候，然后还被秋娘嫉妒……

师：秋娘是什么人？

评析：这里教师武断地打断了学生的发言很不好，确有必要补充的话也要等到学生说完再提问。何况，结合上下文也看不出这时的提问有什么必要性。

生：秋娘本身就是才华出众的歌伎，然后还要嫉妒琵琶女，说明琵琶女比秋娘还要才华横溢。后面写她"弟走从军阿姨死"，她的家人，离开的离开，死去的死去，后来她的容颜因为家庭变故和时光流逝变得非常憔悴。当时社会看重你，就是因为你的容貌姣好而不是有才华。琵琶女的泪既是感伤的泪又是不满的泪。

生：我觉得琵琶女主要代表中国封建社会女子普遍的悲惨命运。

师：这里你谈得更深入了，上升了一个高度。琵琶女的技艺高超，她年轻的时候，"五陵年少争缠头，一曲红绡不知数"，但是到了后来的时候是什么样子？

生（众）："门前冷落鞍马稀。"

师：这说明什么问题？

生：那个时代就是重色轻才的。

师：重色轻才。那个时代不是看重她的技艺高超，而是看重她的美貌，后来她年老色衰，所以就被抛弃了。所以从这里可以看出，琵琶女仅仅是一个被侮辱被损害的对象。

评析：这一部分是在探讨解决学生提出来的第一个问题"琵琶女的形象及悲惨命运的原因"，但讨论并没有涉及悲惨命运的原因就结束了，问题依然没有解决。

师：还有一个问题，琵琶女描绘自己一生的遭遇，使用了什么手法？

生：对比。

师：请详细说一说哪些方面体现了对比？比如，过去是京城名妓，现在是——

生（众）：沦落江湖。

师：过去是少年得意——

生（众）：现在是老年失意。

师：过去是年轻貌美——

生（众）：现在是年老色衰。

师：过去是门庭若市——

生（众）：现在是门可罗雀。

师：过去欢笑——

生（众）：今日辛酸。

评析：这里对于第二个问题"运用了什么手法来写她的身世"解决得很好，通过很具体的例子呈现了鲜明的对比关系。

师：除了琵琶女，刚才说，"谁解沦落人"，沦落人一个是指琵琶女，还有一个是指谁呀？

生（众）：白居易。

师：当诗人和琵琶女彼此穿过无数人群，走过无数条路，在这个萧瑟的秋天，相逢在浔阳江头船上的时候，他又写了什么内容呢？我们请一位同学模仿诗人白居易的口吻读第四节。

生读第四节。

师：好，我们的白居易还得加把劲啊。我们在读这一节诗时要读出什么感情？

生：应该和琵琶女一样感同身受吧。

师：感同身受，你是从什么地方看出来的？

生："同是天涯沦落人，相逢何必曾相识！"

师：这里面，诗人的遭遇还有什么词句可以体现出来？

生："住近湓江地低湿，黄芦苦竹绕宅生。其间旦暮闻何物？杜鹃啼血猿哀鸣"的"黄芦、苦竹、杜鹃、哀猿"。

师：这些意象所传达出来的正是感伤之情，进行诗歌的欣赏一定要注意意象的象征意义。

评析： 既然模仿白居易口吻的同学朗读得不是那么到位，也已经问到了"我们在读这一节诗时要读出什么感情"，为什么不让这位同学或者别的同学再朗读一遍，把他们心中理解的感情通过语言表达出来呢？

师：就这一节，大家最想提出的问题是什么？（生自由组合，讨论质疑）
生："琵琶女的遭遇为什么会引起诗人的强烈共鸣？
生："同是天涯沦落人，相逢何必曾相识"，这句话怎么理解？那个"同"字，"同"在哪里？
师：两个问题的本质相同。大家想一想，一个是朝廷官员，一个是江湖的歌伎；一个是高朋满座，一个是门前冷落。那他们又"同"在哪里呀？谁能说一说，你觉得"同"在哪里？

评析： "谁能说一说，你觉得'同'在哪里？"对于学生提出的问题又抛给了学生来回答，这个方法很好，很多时候学生的问题不需要教师马上给出答案，教师只需要在学生理解不到的时候给予必要的提醒和补充，这就是激发学生主体意识的反映。

生：从诗人的生活经历来看，他一开始满腹才华，想一展鸿鹄之志，却在朝廷中受到排挤，而被贬谪到偏僻的地方；琵琶女本来也很有才华，但她却因为年老而无人问津，所以他们的经历都是从曾经的辉煌到如今的平淡，所以此刻他们的心境都是悲伤的。
生：还有，他们俩都是京城人。
师：从哪里看出来的？
生：前面小序里讲的，"问其人，本长安倡女"。
师：对，是来自京城。现在呢，他们都来到了什么地方？
生：浔阳江头。
师：这一点也相同。
生：还有一点就是他们都怀着一种落魄之情。
生：他俩都是人才，得不到人家的重视，这也是相同的一点。

师：都是很有才华的人，琵琶女"十三学得琵琶成，名属教坊第一部"，我觉得她的水平还是挺高的。诗人呢，也是才华横溢的，而现在却因触怒了权贵，被贬为江州司马。由此可见，诗人是在写琵琶女，又是在写自己，抒发郁积于心的贬谪之恨。

评析：这部分的师生互动很成功，你一言我一语，在轻松的氛围里问题就解决了。

（五）三读文本，品味感受

师：那么我们再想一想，他们原本认识吗？是什么打动了白居易，把两个萍水相逢的陌路人联系在一起的？谁能说一说？

生：是因为琵琶女弹的那个琵琶曲。

师："谁识琵琶声"（板书），同学们，诗中有一段对音乐的描写，应该说是千古传诵，脍炙人口。刚才我们班的"琵琶女"和"诗人"都朗读了，我也情不自禁给大家背一下这一段，请同学们一边听一边想，这一段中最精彩的句子在哪里？为什么精彩？

教师配乐示范背诵："寻声暗问弹者谁……唯见江心秋月白。"

评析：关于教师范读的时机是个值得讨论的话题。一般来说，教师范读最好出现在诗歌鉴赏课的开始部分，其目的是示范引领、感染激励。也有教师把范读放在课堂最后，大概是出于"先理解准确后有感情诵读"的基本逻辑，固然有其道理，但此时范读的目的又是什么呢？作用是不是被弱化了呢？有人甚至说："教师的朗读，在前面出现叫范读，到最后出现叫显摆。"当然，本节课教师范读的时机是没有问题的。

生：我最喜欢的是"银瓶乍破水浆迸，铁骑突出刀枪鸣"，它把琵琶声在沉静以后爆发的声音比作破的银瓶和骑士突然拔出刀枪那一瞬间的声音，更加突出了琵琶声在沉默后慷慨激昂的特点。

师：你很喜欢非常激越的音乐。好，还有没有？

生：我喜欢"间关莺语花底滑，幽咽泉流冰下难"，因为我觉得这句话采用的是比喻的手法，先经过音乐的跌宕起伏，然后婉转动听，很形象生动地描写出来，听上去挺有感觉。

师：比喻有什么好处？

生：就是十分生动形象。

师：化——

生：化抽象为具体。

师：对，大家都知道，写愁的情感是不是很抽象？李煜怎么写？"问君能有几多愁，恰似一江春水向东流"，把抽象的无形的愁化作具体可感的滚滚江水；李清照怎么写？"只恐双溪舴艋舟，载不动许多愁"，把抽象的无形之愁化作沉甸甸的重负。比喻的手法是不是很好？还有没有同学想谈？

评析：此时教师能把李煜的"问君能有几多愁，恰似一江春水向东流"和李清照的"只恐双溪舴艋舟，载不动许多愁"随手拈来，作为解读比喻修辞作用的例证，极好，显示了教师扎实的专业功底和灵动的教育智慧。

生：我喜欢"大弦嘈嘈如急雨，小弦切切如私语"，它把弦声首先比喻为急雨，声音非常急促，然后又如丝雨般，有非常渺茫的感觉，很形象，很生动。

师：刚才同学们谈得精彩，我想问一个问题：是什么打动了诗人？仅仅是精彩的音乐吗？谁来说一下？

生：从第二节里面"转轴拨弦三两声，未成曲调先有情"可见，作者被打动，不仅因为好听的音乐，还有琵琶女在音乐里面融入自己的情感。

师：有琵琶女的遭遇，有琵琶女的情感在音乐里面。

师：那我还要问，仅仅是琵琶女的遭遇和情感在里面就打动了诗人吗？

生：还有，诗人想到了他自己的身世。诗人也从琵琶曲中读出了自己人生中的欢悦与痛苦、苦闷与希望，这引起了诗人强烈的感情共鸣。

师：对，音乐的魅力不仅在于音乐本身，更在于它所蕴涵的思想感情。实际上，因为相似的遭遇和相近的感受，又通过音乐把"同是天涯沦落人"

的诗人和琵琶女联系在一起，拉近了他们的距离，在两个陌路人之间架起了一座心灵的桥梁。

评析："是什么打动了诗人？仅仅是精彩的音乐吗？""仅仅是琵琶女的遭遇和情感在里面就打动了诗人吗？"教师这两处追问得好，把思维引向了深入。在学生回答的基础上教师又及时总结和提升，这才是教师需要发挥的主导作用。

师：好，我们下面一起读一下最后一段。
学生有感情地齐读第五段。
师："座中泣下谁最多？江州司马青衫湿。"这琴声和着白司马的泪水沉到了江底，千年之后，仿佛仍在我们耳畔回响。

（六）放飞心灵，交流感悟

师：我想同学们还有很多的感触吧，下面我们就畅所欲言，敞开心扉，用较富有诗意的一两句话来表达你的感悟。
播放琵琶曲，生思考、写作。
生：天公薄情病乐天，世情愚昧苦才女。天若有情天亦老，人间怨愤难自平。
师：好，你很厉害呀，出口成章，像一位诗人。
生：音乐，仿佛从远处传来，又似乎就在身旁，那么清静，那么缥缈。琵琶声响彻长安城，好像有人在哭泣，幽怨着，缠绵着。弹者有意，听者有情，我愿化作一首小曲去抚慰你那懂我的心。
师：是一首富有诗意的散文诗呀。还有没有？
生：白居易在这个不眠之夜，用湿漉漉的诗句写出了用湿漉漉的眼泪浸泡得湿漉漉的心。他那两行滚烫的泪水沾湿了历史的脸庞，永远都无法抹去。
师：好，这也是一首优美的散文诗呀。老师也很喜欢诗歌，在备课时，也写了一首七律谈我的感受。
投影：感悟《琵琶行》

浔阳江畔客将还，秋月荻花夜色寒。一曲琵琶情切切，半觞清酒泪涟涟。飘零歌女伤神苦，沦落诗人为客难。司马挥毫倾肺腑，后生吟诵叹先贤。

评析："我手写我心"的课堂练笔，在本节课行将结束的时候，又为课堂抹上了一笔亮色。学生感悟思考后的表达富有诗情画意，教师的总结文质兼美。这是由"读"上升到"写"的训练过程，实际上还反映了学生对于课文理解的升华。

（七）再读文本，升华感情

师：今天，我们进行了一次诗歌的漫游，下面让我们伴着音乐，再一次放声地旁若无人地自由地读一遍这首诗。让我们把情感浸在诗歌的意境里，去体会音乐的美妙，去感受诗人的情怀。

播放《琵琶行》琵琶曲音乐，学生再次有感情地放声自由读全诗。

结束语：历史不会抹杀这一切，时间不会淡忘这一页。那低眉信手的婉约，那哀怨凄切的曲调，那东船西舫的岑寂，那似曾相识的遭遇。千古的诗篇还在耳畔回响，江边那一曲低吟的琵琶，定格成了永恒的千古绝唱。最后让我们在悠扬的琵琶曲中，以经典为伴，与诗歌同行！

评析：教师的总结语显然是作了充分准备的，这是教师认真负责的态度的体现。结束语和导入语首尾呼应，也构成了本堂课的一个亮点。

总评：《琵琶行》是统编高中语文教材必修上第三单元第八课里的一篇文章。《琵琶行》一诗是唐代著名现实主义诗人白居易创作的一首歌行体叙事长诗，带有浓郁的抒情气息，全诗讲述的是作者贬官江州次年秋的某个月夜偶遇琵琶女的经历，抒发了"同是天涯沦落人"的感慨。它最大的艺术特点是用极富音乐性的语言摹写音乐形象，通篇体现了深刻的思想内容和高超的艺术技巧。学习本课，需要在理解诗意的基础上，进入诗歌的情境，感受古代社会生活与古人的情感世界，领略古人独特的审美情趣。

高一学生已经具备了一定的文言知识储备，对中国文学史上的著名诗人如李白、杜甫、白居易还是比较熟悉的，加之白居易一贯走朴实的创作路线，所以在字句的疏通上没有太大障碍。但是此阶段的学生对诗歌鉴赏还停留在泛读和初读的层面上，没有掌握系统的诗词鉴赏方法，所以要让学生学会鉴赏这篇作品融音乐与文学于一炉的特点、准确理解作者贬官的遭遇及对长安故倡的深切同情还是有一定困难的。

本诗的教学突出了诵读法、点拨法、合作探究式教学，围绕"谁解沦落人""谁识琵琶声"两条线索启发点拨学生，并让学生大胆质疑，深入鉴赏诗歌中所蕴含的丰富的思想感情，让学生体会鉴赏诗歌思想感情的方法。整节课作为诗歌赏析课，呈现了书声琅琅的"生态课堂"、多元性的"对话课堂"、生成问题的"质疑课堂"，进而呈现一节使人享受的语文课堂。

诵读教学的落实整体较成功，有齐读、单人朗读、自由读、教师范读等多形式参与。如果再加强具体的朗读技巧的指导，在学生解读思想情感时再加上即时的朗诵要求，效果可能会更好。

以生为本，平等对话，使学生参与课堂的主体地位得到了落实，接受性学习与探究合作相得益彰。能从新课程理念出发，更新角色定位，课堂上师生对话、生生对话，唤醒了学生的主体意识，学生"主动参与，乐于探究、交流与合作"，有效实现了对文本的意义建构。合作学习成为教学常态，学生根据自己的喜好或依据活动时的情境，"动态生成，自由组合"，生成学习小组，通过同伴互助、合作探究，提高学生的学习兴趣和教学效率。

这堂课还是一节具有很强的可操作性、容易被复制推广的课。问题设计不偏不倚，呈现明显的层进序列；师生互动有张有弛，松紧适度，自然和谐；教育理念先进，学生活动有效。虽然个别环节还不是那么完美，但整体上呈现了一堂优秀的常态课的样子，值得借鉴学习。

以巧妙的问题设计撬动全文解读

——《祝福》教学设计评析

一、课前准备

学生熟练阅读文本进行预习，重点梳理小说的情节，找出对祥林嫂的几次肖像描写，初步感受祥林嫂的变化。

二、学习目标

1. 通过品读有关祥林嫂眼睛的描写，感知她的精神状态的变化，了解她的悲剧人生。
2. 通过寻找更多的眼睛，分析小说中的看客，理解小说主题。
3. 学习本文综合运用肖像描写、动作描写、语言描写等塑造人物的方法。
4. 体会并理解本文环境描写的作用。

三、学习方法

探究法、讨论法。

四、课时安排

两课时。

评析："课前准备"主要体现了学生的活动，改成"课前预习"更准确，并把顺序调整到"课时安排"之后更加合理。下面接着就是"教学过程"，衔接上也更通顺。

五、教学过程

（一）导入新课

鲁迅先生说："要俭省地画出一个人的特点，最好是画她的眼睛。"那么这节课咱们就从《祝福》的眼睛描写入手去分析人物的精神状态，进而探究理解作品主题。

课件出示有关作者知识：鲁迅，原名周树人，字豫才，浙江绍兴人。"鲁迅"是他1918年发表《狂人日记》时所用的笔名，也是他影响最为广泛的笔名。著名文学家、思想家、民主战士，五四新文化运动的重要参与者，中国现代文学的奠基人。鲁迅的精神被称为中华"民族魂"。毛泽东曾评价："鲁迅的方向，就是中华民族新文化的方向。"

作品有小说集《呐喊》《彷徨》《故事新编》，散文集《朝花夕拾》，散文诗集《野草》，杂文集《坟》《热风》《华盖集》《南腔北调集》等18部。中篇小说《阿Q正传》，是中国现代文学史上的不朽杰作。

评析：这是一个非常棒的导入语，简短富有新意。从《祝福》的眼睛描写入手去分析人物的精神状态，进而探究理解作品主题，这一做法值得大力肯定。分析一篇小说，离不开对于人物形象的解读，而《祝福》又不同于一般意义上的小说，这是鲁迅非常重要的一篇作品，在过去不同版本的教材和最新统编版的教材当中，《祝福》这篇文章都有入选，足见这篇文本的价值，以至于"祥林嫂"也成了后世文学形象中的典型人物。对于一篇有重大思想价值的经典作品进行解读，并不是一件难事，因为有太多资料可以借鉴，对于作品的分析也不至于有太大分歧。但正因如此，想另辟蹊径、别有创新地解读（包括形式上）却不是一件容易的事。本设计能巧妙地从"眼睛"入手去分析人物，进而实现对作品主题的探究，不能不说是一个四两拨千斤的好思路。

（二）学习活动一：寻找祥林嫂的"眼睛"

请按照故事发生的先后顺序，从文章里面寻找描写祥林嫂的"眼睛"的内容，看一看这不同的"眼睛"背后暗示了祥林嫂怎样的精神状态。

备答（作必要板书）：

初到鲁镇——顺着眼（安分）

再到鲁镇——顺着眼，眼角上带些泪痕（再受打击，内心痛苦）

讲阿毛的故事——直着眼睛（神情有些麻木）

捐门槛后——分外有神（又有希望）

不让祝福——失神、窈陷（再受打击）

行乞——眼神间或一轮（麻木）

通过以上对不同时期祥林嫂"眼睛"变化的梳理，我们感受到了祥林嫂的生活和精神变化，我们看到了祥林嫂遭受的一次次打击，刚到鲁镇时她二十六七，勤劳能干，安分守己，到四十岁左右时沦为乞丐，神情麻木，再到最后死在风雪交加的祝福之夜。在我们眼中，祥林嫂是个不幸的女人，那么，究竟是什么原因导致祥林嫂死亡呢？我们接着往下分析。

评析： 一篇好的作品，要善于通过细节表现丰富的内容，甚至宏大的主题。同样，对于一篇作品的解读，能从细节、局部入手，用慧眼发现"牵一发而动全身"的关键点，问题就能迎刃而解，这就是以"眼睛"入手这一设计的巧妙之处，祥林嫂眼睛的变化恰恰反映了她生活遭遇的变化。作为教学设计，这里没有具体分析"眼睛"变化背后的内容，我们不妨稍作补充。

祥林嫂"顺着眼"，反映的是她刚刚丧夫后逃到鲁镇做工的情形；被婆婆抓回强卖到贺家墺，后夫又死于伤寒，儿子被狼叼去，自己被大伯赶出，无奈之下重返鲁镇做工，此时就在"顺着眼"的基础上，自然"眼角上带些泪痕"，比上次更加凄惨了；她在鲁镇讲阿毛的故事，内心凄凉又能"诉与何人说"？她的苦痛无人理解，仅成了无聊人茶余饭后的谈资，遭人歧视，她也被看成"伤风败俗"的女人，此时，她不就"直着眼睛"了吗？毕竟有些麻木了；捐门槛后本以为可以重新做人，重新燃起生活的希望，眼睛也就"分外有神"；没想到，主人依然不让参与祝福，再次受到打击，而且这一次是致命的打击，于是眼睛"失神""窈陷"，并在最后失去了全部神采，"眼神间或一轮"，只是会证明她还是一个活物而已。眼睛的变化反映了她遭遇的五大波折，最终使她一步一步走向绝境。

那么，除了文中直接对祥林嫂进行迫害的鲁四老爷、祥林嫂的婆婆、大伯外，鲁镇是不是还有一双双眼睛也在注视着祥林嫂？他们对祥林嫂的死负有责任吗？

下面我们就寻找更多的眼睛，看看在鲁镇这些人的眼中，祥林嫂是个怎样的女人。

（三）学习活动二：寻找更多的眼睛

请结合课文内容，完成"在（　　　）的眼中，祥林嫂是个（　　　）的女人"的填空。先独立思考再同位交流。教师巡视查看进程，可以参与讨论。

备答：

1．"在（柳妈干枯）的眼睛中，祥林嫂是个（地位低下、不祥）的女人。"

柳妈也是鲁四老爷家的一个下人，也属于受剥削受压迫的对象，但她在祥林嫂面前依然有优越感，对她进行精神恐吓。

2．"在（短工漠然）的眼中，祥林嫂是个（无足轻重）的女人。"

可以参考我和鲁四老爷家短工的对话描写："刚才，四老爷和谁生气呢？"我问。"还不是和祥林嫂？"那短工简捷的说。"祥林嫂？怎么了？"我又赶紧的问。"老了。""死了？"我的心突然紧缩，几乎跳起来，脸上大约也变了色，但他始终没有抬头，所以全不觉。我也就镇定了自己，接着问："什么时候死的？""什么时候？——昨天夜里，或者就是今天罢。——我说不清。""怎么死的？""怎么死的？——还不是穷死的？"他淡然的回答，仍然没有抬头向我看，出去了。

3．"在（鲁四老爷冷漠）的眼中，祥林嫂是个（带来晦气）的女人。"

面对祥林嫂的死，鲁四老爷的态度是"不早不迟，偏偏要在这个时候，——这就可见是一个谬种！"

4."在（卫老婆子和祥林嫂婆婆势利）的眼中，祥林嫂是个（能带来利益）的女人。"

卫老婆子以利益为重，在她眼中，祥林嫂是有价值的。她夸赞祥林嫂婆婆卖祥林嫂娶儿媳妇又能从中赚钱的做法，看得出她和祥林嫂婆婆是差不多的人。

5."在（鲁镇男人女人）的眼中，祥林嫂是个（供人打发无聊带来谈资）的女人。"

面对祥林嫂的絮叨，男人听到这里，往往敛起笑容，没趣地走了开去；女人们却不独宽恕了她似的，脸上立刻改换了鄙薄的神气，还要陪出许多眼泪来，有些老女人没有在街头听到她的话，便特意寻来，要听她这一段悲惨的故事。直到她说到呜咽，她们也就一齐流下那停在眼角上的眼泪，叹息一番，满足的去了，一面还纷纷的评论着。再后来大家听故事听得纯熟，一听到就厌烦得头痛。

评析：继续围绕着"眼睛"做文章，展现的依然是"以点带面"的鉴赏艺术。如果说，祥林嫂自己"眼睛"的变化反映的是她身世遭遇的变迁，那么，周围人的眼睛则让我们思考她悲惨遭遇背后的原因。当"我"最后见到祥林嫂的时候，"她分明已经纯乎是一个乞丐了""她一手提着竹篮，内中一个破碗，空的；一手拄着一支比她更长的竹竿，下端开了裂"，祥林嫂两次丧夫，最后儿子也死了，这样悲惨的遭遇都没有将她击垮，那么是什么事情让她变成了今天这个样子？是大伯哥的驱赶？是人家不让她参加祭祀？是周围人的冷眼？都不是，但又都脱不了关系。正如丁玲说："祥林嫂是非死不可的，同情她的人和冷酷的人、自私的人，是一样把她往死亡赶，是一样使她精神上增加痛苦。"周围的人，不自觉地都成了帮凶，从而揭示了悲剧背后深沉的社会因素，问题设计逐渐指向了文章主旨。

（四）学习活动三：拓展延伸小练笔

请同学们结合今天所学思考，假如我们遇到现实生活中的"祥林嫂"，我们应该怎么做？

请填写：遇到现实生活中的"祥林嫂"，我们应该_____ _____。这世界需要一双_____的眼睛。

备答总结：这世界真的需要一双双平等、理解、善意、关怀的眼睛。鲁迅说过："无数个远方，无数的人们，都和我有关。"祥林嫂的故事我们永远咀嚼不完，这个故事永远思考不尽，也让当代社会的我们去思考——我们该如何做人。

评析：这个拓展延伸小练笔依然有创新之处。对于《祝福》的解读，过去主要着眼于分析人物之后揭示造成悲剧的社会原因，然后就此打住了。本设计又往前推进一步，思考现代人应当如何对待像祥林嫂一样的人，问题本身蕴含的人文思考和温情关切令人动容。也不要说现代社会没有"祥林嫂"了，社会是在进步发展的，但"祥林嫂"式的人物并不可能永远消失，这个世界依然需要温情的关怀。

以上几个问题的设计，巧妙的同时，又都围绕着"祥林嫂"这一核心人物设计，不蔓不枝，重点突出，手法新颖多样，启人深思。围绕对"眼睛"的理解，对祥林嫂其人有了丰富而深刻的认识，对主旨的认识也呼之欲出了。

（五）学生活动四：发现环境描写的作用

1.《祝福》描绘了复杂多样的社会和自然环境，找出文中几处环境描写，分别理解其作用。

2.《祝福》三次描写到雪景，请找出描写文字，并分析它们的作用。

备答：

（1）作者把祥林嫂悲剧命运的几次重大变化都集中在鲁镇祝福的特定环境里。第一次是描写鲁镇各家准备"祝福"的情景，显示了辛亥革命后中国农村的状况，也预示了祥林嫂悲剧的社会性。第二次是对鲁四老爷家准备"祝福"的描写，特定的环境推动了情节发展，也增强了人物形象的真实性与感染力。第三次是结尾通过"我"的感受来描写祝福景象，深化了对当时社会吃人本质的揭露，且首尾呼应，使结构更臻完善。三次描写，不但描写了祥林嫂悲剧的典型环境，而且也刻印下了祥林嫂悲惨一生的足迹。

（2）《祝福》三次描写到雪景。"天色愈阴暗了，下午竟下起雪来，雪花大的有梅花那么大，满天飞舞，夹着烟霭和忙碌的气色，将鲁镇乱成一团糟。"第一次雪景为祥林嫂悲惨的死作环境烘托和气氛渲染。"雪花落在积得厚厚的雪褥上面，听去似乎瑟瑟有声，使人更加感到沉寂。"用在祥林嫂死后，表现"我"的雪样心情——无可奈何和无法言说的情绪。"远处的爆竹声连绵不断，似乎合成一天音响的浓云，夹着团团飞舞的雪花，拥抱了全市镇。"借雪的飞舞，反衬祥林嫂的悲惨死亡，更含蓄地展示出了下层劳动人民无法抗拒的雪样命运。

评析：对于小说的赏析不大可能离开"人物、情节、环境"这三要素，其实，一般来说这三要素的作用都离不开对文章主旨表达的作用。就环境描写来说，它既可以揭示当时的自然环境或社会环境，又可以通过对环境的描写，烘托气氛，推动情节的发展，进而提供典型人物的典型环境，对于主旨表达也能起到强化作用。当然这需要结合上下文具体分析。而对于情节的梳理，在上面分析人物和环境的时候已经顺便解决，所以就没有必要单独拿来解读了。至此，这堂课基本完成了对"人物、情节、环境"的全面分析，下面就该探究文章主旨了。

（六）学生活动五：悲剧探讨

1.有人说，作者笔下的祥林嫂，是一个"没有春天的女人"，请结合文章谈谈你的理解。

备答：春天，百花盛开，百草丰茂，生机盎然，春天是幸福和希望的象征。而祥林嫂几次不幸遭遇恰恰发生在春天。

她是春天没了丈夫的，丈夫死去拉开了她一生悲剧的大幕；孟春之日，被卖改嫁（"说那是祥林嫂的婆婆……寒暄之后，就赔罪，说她特来叫她的儿媳回家去，因为开春事务忙。"）；暮春之日，痛失爱子（"春天快完了，村上反来了狼，谁料到会给狼衔去的呢？"）迎春之日，一命归天——祥林嫂在迎春的爆竹声中死去。

作者刻意把祥林嫂生命中的几个"关节"都安排在春天发生，巧妙地揭示出她是一个没有春天的苦命女人，由此突出了她生命的悲剧，并在其中寄托了深邃的象征意义。

2.继续探讨：是谁剥夺了祥林嫂的春天？（完成对文章主旨的理解）

备答：是封建礼教害死了祥林嫂。她被迫改嫁是族权的唆使；她的再嫁被认为"败坏风俗"是夫权的影响；而她这"耻辱"到"阴司"还洗不掉是神权的控制；鲁四老爷对她的迫害和侮辱，依靠的又是封建政权的禁锢。一步步把祥林嫂推向绝路的是这个黑暗的社会环境、"吃人"的封建礼教和迷信思想，毫无道德可言的封建家族内的恃强凌弱以及周围人的冷漠麻木，加上祥林嫂自身的愚昧。

评析：祥林嫂死了，"她的反抗是孤独的，是不可能有结果的。"一个人终究无法和社会抵抗，她是一个人，又代表了一批人、一类人，这才是最大的悲剧，是罪恶的社会剥夺了祥林嫂的春天。

作者刻意把丧夫、再嫁、失子、归天几个最关键的情节都安排在春天发生，将生机盎然的春给祥林嫂悲惨命运作自然背景，有着深刻的用意，它能造成强烈的对比，更有力地揭示出了封建制度吃人的主题。

"祥林嫂，是一个'没有春天的女人'"，由此出发，完成了对文章主旨的解读，依然是很巧妙的设计呀。

总评：《祝福》是部编版高中语文必修下册第六单元的第一篇小说，该单元属于课程标准规定的"文学阅读与写作"任务群，是高中阶段第一次集中学习小说这一体裁。单元教学要求学生能够进一步学习鉴赏小说的情节，分析小说的人物形象，品位小说的叙事手法和语言，认识场面、肖像、细节等描写的作用，深化对小说思想内容和艺术表现的理解。

《祝福》是鲁迅先生于1924年2月写的一篇传世名作，全面地展现了鲁迅小说的艺术性和思想性。从艺术角度讲，无论是情节、人物还是环境，都刻画得精细传神而且意味深长。祥林嫂的命运令人悲叹，而解读造成人物命运悲剧的原因是理解小说的一把钥匙，是我们学习的重点。从思想角度讲，反映了20世纪第二个十年中国社会最底层、最苦难的广大农村劳动妇女的悲惨命运，表现了鲜明的反封建主题。

高一学生在初中时学过小说，也学过鲁迅的《孔乙己》《社戏》《故乡》

等，因此，他们对于小说这一文学样式并不陌生，也具有基本的文体知识，知道从"环境、情节"把握"典型人物"，体会"主旨"。但学生对小说的兴趣点主要集中在故事情节，且对于人物形象的把握不够深入，这是高中小说教学要特别注意的。注意结合小说语言，勾连文本，引导他们贴近文本进行解读，要发挥高中生较强的思考探究能力，通过讨论，层层剖析。这些在本堂课的教学设计中都有体现。

更为难能可贵的是，几个关键问题的设计别出心裁，匠心独抒，体现了新颖性、准确性、深刻性和层次性的统一。

先说新颖性和准确性。由鲁迅先生自己的话导入，"要俭省地画出一个人的特点，最好是画她的眼睛"，既新颖又准确，一下子就抓住了学生的心，激发了学生探究的兴趣。接下来通过分析祥林嫂的眼睛来体味她的遭遇和心境变化，通过分析周围人的眼睛来体味社会环境因素的作用，自然靠近了文章主旨。后半部分借助对"祥林嫂是一个没有春天的女人"的探讨，自然实现了主旨的升华。活动设计层层深入，又实现了深刻性和层次性的统一。"今天的我们如何对待现实生活中的祥林嫂"，这一设计富有人文关怀，实现了对文章主旨的引申，让解读具有了现实意义。

另外，几个问题的设计都是以"学生活动"的形式来呈现的，显示了设计者尊重学生主体性、激发学生主动性的基本意识。其中两个问题以填空题形式呈现，"请结合课文内容，完成'在（　　　　）的眼中，祥林嫂是个（　　）的女人'的填空""遇到现实生活中的'祥林嫂'，我们应该_____。这世界需要一双_____的眼睛"，形式也很新颖，同时也是学生对表达准确性的一种训练。

《祝福》作为文学经典，对它的解读课也有很多经典，各有千秋，各得其妙，但本课的设计在继承基础上有创新突破，殊为难得。当然本设计也不是完美无瑕的，整体来看，中间部分对环境描写的分析略显生硬，如果能把环境分析融合在人物分析中就更好了。另外，学习目标中"学习本文综合运用肖像描写、动作描写、语言描写等塑造人物的方法"在教学设计中基本没有提及，也是个遗憾。

用好诵读这把诗词鉴赏的钥匙

——《望海潮》教学设计评析

一、教学目标

1. 品味词中的语言。
2. 理解词人的情感。

二、教学重难点

重点:
品味诗词富有表现力的语言,体会词中壮阔优美的意境。
难点:
1. 感受词的意境、情韵,领悟词人对杭州的热爱之情。
2. 学习词中铺陈、点染的写作手法。

评析:首先,这里对于教学目标和教学重难点的关系处理是有问题的。教学的重难点难道不是教学目标吗?不应该包括在教学目标里面吗?所以说教学目标应该是大于等于教学重难点的,而不应该出现倒置现象。

其次,第一个教学目标的语言表述存在问题。"品味词中的语言"是实现教学目标的手段,并不能构成目标本身,教学目标表述为"品味理解词中的语言"或者"品味赏析词中的语言"会更好。

三、教学手段

多媒体课件。

四、教学方法

1. 美读情读法。

2. 整体感知与局部赏析结合法。

3. 问题导引（驱动）法。

五、学习方法

1. 诵读（个别读、齐读）和默读结合法。

2. 小组合作探究法。

评析：在教学设计中，把教学方法和学习方法并列呈现是值得肯定的做法，这两种方法虽然紧密相关，但角度不同，方法也应该有别。

在这两种方法中，都把诵读作为重要的教学或学习方法，抓住了古诗文学习的根本。诵读是具有鲜明学科特点的一种教学方法，常言道："读书百遍，其义自见。"又说："好诗不厌百回读，熟读深思子自知。"对于学生，读有利于理解，有利于记忆，还有利于感知诗歌意境，有利于揣摩词人感情。学习方法中还提到了诵读、默读相结合，大声地、有感情地诵读，可以理解词作内容，揣摩词人情感，而默读则有利于让学生集中自己的注意力，运用并发挥其形象思维全方位地感知意境，安静地去潜心体会诗歌的主题。

另外，关于教学方法，到底包括哪些学界也一直没有明确的界定，"整体感知与局部赏析结合法""问题导引（驱动）法"的表述是否合适值得商榷。我们理解教师的意图，"整体感知与局部赏析结合法"大概就是先让学生整体把握全词意境，然后通过嚼文咬字的方法赏析诗歌字词、句子，实现从"目有全牛"到"目无全牛"的变化；"问题导引（驱动）法"大概是先预设一个个有梯度的问题，然后用这些问题作为扩展延伸学生思维的灯塔，一步一步引导学生思考问题，逐步拓展学生思维的宽度，提高学生思维的深度。我们理解教师的意图，但能否称作教学方法，还值得商榷。

六、课时安排

一课时。

七、教学过程

（一）创设情境，激趣导入

今天，老师给大家带来了宋朝诗人谢驿的一首诗《杭州》，我们一起来读一遍。

杭州

宋·谢驿

谁把杭州曲子讴，

荷花十里桂三秋。

那知卉木无情物，

牵动长江万里愁。

这首诗的背后蕴含着这样一个小故事：据说金主完颜亮听罢柳永的《望海潮》一词后，对"三秋桂子，十里荷花"的江南美景十分倾慕，便发动六十万大军南下攻宋，虽然没有成功，但也导致柳永差点成为千古罪人。虽然这只是一个传说，但也从侧面反映出这首词在当时的影响之大，读了这首词，不由得会让人对杭州心向往之。今天，就让我们跟随柳永的脚步，一起去"江南水乡、人间天堂"杭州游览一番。

（二）明确学习任务

目标明确，学习才能高效。首先让我们大声读出本节课的学习任务：

1. 品味词中的语言；
2. 理解词人的情感。

评析：关于导入环节，很多教师都下了功夫，但要注意的是导入时间不宜太长，内容不宜过多。导入的目的就是引出新课，可以从原来的知识复习入手引出新课，也可以激发学生兴趣导入新课，本节课教师采用的后一种手段值得肯定。

但接下来教师把学习任务在课堂上给学生明确提示的做法依然值得商榷。笔者在之前的评析中已经有所探究，我们的建议是，在接下来学习过程中，以自然的方式完成教学任务更好，把任务明确在前面无形之中会给学生一些压力，造成一些不利于课堂生成性的影响。

（三）文题解读

望海潮，词牌名。为柳永所创，意思大约是说杭州是有名的观潮胜地。

（四）知人论世

1. 作者简介——慢词之祖，婉约之宗。

柳永（约987—约1053），字耆卿，原名三变。因排行第七，又称柳七；官至屯田员外郎，因此也被称作"柳屯田"。柳永通晓音律，是北宋第一位专力写词的作家，是慢词的倡导者，婉约派代表人物，被誉为"才子词人"。为人放荡不羁，终身潦倒。他的作品在当时流传很广，"凡有井水处，皆能歌柳词"。其词多描绘城市风光和歌伎生活，尤其长于抒写羁旅行役之苦。有《乐章集》传世，代表作有《雨霖铃》《八声甘州》《望海潮》等。纪昀对他倍加推崇，曾言："诗当学杜诗，词当学柳词。"

2. 背景探寻——投赠之作。

《望海潮》是柳永为了与好友孙何相见而作。宋真宗咸平末年，柳永前往京城应试，途经杭州，因迷恋湖山美好、都市繁华，遂滞留杭州。他一直漂泊流浪，寻找晋升途径，迫切希望得到他人提拔。到杭州后，得知老朋友孙何正任两浙转运使，驻守杭州，便去拜会孙何。无奈因身份悬殊，门禁森严，柳永一个平民是很难到孙何家去拜访的，就写下了《望海潮》这首词，极力赞颂孙何治下杭州的繁华美丽、物阜民康。词作先在歌伎中广为传唱，很快便让孙何听到了。问及词作者原来是故人，便请柳永前去赴宴。

评析： 关于作品理解中的"知人论世"问题，也存在一定的争议。反对"知人论世说"的主要理由是，首先，这容易让人产生先入为主的认识，带着思想的套子再来研读文本的话就难免受固有思维的束缚，不容易深入文本本身作确切、深入的理解；其次，强调知人论世，还可能对文本产生误解，因为有些作品内容本身和背景并没有直接关系，提前呈现背景知识反倒有误导之嫌。以上固然有道理，但知人论世作为增进阅读理解的一种方法，肯定不能一棍子打死，关键还是看作品和背景有没有关联，在多大程度上有关联，这种关联是否有助于作品的理解。把以上几点搞清楚，我们就可以根据具体的情景考虑是否需要"知人论世"的理解。《望海潮》创作的背景是清晰的，意图是明确的，后世基本上不存在争议，所以在理解这篇作品的时候，把相关的背景提前呈现给读者是一种有助于作品理解的方法。

（五）初读——因声求气

1. 自由诵读——感知魅力。

师：这首词究竟有怎样的魔力，能够打动孙何呢？下面请同学们先自由诵读体会。

2. 个别诵读——读准字音，读清句读。

师：下面我们请一位同学来诵读一下这首词，读的过程中力求读准字音，读清句读。

教师点评，纠正、强调个别重要字音。

（六）再读——整体感知

1. 整体感知。既然这是一篇投赠之作，目的是得到地方官员的召见和赏识，想来必然要投其所好，夸赞他治理下的杭州。下面我们再请一位同学来诵读一下这首词，其他同学思考，全词最能体现词人写作意图的一个字是什么？

备答：夸。

教师追问：夸的是什么？

备答：杭州的"好景"。

2. 文本研读。

师：不错，杭州在作者笔下景色真的好。纵观全词，词人笔下的杭州给人什么印象？作者是从哪些方面描写杭州的这些特点的？抒发了他怎样的情感？

备答：杭州印象——美丽、繁华、富庶、安定、祥和、太平。

上片：地理位置、社会条件、历史传统、自然景观、市井面貌。

下片：西湖湖山之美、百姓生活愉悦、长官生活悠闲。

情感：对杭州风物的惊叹、赞美、艳羡、喜爱、向往之情。

师：因此，我们在诵读的时候，就要将词人的这种情感融入其中。

（七）三读——融情入词

1. 诵读提示。

（1）诵读时要情感丰富，抑扬顿挫。

（2）上片首句要读出惊喜感叹之气，杭州风景词句要读得婉转清丽，钱塘江浪潮壮观的词句要读出仿佛大潮劈面奔涌而来的雷霆万钧、不可阻挡的气势。

（3）下片描写西湖美景的句子，节奏要平和舒缓，读出心旷神怡之感。结尾祝愿之词要读得诚挚恳切。

2. 教师范读。

3. 学生推荐同学有感情地诵读。（读后教师点评）

评析：多种诵读方式相结合，相得益彰。先让学生自由诵读，初步感受作品的魅力；但学生自己一定读得准吗？接下来设计了个别诵读的环节，以此来引导同学们读准字音，读清句读；接下来的诵读，先整体感知作者笔下的杭州之美，再纵观全词，理解感受到底写了杭州哪些景物的哪些特点。不同诵读方式，摇曳多姿，更关键的是遵循了理解赏析的基本规律，每一个环节都必不可少，都有其存在的价值和意义。这样在前期诵读理解的基础上，才能引出下面最关键的融情入景的细读品味。

（八）品味语言，鉴赏意象

师：《望海潮》从多个角度为我们描绘了一幅繁华秀丽的杭州美景，请同学们谈谈你最喜欢词中的哪些句子（可以从炼字、意象、手法等角度谈），小组内讨论交流，并分享一下你喜欢的理由。分享时，要把自己的感受有感情地读出来。

备答：

1."烟柳画桥，风帘翠幕，参差十万人家。"

"烟柳"是说柳树笼罩在烟雾中，从远处看，柳树好像和烟雾融为了一体，比喻手法写出了那种朦胧感。"烟柳画桥，风帘翠幕"是说柳树笼罩在烟雾中，桥梁上雕刻着各种精美的彩画，遮挡门窗的帘子和翠绿色的帷幕随风摇摆，描绘的是居民区的情景，写出了江南水乡的秀美雅致。"参差"是说阁楼、房屋高低不齐，写出了房屋鳞次栉比的错落感。"十万"运用了夸张的修辞手法，突出了彼时的杭州城人烟稠密的繁荣景象。

2."云树绕堤沙，怒涛卷霜雪，天堑无涯。"

"云树"是高耸入云的树木，用了夸张的修辞手法，写出了钱塘江岸边树木高耸挺拔、古老的特点。"绕"是环绕的意思。高耸入云的树木环绕着沙堤。"绕"字写出了古树成行、长堤迤逦曲折的态势。"怒"是汹涌的意思，"怒涛"指汹涌的波涛，"怒"写出了波涛的力度与气势，把浪花飞溅的情态写得形象逼真。"卷"是席卷的意思，表现了钱塘江潮来时波浪翻滚、排山倒海的壮观气势。"霜雪"比喻浪花，用了比喻的修辞手法，写出了浪花洁白的特点。

教师总结提升：说到"卷"，我们头脑里不禁会想起苏轼《念奴娇·赤壁怀古》中的"乱石穿空，惊涛拍岸，卷起千堆雪"一句。一个是豪放派大师，一个是婉约派高手，虽异曲却同工，真是心有灵犀啊。"卷"显得很有力量，很壮观。一个"卷"字写尽了钱塘江的壮观景象，为我们描绘了一幅雄伟壮丽的"钱塘江潮涌图"。用别的字则显得比较平板，力度与气势均没有"卷"强，对浪花飞溅的情态描写也不如"卷"形象逼真。这一句的气势丝毫不亚于李白的"飞流直下三千尺，疑是银河落九天"，也并不逊色于苏轼的"乱石穿空，惊涛拍岸，卷起千堆雪"。

3."市列珠玑，户盈罗绮，竞豪奢。"

"列"是陈列的意思；"盈"是堆满的意思；"竞"是竞相、争相的意思。市场上陈列着各种各样的珠宝，家家户户堆满了绫罗绸缎，人们之间争相比豪气、斗阔气。这三个字突出表现了杭州经济的繁荣和市民的殷富，真是物阜民丰。

4."重湖叠巘清嘉，有三秋桂子，十里荷花。"

"重湖"是说西湖有里湖和外湖；"叠巘"是说山峰远近重叠。"重湖叠巘"四个字就把西湖湖外有湖、山外有山的情状描绘得淋漓尽致。"三秋"是说桂花花期长；"十里"是说湖中荷花种植范围广。"有三秋桂子，十里荷花"写出了西湖不同季节的美景。

教师总结提升：词人从时间和空间着眼，写出了西湖不同季节的美景。夏天的时候红花绿叶，秋天的时候丹桂飘香，令人赏心悦目、流连忘返。而且桂子和荷花是代表西湖的两种典型意象。杨万里就有诗："接天莲叶无穷碧，映日荷花别样红。"白居易也说："江南忆，最忆是杭州，山寺月中寻桂子，郡亭枕上看潮头，何日更重游。"而且传说西湖灵隐寺和天竺寺每到中秋常有带露的桂子从天飘落，馨香异常，据说那是从月宫桂树上飘落下来的，是寂寞的嫦娥赠予人间有情人的，这美丽的传说更给西湖增添了神秘空灵的色彩，极耐人寻味。

5."羌管弄晴，菱歌泛夜，嬉嬉钓叟莲娃。"

使用了互文的修辞手法，是说无论白天还是夜晚，湖面上总是飘荡着优美的歌声和乐声。到处都是怡然自得的垂钓老翁和嬉笑打闹的采莲姑娘。为我们呈现了一幅老少同乐、国富民安的游乐图卷。

6."千骑拥高牙，乘醉听箫鼓，吟赏烟霞。"

"千骑"是很多人马的意思，运用了夸张的修辞手法，写出了孙何出游时随从人数的众多，表现出孙何的威势。"拥"是拥护、簇拥的意思，写出了孙何的声势雅望和杭州官民关系的和谐，称赞了孙何的执政能力。"乘醉听箫鼓，吟赏烟霞"，官员们乘着醉意倾听箫声鼓音，吟咏欣赏山水景色，游山玩水，吟诗作画，何等风流潇洒！表现了官员生活的悠闲惬意，歌颂了孙何与民同乐的作风。

赏析： 作为教学设计，教师在这里将重点的词句作了陈列，并进行了准确的赏析，显示了作者对语言的准确的驾驭能力。而在课堂上，这一部分无疑将成为师生活动的重点，教师如何点拨引导，如何把赏析和诵读进行有效结合，如何化解学生的疑难，如何对学生的表现给予准确的点评，这都是对教师课堂驾驭能力和临场性变能力以及专业素养的考验。

（九）学习表现手法，分析表达效果

师： 清代的刘熙载曾说："词有点，有染。"点染，本来是国画术语，借用到古典诗词中来，说的是词的一种表现手法。"点"，抽象的评点（总写），"染"，具体的描述（分述），二者紧密相连，表现鲜明的情态。比如我们非常熟悉的马致远的《天净沙·秋思》中"断肠人在天涯"一句就是"点"，其他句子都是"染"，通过列举一系列意象来渲染思乡之情的悲伤。根据你的理解，找一找《望海潮》中哪些语句是"点"，哪些是"染"？（先自己勾画，然后同桌讨论交流）

备答： 从全篇来看，开头三句是"点"，总写杭州的形胜和繁华。接着从自然景观、市井面貌和人民的生活几个方面分别详细描绘，突出杭州的形胜和繁华是"染"。具体看对西湖的描写，"重湖叠巘清嘉"是点，总写西湖的湖山之美；"有三秋桂子，十里荷花。羌管弄晴，菱歌泛夜，嬉嬉钓叟莲娃。千骑拥高牙，乘醉听箫鼓，吟赏烟霞"是染，详细地描绘了不同季节西湖的美景和杭州官民在西湖游乐的情景。

赏析： 点染作为表现手法并不是特别常见，理解起来也有一定难度，不宜作为教学的重点，但作为学生知识必要的补充，课堂有所涉猎还是有必要的。

（十）结语

师： 这首词一方面表达了词人对杭州的喜爱与赞美，另一方面也借以歌颂此地的地方长官治理有方，政绩卓著。虽然从写作目的上来看，格调或许并不高，但就词作本身来看，仍有可取之处。首先，拓展了词的题材，也在

一定程度上反映了当时真实的社会面貌。其次，柳永虽然在后世以其婉约词著称，但这首词却不乏壮美之感，是柳永的一首传世佳作。最后让我们齐读这首词，再度感受杭州的美丽与繁华吧！

（十一）课下作业

试着以诗或词的形式描写自己熟悉的一处胜地胜景，特别是自己家乡的名胜。

总评：柳永的《望海潮》这首词选自部编版高中语文选择性必修下册第一单元第四课，这一单元融汇了不同时期各具特色的诗词名作。从整个语文学科教学体系来看，此单元在"阅读鉴赏"教学中，特别是在"品味与赏析"这一教学内容中占据着重要地位。学生虽然在必修课本里已初步接触到词的相关知识，了解了诗歌鉴赏的基本技巧和方法，但基本上还停留在对某一具体的诗词的理解上，未能经过归纳总结而上升为鉴赏评价的能力。《望海潮》是必修下册第一单元第四课的第一篇，后面还有姜夔的《扬州慢》，这两首宋词都以城市为表现对象，一写承平盛世，一写劫后孤城，内容不同，意趣亦相异。《望海潮》采用铺叙的写法，以点带面、虚实相间，渲染烘托，形成一种畅达流利的气势。同样是歌咏城市，《扬州慢》则聚焦于扬州今昔盛衰的对比。学好《望海潮》这一课，对学生领悟并掌握宋词鉴赏有着举足轻重的作用。

人本主义学家罗杰斯指出："学生各有其求知向上的能力，只需设计一个良好的学习环境，他们就会学到所需要的一切。"赞科夫说："对所学知识内容的兴趣可能成为学习的动机。"在导入环节，通过创设情境，激趣导入，营造了良好的教学氛围，有利于消除学生上课伊始的紧张感，拉近师生距离，激发学生的学习兴趣。

语文课堂中所有思想情感的体验以及审美活动的缘起都在于对文本的解读，教师只有导引学生充分地感受文字，才能触摸语言的脉络，采撷语言的精华。从另一个角度来讲，语文课堂文字浸润的过程就是知识传递的过程、心灵洗礼的过程、美感熏陶的过程。本设计突出了"读"这一语文课堂教学标志性特点，采用试读、范读、指导读、自由朗读、齐读、个别读、默读等多种形式强化朗读，让学生在读中感悟、赏析，凸显了语文教学的语文味。给予学生诵读指导，让学生进入角色诵读诗歌，通过诗歌的停顿、节奏、重音、语调等，体味作品的内容和情感。教师引导学生去体味诗歌，真正进入诗歌的情境，再现诗歌的激情，和词人产生共鸣。

在最为关键的环节"品味语言，鉴赏意象"方面，我们虽然没能看到学生的表现，但通过教师"备答"的准备来看，一直抓住关键字词反复推敲，并善于运用比较拓展的方法，相信如果拿到课堂上，一定充满了师生互动的生成性精彩。比如，赏析"云树绕堤沙，怒涛卷霜雪，天堑无涯"句时，对于"卷"字，在解释了"'卷'是席卷的意思，表现了钱塘江潮来时波浪翻滚、排山倒海的壮观气势"之后，教师联系苏轼《念奴娇·赤壁怀古》"乱石穿空，惊涛拍岸，卷起千堆雪"中的"卷"字，以加深理解和记忆，强化"卷"字写尽钱塘江的壮观景象，强化"卷"的气势感和力量感，并把这种气势感和力量感再次和李白的"飞流直下三千尺，疑是银河落九天"比较，进一步拓展人的想象力。

再如，在赏析"重湖叠巘清嘉，有三秋桂子，十里荷花"句时，对本句解释完毕，引导人联想起杨万里的"接天莲叶无穷碧，映日荷花别样红"和白居易的"江南忆，最忆是杭州，山寺月中寻桂子，郡亭枕上看潮头，何日更重游"，进行比较赏析，以增进人的体验、丰富人的认知。这都是值得肯定的做法。

整个教学设计环环相扣，引人入胜，特点突出，在此就不多赞誉了。

用改写、仿写赏析散文的艺术魅力

——《故都的秋》教学设计评析

一、学习目标

1. 了解本文的脉络结构,领略故都的秋声、秋色、秋味。
2. 体味本文紧扣"清""静""悲凉",以情驭景、以景显情的写法。
3. 品味本文清新质朴、典雅蕴藉的散文语言,体会作者的思想感情。

二、学习重难点

1. 领会故都的秋景特点,掌握文中以情驭景、以景显情、情景交融的写法。
2. 体会作者对故都的秋的赞美之情和文中流露出的悲凉之情,从而深刻理解本文的丰富内涵。

三、学习方法

探究法、讨论法。

四、课时安排

一课时。

五、预习准备

读课文,自行解决字词问题;思考文章写了哪几幅秋景图。

六、教学过程

（一）导入新课

"秋风掠过，登机前，温哥华已需寒衣加身。此时，祖国的秋日正是天朗气清、暖风和煦，期待一年好景致，再赏橙黄橘绿时。祝愿祖国母亲节日快乐！回家的路，虽曲折起伏，却是世间最暖的归途。"这段话出自孟晚舟女士归国时发布的题为《月是故乡明，心安是归途》的长文，表达了对祖国的感谢。

故乡的秋是多么让人牵挂惦念。郁达夫作为典型的伤感文人，他笔下的故都的秋又是怎样的呢？今天，我们就一起走进郁达夫笔下的《故都的秋》。

评析：教育智慧、教育情怀可以表现在很多方面。紧密把握时代脉搏，把新鲜的素材融入教学的日常，显示的不仅是教师的专业敏锐性，也是对教育职业的敬畏和尊重。这里把孟晚舟女士的话融入导入语的设计，既具有时代性，也隐含一定的思想教育性。

（二）介绍作者及写作背景（课件出示）

郁达夫（1896—1945），原名郁文，字达夫，现代作家、革命烈士，浙江富阳人。郁达夫是个典型的伤感文人，幼年失父，体验了生活的艰辛，养成忧郁、沉寂的性格。成年后留学日本，饱受异族的歧视与凌辱，更增添苦闷消沉的心理。在个人的性格方面，他抑郁善感，在文艺观和审美追求上，提倡静的文学，写的也多是"静如止水似文学"。所以他的文章总有一种伤感的、灰冷的调子。人们评价他：岂有文章传海内，欲将沉醉换悲凉。代表作：《沉沦》《出奔》《迟桂花》《春风沉醉的晚上》。

写作背景：19世纪末，故都北平在卷起的历史风云中越来越显得衰老颓败。1921年9月至1933年3月，郁达夫积极投入左翼文艺活动中，1926年6月，郁达夫之子龙儿在北京病逝，再加上国民党白色恐怖的威胁等原因，1933年4月郁达夫由上海迁居到杭州。小家与大国，两层感情的潮水漫过心灵的堤岸，留下的都是悲伤的印记。1934年7月，郁达夫从杭州经青岛去北平，《故都的秋》便创作于该年 8 月中旬。

(三)预习检查(课件出示)

1.给下面加点的字注音。
落蕊(　)细腻(　)柘树(　)橡子(　)着凉(　)颓废(　)
鲈鱼(　)譬如(　)驯养(　)萧索(　)混沌(　)廿四桥(　)
2. 辨析字形并组词。
嘶(　)厮(　)缀(　)辍(　)蕊(　)芯(　)橡(　)橼(　)
凋(　)雕(　)啼(　)谛(　)柘(　)拓(　)

评析:伴随着高考对字音字形考查的取消,很多教师在日常的教育教学中也逐渐地淡化、忽视了字音字形等基础知识的落实,也有教师认为这些基础性的工作应该在初中来做,高中就没有必要了,这实在是一种短视和误区。高考固然重要,尤其是高中阶段,但眼里只有高考肯定是不对的,语文基础知识的落实不容忽视,高中毕竟还属于基础教育阶段。所以这节课的设计能把基础知识的落实放在前面,实在是一件值得肯定的事。

(四)把握文章基本脉络

请同学们梳理文章的基本脉络结构,并各用几个字概括文中写到的秋景图。

备答:两个字:秋院、秋槐、秋蝉、秋雨、秋果。
四个字:秋院清晨、秋槐落蕊、秋蝉残声、秋雨话秋、胜日秋果。

(五)重点赏析以情驭景手法

故都的秋最鲜明的特点是什么?请用原文中的话回答。

备答:"清""静""悲凉"。

通过改写来对比赏析手法:

文中有这样几句:"南方每年到了秋天,总要想起陶然亭的芦花,钓鱼台的柳影,西山的虫唱,玉泉的夜月,潭柘寺的钟声。"现在老师改写成:"南方每年到了秋天，总要想起陶然亭异彩纷呈的菊花，想起钓鱼台袅娜修长的柳条，想起西山漫山遍野的红叶，想起玉泉万道金光的日出，想起潭柘寺来来往往的香客。"请大家对比改写后的效果，谈谈自己的认识。

备答：改写后是对秋天热烈的赞颂，而课文的感情基调是感伤的。"异彩纷呈""袅娜修长""漫山遍野"等形容词表达的情绪是热烈的，另外，从描写对象来看，菊花艳丽多姿，虽然也在秋天开放，但那是生命的象征，而芦花是灰白的，给人死寂感；柳条无论是下垂的还是飘拂的，都是明艳的，会给人以情趣，而柳影则是灰暗的；秋虫吟唱，衰草萋萋，让人顿生悲凉，而红叶全然没有这样的功能；太阳是光明的使者，即使没有万道金光，日出也会暖人心，而月夜只能给人清冷之感；潭柘寺的钟声，以动衬静，改成香客，人来人往，也就没有静了。

刚才的改写分析涉及形容词的修饰作用，原文中"南方每年到了秋天，总要想起陶然亭的芦花，钓鱼台的柳影，西山的虫唱，玉泉的夜月，潭柘寺的钟声"并没有使用形容词，如果让你来加上形容词强化一下情感的话，你又会怎么改写呢？

备答：例如可以改写为："南方每年到了秋天，总要想起陶然亭灰白／青白的芦花，钓鱼台萧疏／清冷的柳影，西山的悲凉／孤独的虫唱，玉泉残缺／凄冷的夜月，潭柘寺空寂的钟声。"

评析：通过改写来对比语言表达上的不同，这是一种品味语言艺术非常有效的方法。很多时候，对于语言表达中的精妙之处，学生有所感，但又说不出，而通过改写对比，学生就很容易发现不同点，从而明白妙处所在。另外，像这种特别具有探究意义的问题，可以多给学生思考活动的空间，比如可以展开小组讨论、同桌讨论等形式，因为活动本身在激活学生思维的同时，也会深化学生的情感体验，从而取得更好的学习效果。

故都的秋是清、静、悲凉的，那么它清、静、悲凉在哪里？请同学们结合作者笔下的各种秋景图仿写下面的例句，并以"故都的秋是清、静、悲凉的"为开头。

课件出示例句:"故都的秋是清、静、悲凉的,它在陶然亭灰白的芦花里,在钓鱼台清冷的柳影里,在玉泉残缺的冷月里,在西山凄凉的声声虫唱里。"

备答示例:故都的秋是清、静、悲凉的,它在潭柘寺空寂的钟声里,在清晨残破的小院里,在青天下驯鸽扑棱棱的飞声里,在破壁腰蓝色的牵牛花上。

故都的秋是清、静、悲凉的,它在槐树无声无味的落蕊里,在扫帚于灰土上留下的丝纹里,在秋蝉随处可闻的声声嘶叫里,在"天可真凉了——"的微叹里。

教师总结:"一切景语皆情语。"文中的景物表面看都是秋的真实色彩,实际是北国的秋在作者心中的投影,是自然界的客观色彩与作者内心的主观色彩的自然融合,这正是散文作品中以情驭景、依情选景特色的最突出的表现。(板书:以情驭景,依情选景,情景交融)

评析:美学家说:"一片自然风景就是一个心灵的世界。"所以"景者情之景,情者景之情",这在《故都的秋》中尤其如此。五幅画面都染了冷色调,表现作者心中的悲凉,也体现了作者对整个人生和时代的感悟。但如何让学生深入地理解这一点,是相当有难度的,这里的仿写处理方式值得借鉴。写作本身就对思维活动提出了更好的要求,仿写,尤其是这里的仿写除了照顾形式的要求外更需要考虑课文的内容,无疑还能增进对文本内容的理解。

(六)深入探究故都秋意

一本杂志要给《故都的秋》这篇文章配一张插图,要求能够体现"故都的秋"的"清""静""悲凉"的特点,文章中的五幅画面,你会选择哪一幅呢?请说明理由,小组合作,自由探究。

备答:秋院清晨图:陈旧、衰败、沧桑。这幅图景有远景(驯鸽),有近景("破屋""破壁腰""牵牛花");有仰视之景(天色很高),有俯视之景(日光);有宏观之景,也有细微之景(秋草)。所描绘之景无一不显示出环境清幽、萧瑟的特点,透露出作者悠闲中的孤寂、落寞。

秋槐落蕊图："落蕊"是生命衰亡的迹象，作者调动听觉、嗅觉、触觉和视觉，多感官体会秋的悲凉，那种"极微细极柔软的触觉"，那"灰土上留下来的扫帚的丝纹"，都需要一份宁静细致的心灵才能有如此细腻、深邃的感触。尽管作者似乎很享受这份清闲、宁静，但从这些"深沉的地方"感受到"潜意识下的落寞"，才是他内心深处最真实的感受。

秋蝉残声图：生命凋零之绝响无论在什么地方都能听到，几声秋蝉的哀鸣足以牵动作者心魂，渲染了故都之秋寂寥、悲凉的气氛。此处以动衬静，令人顿生"蝉噪林愈静，鸟鸣山更幽"之感，加"浓"了秋味。

秋雨话秋图：此时的意象自带秋意，灰沉沉的天、凉风、秋雨、青布、单衣、都市闲人，传达出作者悠闲、无聊、感伤、悲凉、寂寞的心境。

胜日秋果图："淡绿微黄"所呈现出的是一种清、静的淡色。冷色调、不饱满的青涩的大枣，它与作者对故都的秋的清、静、悲凉的独特情感体验相一致，与作者的审美情趣相契合。

评析：在上一个活动环节，主要是通过改写和仿写来让学生体会形容词和意象的使用对于"情景交融、依情选景、以情驭景"的作用。但就这篇文章整体的写作特点来说的话，显然还是不够的，所以在这个环节的教学设计上，让学生通过自我探究的方式去发现故都的秋意，并通过教师适当的引领，多层次、全方面地发现文章的艺术魅力。这样不仅实现了对文章艺术手法的全面理解，自然也对作者情感有了更深入的洞察。这种让学生分组交流、自我探究的方式，也有利于调动学生的积极主动性。

南国之秋当然也美，但这些景色在作者的眼中却是"看不饱，赏不透，赏玩不到十足，而且色彩不浓，回味不永"。在倒数第二段作者用四个比喻把江南的秋与北国的秋作了比较："黄酒之于白干，稀饭之于馍馍，鲈鱼之于大蟹，黄犬之于骆驼。"四个比喻又兼用了对比，来衬托北国之秋的秋味，此处亦值得引导学生赏析。大概是时间问题或出于突出重点的考虑，本教学设计没有提及。当然这也算不上不足，毕竟优秀作品的魅力是全方位的，也是难在短时间内悉数领略尽的。

（七）总结并布置作业

今天我们通过郁达夫赏到了北国的秋，体味了北国之秋的清、静、悲凉，我们还学习了以情驭景、以情选景的手法。其实秋只有一个，但每个人心中的秋天却千差万别，你的秋天是什么样的呢？

春景也是古今中外文人们抒发情感的寄托，如果让你描写春天，你又将如何确定描写抒情的角度？

以上选题二选一，请调动你的感官，寻找属于你自己的秋天或春天，写一段不少于200字的短文。

总评：《故都的秋》选自统编教材必修上第七单元，是郁达夫的经典散文，是散文"形散而神不散"特点表现得最充分的典型之一，也是运用以情驭景、以景显情的写景抒情方法的典型。郁达夫对故都北平的秋景细腻描摹中流露出内心的眷恋和落寞之情，体现了这位文人当时的处境。作品富有浓重的"主观色彩"，全文紧扣"清、静、悲凉"落笔，描绘了几幅画面，将故都的秋色与作家的个人心情自然完美地融合在一起，秋中有情的眷恋，情中有秋的落寞，显示了作家卓越的艺术才华。所以本节课重在通过品读语言，鉴赏情景交融的手法，感受作者的丰富情感。

本节活动设计的亮点之一是"写"这一手段的介入。通过改写、仿写等方式，引导学生深入领会"以情驭景，依情选景，情景交融"的手法，最后的课外作业也是一个小练笔。关于"写"的教学活动设计，可以在新课标里找到依据，《高中语文新课程标准》（2017年版2020年修订）中"学习任务群5文学阅读与写作"中有以下表述："结合所阅读的作品，了解诗歌、散文、小说、剧本写作的一般规律。捕捉创作灵感，用自己喜欢的文体样式和表达方式写作，与同学交流写作体会。尝试续写或改写文学作品。"不同形式的写能增进理解，锻炼表达，锤炼思维，尤其是在语文学习强调做题、淡化练笔的当下，有关写的活动更有积极意义。

整个设计重点突出，抓住散文欣赏的关键点，着力学习以情驭景、以景显情的写法，领略故都的秋声、秋色、秋味。除了仿写、改写的对比赏析外，还通过分组合作、自由探究的方式探究故都秋意。不过这里的设计也有瑕疵，这部分内容虽然在叙述的篇幅上分量不少，但在如何引导学生活动方面表达得过于粗疏，更多呈现的是教师层面的准备工作。

高中一年级的学生，对散文并不陌生，感受过散文的语言美、意境美，而且大部分同学也能说出散文"形散而神不散"的特点，但他们的思维能力和审美能力尚在形成之中，所以，散文欣赏中，教师的作用尤其重要，要充分引导学生进入特定的审美意境，培养学生的审美能力。这就需要让学生通过各种方式的朗读领略关键词句，从而走进文本，用心灵与文本对话，充分感知文本的语言美和情感美，让学生在读中赏、在赏中品、在品中悟。很遗憾的是，本次设计似乎重视了写，忽略了读的价值，这恐怕是需要改进的方面。

"言"重自学,"文"重引导,"文""言"并重
——《劝学》教学设计评析

一、教学目标

1. 熟读课文,掌握文言基础知识。
2. 领悟文中蕴含的道理,形成良好的学习观。
3. 把握内容,理清作者论述逻辑,理解本文论证方法。

二、教学重点

目标2。

三、教学难点

目标3。

四、教学方法

诵读法、讨论法、探究法。

五、课时安排

两课时。

六、预习准备

借助注释和工具书阅读课文，理解重点词句含义，整理有关词汇，读懂文义。

评析：无论是文章内容、论证手法还是思想性，《劝学》都堪称高中文言文学习中的典范。在本课的教学目标设定中，文言知识、论证方法和价值观都有了体现，重点、难点也从教学目标之中设定，目标定位准确合理，重点突出。在教学设计中特别指出了预习的准备工作，这对于文言文的学习是极其必要的。文言文的学习要特别注意调动学生的积极主动性，学生自己能学会的教师不讲或少讲，否则的话容易陷入"教师讲得乐陶陶，学生听得昏昏然"的尴尬境地，因为讲得多，无形之中就剥夺了学生的积极主动性，造成学生学习状态下降、效率低下。可惜的是，很多教师并没有认识到这一点，仅凭个人的一厢情愿滔滔不绝地进行"灌输"，反倒费力不讨好。

另外，在目标定位上，究竟是"教学目标"还是"学习目标"，本来并不是什么大的问题，因为从教学设计的角度，我们当然可以界定为"教学目标、教学重点、教学难点"，而从服务于学生的角度转化为"学习目标、学习重点、学习难点"也没有问题，问题在于我们的表述语言要和我们的界定目标的主体相一致。那么，这里就出现了问题，因为从"教学目标"的表述语言来看的话，更像是从学生角度界定的学习目标，这是需要注意改进的。

另外，预习准备中"整理有关词汇"的要求有点偏高，更适合放在学完新课后的复习整理阶段。

七、教学过程

（一）教学导入

由颜真卿《劝学》诗导入新课。

劝学
三更灯火五更鸡，
正是男儿读书时。

> 黑发不知勤学早，
> 白首方悔读书迟。

黑发不知勤学早，白首方悔读书迟。那学习了会有什么收获呢？今天就让我们跟着先秦最后一位儒家大师荀子走近《劝学》，一起来聆听他的良言。

（二）作者介绍、题解（课件出示）

1. 荀子，名况，战国末期赵国人，思想家，教育家。先秦时期儒家学派最后一个代表人物。他特别强调教育的作用，主张选贤任能，兼用礼、法、术治理国家。他的许多思想被法家所吸取。韩非和李斯都是他的学生。

他反对迷信天命鬼神，肯定自然规律是不以人的意志为转移的，并提出"制天命而用之"的人定胜天的思想。

《荀子》二十卷。由《论语》《孟子》的语录体，发展为有标题的论文，标志着古代说理文的进一步成熟。本文是原文前几段的节录。

2. 解题："劝学"的"劝"，是"勉励"的意思。这个字统领全篇，告诉我们这是一篇勉励人们努力学习的文章。

（三）初读课文

1. 请同学把文章读一遍，其他同学注意听，分辨有没有读错的字音或节奏。

2. 根据刚才同学的朗读，请其他同学指出错误的字音或节奏。

3. 教师正音并划分节奏。

（1）正音。

木直中（zhòng）绳　輮（róu）以为轮　其曲（qū）中规　虽有（yòu）槁（gǎo）暴（pù）　知（zhì）明　跬（kuǐ）步　生（xìng）非异也　骐（qí）骥（jì）　驽（nú）马　锲（qiè）而舍之　金石可镂（lòu）　六跪（guì）而二螯（áo）

（2）划分节奏。

郭沫若说："节奏之于诗，是它的外形，没有节奏便不是诗。"其实，节奏之于文言文也同样重要，节奏可以按音节划分，也可以按意义单位划分。

朗读时要注意节奏，才能准确把握文中的意思。

学/不可以已　　輮/使之然木受绳/则直，金就砺/则利君子博学/而日参省乎己，则知明/而行无过矣吾/尝终日而思矣，不如/须臾之所学也登高/而招，臂/非加长也，而见者/远君子/生非异也，善/假于物也蚓/无爪牙之利蟹/六跪而二螯，非蛇鳝之穴/无可寄托者。

（四）听读并熟读课文

跟着录音（或教师范读）一起轻声读一遍课文。

自由诵读课文两到三遍，争取读通顺，读熟课文。

评析：到此为止，课堂上学生至少读了四遍课文，为什么要反复读课文？是不是有这个必要呢？当然是有必要的。第一遍请同学把文章读一遍，这有利于教师对学情的基本把握，是正式开始学习的大的前提条件，同时这一活动又带着"其他同学注意听，分辨有没有读错的字音和节奏"这样的要求，这也有利于全体同学尽快集中课堂注意力。接下来请其他同学指出问题，就是对于上一个活动的及时反馈，有利于形成活动的链条。再接着，教师针对出现的问题进行指导，这才是教师需要发挥作用的时候。

那上面的这些环节是否可以取消，而直接由教师范读或者是听录音呢？不是不可以，对于少数基础知识较好、学习欲望较强、自我管理能力突出的学生，因为预习得充分，可能并没有什么大的影响，甚至一定程度上能暂时提高学习效率，但对于大多数学生来说，表面的高效率带来的很可能是低效果，甚至是无效果。在教育教学上，调动学生的能动性是好的教学的前提条件，组织必要教学活动的功夫是不可缺少的。

（五）学习掌握文言基础知识

1. 结合注释，边读课文，边圈划重点知识（实词、虚词、通假字、句式等），并进行有意识记，不确定的可以查词典或同桌间交流。

2. 利用课件检查知识落实情况，师作必要补充。举例如下：

（1）找出句中的通假字。

輮以为轮、则知明而行无过矣、君子生非异也。

（2）分析词类活用。

君子博学而日参省乎己，上食埃土，下饮黄泉假舟楫者，非能水也。

梳理有关"而"的词类活动。

并列连词：蟹六跪而二螯。

承接连词：①登高而招。②积善成德，而神明自得，圣心备焉。

递进连词：君子博学而日参省乎己，则知明而行无过矣。

转折连词：①青，取之于蓝，而青于蓝；冰，水为之，而寒于水。②而见者远。③假舆马者，非利足也，而致千里。

修饰连词：①吾尝终日而思矣。②吾尝跂而望矣。③顺风而呼。

（3）分析特殊句式。

取之于蓝，而青于蓝；冰，水为之，而寒于水。

君子博学而日参省乎己。

蚓无爪牙之利，筋骨之强。

锲而不舍，金石可镂。

故不积跬步，无以至千里。

（4）翻译句子。

吾尝终日而思矣，不如须臾之所学也。

君子生非异也，善假于物也。

积善成德，而神明自得，圣心备焉。

评析：以上让学生自学基础知识和教师检查知识的落实情况是两个紧密结合的环节。上文已经提到，文言文基础知识的学习必须调动学生的自觉能动性，学生能自学明白的，教师就不讲或少讲，所以，本教学设计不仅课前给了学生预习的明确要求，而且课堂又给了学生自主学习基础知识的时间，并通过课堂的检查来进一步落实知识的掌握情况，教师看似并没有做很多的工作，而学生的学习效果也是可以保证的。

（六）把握内容，理清作者论述逻辑

请同学们默读课文，并概括出每一段的段意。

备答：第一段：学不可以已。（中心论点）

第二段：学习的意义——实现自我超越。（为什么要学习）

第三段：学习的作用——可以弥补不足。（为什么要学习）

第四段：学习的方法和态度——积累、坚持、专心。（如何学习）

评析：这一环节，概括段意、理清论证逻辑和下面"讨论理解论证方法"的环节结合在一起更合理。因为概括段意并不是一件容易的事，文章运用了大量的比喻论证和对比论证的手法，没有对这些手法的准确理解就难以概括出段意，因为这篇文章的特殊性，所以把概括段意置前并不是一个十分高明的做法，不符合认知规律。

（七）重点分析，理解本文论证方法

1. 学习研究第二段。请同学们思考讨论以下问题，可以组内或前后位讨论。

（1）"青出于蓝""冰寒于水"两个比喻是怎样论证中心论点的？

备答："青""蓝"与"冰""水"都是喻体，且每句喻体之间有一种特殊关系，关键是找出本体。"青"与"冰"的本体都是指学习之后的知识状态或水平，"蓝"与"水"的本体都是指学习之前的知识状态或水平，意在强调人经过学习就可以使知识水平得到提高。二者都是强调学习这种后天行为可以改变固有、天生的属性。

（2）"鞣"与学习有什么相似点？

备答："木直中绳，鞣以为轮，其曲中规"设喻，表面上是说"直木"变成"中规"的车轮，这种成器的过程在于"鞣"——用火烤使之弯曲；隐含的论断是无学之人经过后天的学习，可以成为有学之人。"虽有槁暴"一句进一步阐明获得了本质改变以后，很难回到无学、无用的原始状态。这都是为了阐明后天学习对人有重要的意义。

（3）"木受绳则直"一句比喻论证的重点是什么？

备答："木受绳则直，金就砺则利"两个加一起是比喻的喻体，"君子博学而日参省乎己，则知明而行无过"是这个比喻的本体。结合起来说明学习的意义在于能够提高自己、改变自己，从而实现人的超越。

2. 学习研究第三段。请同学们思考讨论以下问题，可以组内或前后位讨论。

"吾尝终日而思矣，不如须臾之所学也"一句是反对"思"吗？这一观点是如何论证的？

备答："思不如学"是这一段的观点，但并非否定"思"的作用，只是强调在"学"与"思"两者中，"学"更重要，这与全文的中心论点一致。荀子认为学习的作用犹如生活中的"假于外物"，都是可以弥补自身某一方面的不足，增强自我才干和力量，所以说"终日的思"比不上"须臾的学"，就如同"跂而望"比不上"登高博见""顺风而呼"，这是比喻论证。

另外，这段还运用了对比论证："终日思"与"须臾学""跂而望"与"登高博见"两组事例的正反对比，凸显"善假于物"的重要性，即学习的重要性；接着又以"登高而招则见者远""顺风而呼则闻者彰""假舆马者致千里""假舟楫者绝江河"四个事例，从正面雄辩地论证了"善假于物"的重要性。至此，荀子也就水到渠成地归纳出了自己的结论："君子生非异也，善假于物也。"

3. 学习研究第四段。请同学们思考讨论以下问题，可以组内或前后位讨论。

荀子认为如何学习呢？是如何论证的？

备答：需要积累、坚持、专心。学习需要积累，用了比喻论证，由"积土成山，风雨兴焉""积水成渊，蛟龙生焉"两个事例，得出"积善成德，而神明自得，圣心备焉"的结论，即圣人也是不断学习而成的。

学习需要坚持用了对比与比喻论证，"骐骥"与"驽马"、"锲而舍之"与"锲而不舍"对比，兼用比喻，突出坚持的重要性。

学习需要专心致志用了对比与比喻论证，"蚓"与"蟹"对比，说明学习必须专心致志，不能心浮气躁。

评析： 如何理解本文的论证手法是本课学习的难点，一方面受制于高一学生的学习知识基础，另一方面也是对学生综合思维能力的考验。逐段进行分析的方法是可取的，这样层次感比较清晰，也有利于课堂的调控，有利于学生的接受。在分析到每一段的时候，都特别强调了"可以组内或前后位讨论"，这是对合作探究学习方式的落实，当然也有利于调动学生的积极性和主动性。至于师生如何互动、就问题如何展开思考讨论、教师如何发挥主导调控作用等问题，对于教学设计来说确实不好呈现，有待教师课堂智慧和策略的促成。

（八）总结，结束本课（略）

总评：《劝学》出自统编教材必修上册第六单元的第一课，也是学生进入高中后学习到的第一篇文言文（第四单元是古诗词）。《劝学》是我国历史上著名的思想家、教育家、儒家学派的代表人物荀子的一篇议论性散文，自流传以来受到广泛的喜爱和推崇，是人们了解先秦文化、儒家思想的重要材料，是人们激励自己不断提高的力量源泉。在中学课本中，它是激励学生奋发努力、勤奋学习的一篇力作，当然，也是各级各类考试考查经常会涉及的重点篇目，因此本课的教学设计需要慎之又慎。

文言文的学习一直存在着这样一个现实问题：在理念上大家都认同"文理并重"，但在实际的教育教学中存在明显的"重言轻文"现象，也就是注重文言知识的落实，淡化文言文本身人文性、文学性的挖掘，毕竟"言"的知识是明确要考查的，而"文"的方面考查涉及得少，何况，"文"影响的是学生整体的语文素养和能力，其影响性不是那么立竿见影的，于是带有功利化色彩的现实的语文教育就走向了"重言轻文"的道路。不过从本课的教学设计来看，基本上做到了文理并重，这是首先要肯定的。

关于知识的落实，设计采取了以学生自学为主、教师检查指导为辅的方法，虽然有些不符合大多数文言文的教学设计，但实际上很符合学生学习的基本规律。因为文言文的难度偏大的问题，一般的文言文学习，教师普遍表现出不太相信学生自己能学好的样子，课堂上以讲授为主，哪怕课下注释有详细的说明，教师也要不遗余力地再重复一遍，殊不知，这种忽视了学生学习积极能动性的课堂是很难取得理想效果的。"学生自己已经会的教师不讲,学生自己能学会的教师不讲,讲了学生也不会的教师暂时不讲",我觉得还可以加上一条,"学生合作能学会的教师也不必讲"。文言文是有难度,但这种难度与时间久远带来的语言环境和语言本身的变化有关,但文言文毕竟是关于语言的学问,是和母语息息相关的,它的学习离不开积累,还有在积累基础上的规律习得,这些并不都需要教师包办讲授。本设计采取的方法值得借鉴,先提供充分的时间让学生自学,教师在检查中发现问题及时修正、补充,这种方法长期坚持下去对学生文言文学习能力的提升大有裨益。

文言文的学习离不开反复的诵读,这也是语言学习的传统方法。本设计在前半部分充分发挥了诵读的作用,而且诵读方法多样,和学生学习的需要紧密结合,效果一定好。至于后面对论证方法的学习,诵读方面的设计虽然并不明晰,但实际上落实学习目标恐怕也离不开"读一读,说一说"的活动。

《劝学》论述了学习的重要意义、学习态度和方法,作者反复论证人的知识、才能、品德不是天生就有的,而是通过不断的学习和积累取得的,学好本文也能促进学生持恒专一、脚踏实地、不断学习进步。

新诗鉴赏需要更多自由度

——《再别康桥》教学设计评析

一、教学目标

1. 引导学生感受作者对康桥的深情，体味作品"脉脉的温情""淡淡的伤感"的感情特点。

2. 激发学生对新诗的兴趣，培养学生的鉴赏能力。

3. 有感情地背诵全诗。

二、教学重难点

教学目标1。

三、教学方法

朗诵、品味、质疑、探究。

四、课时安排

一课时。

五、课前准备

让学生根据已有材料预习课文，并上网查找不同版本（李健、蔡琴、张清芳、林宥嘉、万芳等）的《再别康桥》的歌曲，选出自己喜欢的版本，学一学，唱一唱。

评析：在目标设定里把"有感情地背诵全诗"作为目标之一值得肯定，作为名篇的《再别康桥》篇幅不长，当堂背诵是可以实现的，况且很多学生都很喜欢，课前恐怕已经下了不少功夫。

关于教学方法，"朗诵品味"有利于感受文字魅力，体味作者情感；"质疑探究"则有利于在反思讨论中增进对诗歌的理解。

课前准备的要求非常好，在激发学生兴趣的同时，还能让学生尽快熟悉诗歌内容；不同版本歌曲的对比欣赏，为作品感情特点的把握作了铺垫。

六、教学过程

（一）导入新课

用蔡琴版的《再别康桥》歌曲导入新课；然后请同学结合预习说说自己喜欢的歌曲版本，并说明原因。

（二）作者及背景（课件出示）

徐志摩，现代诗人、散文家，1921年赴英国留学，入剑桥大学当特别生，研究政治经济学。在剑桥两年深受西方教育的熏陶及欧美浪漫主义和唯美派诗人的影响，奠定其浪漫主义诗风。1923年成立新月社，1924年任北京大学教授，1926年任光华大学、大夏大学和南京大学教授。1930年辞去了上海和南京的职务，应胡适之邀，再度任北京大学教授，兼北京女子师范大学教授。1931年11月19日，徐志摩搭乘飞机北上，途中因大雾弥漫，飞机触山，不幸罹难。代表作品有《再别康桥》《翡冷翠的一夜》。

康桥就是现在的剑桥大学所在地，剑桥大学是作者的母校，这首诗抒发的是与母校的离别之情。"再别"，当属第二次离别，实际上这是徐志摩第三次告别康桥。徐志摩先生生前曾三次到过康桥，第一次是在1920—1922年作者留学英国剑桥大学，在那里，他度过了最幸福、最难忘的两年，回国前夕写下诗歌《康桥，再会吧》表达对康桥的眷恋之情；第二次，1925年诗人再次来到康桥，回国时创作了散文《我所知道的康桥》；第三次，1928年，诗人故地重游，旧梦重温，见到这里的一草一木，触景生情，感慨万千，写下了这首传世之作《再别康桥》。

（三）初步朗读品味

请同学们根据自己的理解，自由朗诵作品。然后请部分同学试着有感情地示范朗诵全诗，并请其他同学点评。

（四）教师范读

老师示范朗诵全诗，并选择合适的配乐。(《渔舟唱晚》《秋日私语》《月光曲》等。）

（五）朗诵—探究—再朗诵

请同学们自由选择自己特别喜欢的某一节或几节，说明喜欢的理由，解释自己的理解，并在此基础上范读所选章节。其他同学点评、质疑、探究、再范读，教师提示重点，点拨引导，配合完成下一环节"重难点的解决"。

评析：以上各个教学环节环环相扣，衔接紧凑，富有节奏感，且设计科学合理。课堂导入新颖别致，容易调动学生兴趣，并自然转入对诗歌内容的理解、感情的体味。学生自由诵读，就是初步理解作品的阶段，也是学生自我参与、情感投入的开始；请同学范读，其他同学点评，开始进入了情感的碰撞阶段；而教师的范读，则用示范的力量进一步激发学生的学习兴趣和探究热情。"朗诵—探究—再朗诵"的环节，学生可以选择个别章节深入品味，反复诵读感受，无疑会增进学生对作品内容的理解、情感的体味和自身欣赏能力的提高。

实际上，这一过程和下一环节有机融合、同步进行更好，当然这样也对教师调控课堂的能力提出了更高要求。

（六）重难点的解决

通过下面几个问题，引出对重难点的解决。问题的解决，可以讨论交流，并让同学反复诵读品味相关内容，把自己的理解和朗读作有效的融合。

1.为何把"金柳"比作"新娘"？

备答：将"河畔的金柳"大胆地想象为"夕阳中的新娘"，使无生命的景物，化作有生命的活物，温润可人，表达了对康桥的深沉的爱恋。

2.甘心做一条"水草"体现了作者怎样的情怀？

备答：绿绿的水草在水波里招摇，惬意平静，突出了康河的明净和自由自在的状况，而自由和美正是徐志摩所追求的，因此他愿意永远留在康河，心甘情愿与水草融为一体，由此表达了诗人对康河、康桥的陶醉和留恋。

3."寻梦"，作者寻的是什么梦？

备答："我的眼是康桥教我睁的，我的求知欲是康桥给我拨动的，我的自我意识是康桥给我胚胎的。"康桥给了作者新的理想和期待，开启了作者的诗性；"寻梦"有对往昔的留恋和怀念。

4."夏虫也为我沉默，沉默是今晚的康桥"又体现了怎样的情感？

备答：运用了拟人的修辞方法，表达了诗人对康桥的爱恋，对康桥的依依不舍，对眼前的无可奈何的感伤、离愁。

5.首尾两节有何不同？效果如何？

备答：首节"轻轻"到尾节"悄悄"是由感觉、视觉到听觉的变化，更显离别时的悄寂；从"作别西天的云彩"到"不带走一片云彩"更见作者的洒脱和释然。作者经过了"留恋—爱恋—怀念—释然"的情感变化，体现了作品"脉脉的温情""淡淡的伤感"的感情特点。

6.有人说，徐志摩诗歌的艺术成就是在性灵、意象、音律三方面，这篇作品就有大量意象，请综合起来谈谈其效果。

备答：作为诗中的意象，《再别康桥》出现了"云彩""金柳""艳影""青荇""水草""虹""梦""长篙""星辉""笙箫""夏虫""康桥""衣袖"等意象，这些都是诗人珍藏在心灵深处的一份情感，这些意象的虚与诗人心中情的实，相映成趣，一张一合，无不流露出意象的张力。通过情感化赋予客观物象以感情色彩，使这些意象由平入奇，因而全诗更显得飘逸而具有灵气。

7.《再别康桥》这首诗充分体现了新月诗派的"三美"主张，即绘画美、建筑美、音乐美。请结合诗歌具体谈谈"三美"在本文的体现。

备答：音乐美：句式的反复加强节奏感，且其中的词很多是重叠的，读来朗朗上口；每节的偶数句押韵，又有换韵，因为感情是变化的，所以不是一韵到底的。所谓建筑美，每节四句，基本整齐，一、三句诗略短，二、四句诗略长，显出严谨整齐、错落有致的建筑美；绘画美即是词美，如"金柳""柔波""星辉""软泥""青荇"，这些形象具有色彩，而且有动态感和柔美感，富有想象力。

评析：关于重难点的解决部分，在设计上主要是以问答的方式呈现出重难点所在，至于如何突破，并没有详细的策略，当然也不好呈现，需要在课堂上根据学情作灵活机动的处理，不过设计也提供了基本的解决方式，比如说"可以讨论交流""让同学反复诵读品味相关内容，把自己的理解和朗读作有效的融合"。可以想见，学生对于《再别康桥》所呈现的基本的情绪，留恋感、伤感、温情等，不至于产生大的分歧，但具体到某一句话所表达的具体的情感可能会有分歧，这也是非常正常的，建议在这里要鼓励学生各抒己见，言之成理即可，尽量避免给出标准性的答案。学生能融合自己的理解作出解释，这一过程本身比最后的答案更有价值、更有意义。

以上这些设计应该是教师课前必要的预设工作，在具体的教学中还要特别注意生成性的引导。

（七）回扣导入，总结全文

再请同学们说说自己喜欢的歌曲版本，有没有变化。教师分享自己的理解——蔡琴版就体现了这种"脉脉的温情""淡淡的伤感"。

（八）有感情背诵

请大家带着自己的感情背诵全诗。

（九）布置作业

课下请同学们欣赏郝红岩根据《再别康桥》改编的同名歌词和同名散文

《再别康桥》。

评析：作业是课堂的有机延伸，不蔓不枝，深化拓展了诗歌的理解，也没有增加学生的课外作业负担。

总评：《再别康桥》选自统编教材选择性必修下第二单元，是广为传颂的名篇，在过去也入选多个版本的高中语文教材。徐志摩自己曾说："我的眼是康桥教我睁的，我的求知欲是康桥给我拨动的，我的自我意识是康桥给我胚胎的。"正是康河的水，开启了诗人的心灵，唤醒了他心中的诗人的天赋，而《再别康桥》最能代表他的康桥情结，也是他"单纯信仰"人生观和新月派诗人"三美"诗歌主张的体现，这首诗甚至给中国新诗的发展带来了普遍艺术的经验。学习这首诗对于培养学生对现代诗的欣赏兴趣和方法，提高他们的鉴赏能力具有积极意义。

本教学设计整体上相对比较简单，条理也非常清晰，主要是以诵读为主线，通过诵读来赏析诗歌的意境美，品味作品浓浓的情感。诵读是诗歌鉴赏的重要手段，本教学设计中诵读的方式非常多样，诵读和品味基本形成了有机的融合，在各个教学环节中都有涉及。叶圣陶曾说，诵读时要"以意逆志""激昂处还他个激昂，委婉处还他个委婉"，也就是说诵读需要结合着诗歌的情感进行指导，这一点在本教学设计中表现得还不够清晰。

教学设计毕竟是一种预设，无法完全预见学生在活动中的具体表现，就课堂来说，真正的主动权应该还是在学生手中，因此如何结合教学设计处理现场可能的种种问题，需要教师根据学生的反应作出灵活的处理。需要提醒的是，对于诗歌的理解，我们在保证基本方向上不出现问题的同时，要允许学生各抒己见，鼓励学生自己理解。就这篇作品来说，文中出现了大量的意象，因为学生个人生活经验的问题，可能会产生不同的理解，在教育教学过程中不可固守成见而轻易否定学生的见解，给予学生一定的耐心和包容，给予学生一个自由成长的舞台，更加有利于学生亲近诗歌、亲近文学。